སྒྲ་སྒྲོང་

Buddhaschaft ohne Meditation

Dudjom Lingpa

སྣང་སྦྱང་

Dudjom Lingpa

Buddhaschaft ohne Meditation

Eine visionäre Beschreibung, bekannt als
»Verfeinerung der eigenen Wahrnehmung«
(*Nang-jang*)

Unter der Anleitung von Seiner Eminenz Chagdud Tulku Rinpoche und Lama Padma Drimed Norbu aus dem Tibetischen von Richard Barron (Lama Chökyi Nyima) und Susanne Fairclough übersetzt

Übersetzung ins Deutsche durch
Enrico Kosmus (Ngak'chang Rangdrol Dorje) und
Christian Paar (Lama Sangye Dorje)

Wandel Verlag berlin 2018

edition khordong

Titel der englischen Originalausgabe:
Buddhahood Without Meditation
A Visionary Account Known as
Refining One's Perception (Nang-jang)
Revised Edition veröffentlicht 2002 bei Padma Publishing, USA.

ISBN: 978-3-942380-24-9

3. Auflage 2022

Lektorat, Satz, Gestaltung: Andreas Ruft, Berlin.

Gedruckt in Berlin auf FSC zertifiziertem 100% säure-, holz- und chlorfreiem, sowie geglättetem und alterungsbeständigem Papier.
Wir unterstützen NatureFund beim Pflanzen von Bäumen (105WN).

edition khordong ist eine Publikationsreihe begründet im Khordong e.V., inspiriert von Chimed Rigdzin Rinpoche (1922-2002) und veröffentlicht beim **WANDEL VERLAG** berlin. Bitte besuchen Sie unsere Webseiten:
Web: www.khordong.net www.wandel-verlag.de www.tsagli.pictures
Mail: edition@khordong.net mail@wandel-verlag.de

Wandel Verlag berlin 2018

DIESER TEXT GEHÖRT ZUR KATEGORIE DES ATIYOGA, des höchsten der neun Fahrzeuge, die den buddhistischen Pfad bilden. Im speziellen stammt er aus der kurzen Linie von Dudjom Lingpa, einer direkten Übertragung der Herangehensweise der Großen Vollkommenheit, die so machtvoll ist, dass selbst das Hören des laut gelesenen Textes sicherstellt, dass der Hörer letztendlich dem Leiden von Samsara entfliehen wird.

Es soll hier allerdings daran erinnert werden, dass man Ermächtigung, die mündliche Übertragung und die Belehrungen von einem geeigneten Dzogchen-Meister erhalten muss, um wirklich vom *Nang-jang* zu profitieren.

Inhaltsverzeichnis

Anmerkungen zur deutschen Übersetzung

Wie schon die englische Übersetzung des tibetischen Originals hat auch die vorliegende deutsche Übersetzung eine längere Geschichte hinter sich, die hier einführend erwähnt werden soll. Als Lopon Ogyan Tanzin Rinpoche im Jahre 2012 diesen Text zum ersten Mal im Ngakpa-Zentrum Lhündrub Chödzong in Österreich übertrug, lag bereits eine deutsche Rohfassung des Textes vor. Diese Rohfassung war vom Ngak'chang Rangdrol Dorje (Enrico Kosmus) angefertigt worden. Motiviert durch Lopon Ogyan Tanzin Rinpoche und im Dialog mit Chagdud Khadro Pema Chökyi Drönma wurde dann der Text noch einige weitere Male überarbeitet und schließlich Lama Sangye Dorje (Christian Paar) zum Lektorat übergeben.

Um die durch Missinterpretationen bei Zweitübersetzungen auftretenden Fehler zu vermeiden, haben wir in unserer Übersetzungsarbeit immer den tibetischen Text mit eingesehen, um so das bestmögliche Resultat zu erzielen. Das gilt auch insbesondere für die in der englischen Ausgabe verwendeten Umschriften des Tibetischen. Da sich die deutsche von der englischen Sprache doch in wesentlichen Aspekten der Aussprache unterscheidet, beschlossen wir, dem bei der Umschrift von Namen Rechnung zu tragen. Ferner wurden für tibetische Begriffe nicht, wie in der englischen Übersetzung, eine phonetische Transkription, sondern die wissenschaftliche Wylie-Umschrift gewählt, sodass die Begriffe leicht in einem tibetischen Wörterbuch wiederzufinden sind.

Dementsprechend wurde für die deutsche Übersetzung das Glossar umgestaltet. Die in der englischen Ausgabe auch dort verwendete phonetische Transkription für tibetische Schlagworte wurde bis auf einige wenige, im Deutschen inzwischen gut bekannte, tibetische und Sanskrit-Fachwörter durch diejenigen deutschen Begriffe ersetzt, die im Haupttext verwendet werden. Dadurch hoffen wir, ein leichteres Auffinden der Glossar-Einträge zu ermöglichen.

Zum besseren Studium des Textes haben wir uns außerdem entschlossen, in der deutschen Übersetzung die Gliederungsstruktur von Dudjom Rinpoche direkt in den Haupttext einfließen zu lassen. Man kann ihn nun in zweierlei Form lesen und studieren: Zum einen ist es möglich, die Gliederungsüberschriften nicht zu beachten und den Text flüssig zu lesen. Zum anderen kann man sich an der Struktur der Gliederung orientieren, um den Text und die Herangehensweise des Dzogchen tiefergehend zu studieren.

Somit hoffen wir, dass nach sorgfältiger Prüfung des Textes auf Fehler und Unklarheiten in der Übersetzung, diese weitestgehend bereinigt sind und der Text für Dzogchen-Praktizierende zur Erhellung in ihrer Praxis beitragen kann.

Unser Dank gilt Lopon Ogyan Tanzin Rinpoche für Übertragung und Belehrungen zu diesem Text sowie Chagdud Khadro Pema Chökyi Drönma für die Erlaubnis, diesen Text in Deutsch zu veröffentlichen. Bedanken möchten wir uns auch bei Manuela Sauer für das Erstlektorat.

Ngak'chang Rangdrol Dorje (Enrico Kosmus),
Lama Sangye Dorje (Christian Paar),
Herbst 2017

Anmerkungen des Übersetzers zur überarbeiteten Ausgabe

IM VERLAUF DER ÜBERTRAGUNG DER LEHREN BUDDHAS von Indien nach Tibet entwickelten sich Ausgaben übersetzter Texte oft über viele Jahrhunderte, bevor die Texte, die wir heute als Standard verwenden, entstanden.

Diese überarbeitete Ausgabe von *»Buddhaschaft ohne Meditation«*, obwohl sie sich nur über vier Jahre entwickelte, ist das Ergebnis von signifikanten Änderungen, die den Segen von Lama Padma Drime Norbu und seiner Übertragung dieses Textes bei seinen alljährlichen Dzogchen-Retreats widerspiegeln. Weil Lama Drime wünschte, die Terminologie und die Bedeutung für seine westlichen Studenten klarer zu machen, begannen wir 1998 mit einer Überarbeitung des Textes. Angespornt durch seine einsichtsvollen Auskünfte und in Beratung mit ihm, fuhren wir mit der Verfeinerung der Sprache über die nächsten drei Jahre fort und lösten auftretende Fragen mit Seiner Eminenz Chagdud Tulku Rinpoche.

In hohem Maße profitierte dieser Vorgang von der Verfeinerung der Terminologie, die aus der Arbeit des Padma Translation Committee an zwei anderen Texten der Großen Vollkommenheit, Longchenpas *»Das kostbare Schatzhaus der Art des Verweilens«* und *»Das kostbare Schatzhaus des elementaren Raumes der Phänomene«*, entsprang. Diese Begriffe wurden auf den Hauptteil von *»Buddhaschaft ohne Meditation«*, auf die von Seiner Heiligkeit Dudjom Rinpoche verfasste Strukturanalyse und Gliederung, sowie auf das Glossar angewendet. Abschließend haben wir als Unterstützung für den Leser einen Leitfaden zur Aussprache der transkribierten tibetischen Begriffe angefügt.

Mögen alle, die einem solchen kostbaren Schatz begegnen, das Glück haben, die Linie der Übertragung von einem verwirklichten Meister zu erhalten und ihre unvergleichlichen Segnungen zur Reife zu bringen.

Richard Barron,
Susanne Fairclough,
März 2002

Anmerkungen des Übersetzers zur ersten Ausgabe

Dieser Text ist die Übersetzung eines Berichts, den Dudjom Lingpa im 19. Jhdt. zusammenstellte. Er war ein großer Visionär und Meditationsmeister der Nyingma-Schule des tibetischen Buddhismus, der von 1835 bis 1904 lebte. Der vollständige Titel dieses Textes lautet »*Buddhaschaft ohne Meditation: Ein Rat, der das eigene wahre Antlitz – die natürliche Große Vollkommenheit – sichtbar macht*«, aber das Werk ist unter Tibetern allgemein als »*Nang-jang*« bekannt, was als »*Verfeinerung der eigenen Wahrnehmung*« übersetzt werden kann. Es ist eines der heute benutzten Standardwerke, um die Lehren der Herangehensweise von Dzogchen (der Großen Vollkommenheit), darzulegen, insbesondere jene Lehren, die die als »Durchtrennen der Festigkeit«[1] bekannte Stufe der Praxis betreffen.

Dudjom Lingpas Bericht hat die Form eines Tagebuches, das eine Vielzahl an Visionen und Träumen beschreibt, die er während seines Lebens hatte. Tatsächlich besteht ein Gutteil des Textes daraus, dass Dudjom Lingpa die Gottheiten und Meister, denen er bei diesen Gelegenheiten begegnete, zitiert. Das Wissen, das er während seiner Erlebnisse gewann, umfasst die Lehren zur »Sichtweise« in der Herangehensweise der Großen Vollkommenheit der Nyingma-Schule. Seine Heiligkeit Dudjom Rinpoche, Jigdral Yeshe Dorje (1904 – 1987), der die Wiedergeburt von Dudjom Lingpa war,

1 Threkchö, Tib., *khregs chod*

bearbeitete das Originalwerk, um seine Richtigkeit sicherzustellen. Auch schrieb er eine unschätzbar wertvolle Strukturanalyse und Gliederung, die die von Dudjom Lingpa erhaltene Information ordnet und erläutert. Eine Übersetzung dieser Gliederung wurde in diesen Band aufgenommen, um als Studienführer für den Haupttext zu dienen.

Die ersten Entwürfe der Übersetzung wurden im Frühjahr 1988 gemacht, gefolgt von einem sechswöchigen Retreat unter der Leitung des Ehrw. Chagdud Tulku Rinpoche. Chagdud Rinpoche verwendete den Text des Nang-jang als Grundlage für seine Ausführungen über den Pfad des »Durchtrennens der Festigkeit« (Threkchö, *khregs chod*). In diesem Kurs kam ich zum ersten Mal tiefgehend mit den Lehren der Großen Vollkommenheit in Berührung. Ich erinnere mich, dass ich sowohl von der magischen Qualität von Dudjom Lingpas Stil und Chagdud Rinpoches Darlegung, als auch von der dadurch übermittelten Information begeistert war. Nach dem Retreat bat Tsering Everest, der Übersetzer von Chagdud Rinpoche, diesen Text ins Englische zu übersetzen. Das Übersetzungsprojekt wurde von Padma Publishing, einem Zweig der Chagdud Gonpa Foundation, gestartet. Als Übersetzer des Projekts erstellte ich in den folgenden Monaten einen Rohentwurf des Textes. Dieser wurde von Chagdud Rinpoche akribisch genau überarbeitet und dessen Korrekturen und Anmerkungen dann in den Text aufgenommen.

Der langwierige Überarbeitungsvorgang beinhaltete ein mehrmaliges Neufassen des englischen Textes, wobei jede Folgeversion von Chagdud Rinpoche überarbeitet wurde und dann später in die neuen Fassungen einfloss, um die Genauigkeit der Übersetzung zu verbessern. In mehreren der Phasen wurde der Text vom Translation Committee of Padma Publishing editiert.

Über einen Zeitraum von fünf Jahren wurden die Übersetzungen also einer ausführlichen Überarbeitung unterzogen. Wir bringen diese Ausgabe nun in der Hoffnung dar, die Bedeutung der Worte Dudjom Lingpas richtig übertragen zu haben, und dass einiges vom Geist seines außergewöhnlichen Berichts erhalten geblieben ist.

Eine Anmerkung zur Transliteration der Begriffe und Namen aus dem Tibetischen und Sanskrit: Tibetisch ist für Englischsprechende eine phonetisch schwierig darzustellende Sprache, und es gibt so viele Systeme, wie es Übersetzer gibt. Wir sind dabei dem System gefolgt, das bei Padma Publishing verwendet wird, welches auf einem früheren System basiert, das von Chagdud Rinpoche für seine Schüler entwickelt wurde. Um jenen entgegenzukommen, die eine gewisse Kenntnis des Tibetischen haben, ist ein Glossar mit den Begriffen in tibetischer Schrift angefügt. Für die Sanskrit-Begriffe im Text wurde eine modifizierte Version der Transliteration verwendet, die die von Gelehrten benutzten diakritischen Zeichen fortlässt; die Einträge im Glossar bieten jedoch die vollständigen diakritische Zeichen. Zum Nutzen jener, die mit der tibetischen Sprache vertraut sind oder werden wollen, haben wir sowohl für den Haupttext wie auch für die Gliederung den tibetischen Text auf den gegenüberliegenden Seiten hinzugefügt und ihn in Bezug auf die englische Übersetzung so nah wie möglich angeordnet.[2]

Meine tiefe Dankbarkeit geht an Chagdud Rinpoche für seine Unterstützung, seine Inspiration und seine Führung, die unerlässlich für das Verständnis (und daher für die Übersetzung) eines Textes von solcher Tiefgründigkeit sind. Mein Dank geht auch

---

2 Wie in der Einleitung zu dieser deutschen Übersetzung erwähnt, wurde die Umschrift weitestgehend der deutschen Sprache angepasst. (Anmerkung der Übersetzer = A.d.Ü.)

an die Mitglieder der Übersetzungsarbeitsgemeinschaft für ihre konstruktive und erhellende Kritik meiner Versuche, den Sinn dieses Textes einzufangen. Dankbar bin ich auch Phyllis Glanville für die Originalstrichzeichnungen.

Richard Barron,
August 1993

Einführung

Seiner Eminenz Chagdud Tulku Rinpoche

Dharmakaya, das gesamte unermessliche Spektrum zeitloser Reinheit;
Sambhogakaya, das gesamte unermessliche Spektrum eines spielerischen Ausdrucks friedvoller und zornvoller Gottheiten;
Nirmanakaya, das gesamte unermessliche Spektrum, welches alle Wesen auf jede notwendige Art zähmt –
vor Dudjom Lingpa, dem Bezwinger der Wesen, verneige ich mich mit Hingabe.
Oh Beschützer, obwohl eure Eigenschaften nicht angemessen beschrieben werden können,
werde ich kurz über Euer Lebensbeispiel schreiben, um für diejenigen unter uns mit geringem Verstand das Tor zu öffnen, um mit Vertrauen
in die Pracht eurer ausgezeichneten Rede, den Nektar tiefgründiger spiritueller Anweisung, einzutreten.
Gottheiten und Gurus, gewährt mir euren Segen für mein Unterfangen!

Um den Lehren und den Wesen zu nützen, manifestierte sich in ferner Vergangenheit der Dharmakaya-Lehrer Vajradhara in der Wahrnehmung jener, die gezähmt werden müssen, und erschien in der Gestalt eines Herrschers unter den Yogis, der als Nüden Dorje bekannt war. Dieser machtvolle Yogi, der als ein spiritueller

Herrscher der drei Bereiche ermächtigt war, und der mit enormem Streben betete, den Wesen nützen zu können, übertrug die Ermächtigung an die 1.000 zukünftigen Buddhas dieses Zeitalters. Er betete: »Bis die Lehren dieser 1.000 Buddhas des glücklichen Zeitalters zu einem Ende gelangt sind, mögen meine Ausstrahlungen ohne Unterbrechung erscheinen und riesigen Nutzen für die zu zähmenden Wesen bewirken!«

Die Macht dieses Strebens war so groß, dass hunderte seiner Ausstrahlungen den Wesen halfen, wann immer die Umstände es ermöglichten. Unter diesen war die Ausstrahlung des Shravaka Shariputra während der Zeit unseres Lehrers Buddha Shakyamuni, und darauf folgten der Vidyadhara Humchenkara, der Übersetzer Drogben Khye'u-chung Lotsawa, Dampa Desheg, der das Kathog-Kloster gründete, dann Kharnagpa aus dem Drum-Klan und Hepa Chöjung, sowie Dudjom Dorje, Düdül Rölpatsal und zahllose andere Ausstrahlungen, die zum Wohle der Wesen wirkten.

Insbesondere befahl Meister Padmakara, dessen Wissen die drei Zeiten umfasst, einer Ausstrahlung, als sein eigener Abgesandter zu erscheinen – ein herrschaftlicher Schützer der Wesen in Zeiten des spirituellen Niedergangs. In Übereinstimmung mit seinem Befehl wurde Dudjom Lingpa inmitten vieler wundersamer Zeichen im Schoß einer Frau des Nub-Klans empfangen. Seine Mutter empfand während der Schwangerschaft großes körperliches und geistiges Wohlbefinden, und als er dann ohne Schwierigkeiten in einem kleinen Filzzelt geboren wurde, begaben sich wundersame Omen. Die gesamte Wohnstätte war mit Regenbögen und Lichtsphären angefüllt und umgeben, Duftwolken wogten umher und ein Blütenregen fiel herab. Im Jahre 1835, einem Jahr des Schafes, am zehnten Tag des ersten Monats (in dem man des Zeigens von Wundern durch den Buddha gedenkt), erschien seine

Gestalt, gekennzeichnet mit den Haupt- und Nebenmerkmalen, wie ein erblühender Lotus. Jeder in der Umgebung sprach davon, dass ein Tulku geboren worden war. Viele heilige Leute, wie Lama Jigme, priesen ihn als einen unvergleichlichen, erhabenen Nirmanakaya[3] und prophezeiten, dass er großartige Dinge zum Wohle anderer vollbringen würde.

In den ersten drei Lebensjahren sah er Scharen von Dakinis und Schutzgottheiten ihre Aktivitäten ausführen, ihn bewachen und auf ihn achten, singen, tanzen und musizieren. Er hatte auch verschiedene Visionen von Horden hindernder Maras, die mit den Göttern kämpften, deren Aufgabe es war, ihn zu beschützen. Andere Leute konnten manchmal sehen und hören, was sich ereignete.

Später in seinem Leben berichtete Dudjom Lingpa von einer Begebenheit, die sich ereignete, als er drei Jahre alt war: »Ich sah meine Mutter, wie sie sich bereit machte fortzugehen, um essbare Wurzeln zu suchen, und versuchte mitzukommen. Aber sie band mich an die Hauptspannleine unseres Zelts und ließ mich zurück. Ich fing an zu weinen und war nahe daran, in Ohnmacht zu fallen, als ich eine weiße Dakini erblickte, die zu mir sagte: ›Komm, lass uns gehen, um mit deiner Mutter zusammen zu sein.‹ In diesem Moment erblickte ich das vollständige Spektrum eines reinen Bereichs, der in saphirfarbigem Licht erglühte, viele Weltsysteme weit im Norden gelegen. Im Zentrum dieses Bereichs war ein Buddha, ein überweltlicher und verwirklichter Sieger, Dön Mizawa'i Gyalpo (König, der nicht zögert) genannt, umgeben von einem Gefolge zahlloser Bodhisattvas. Mit Hingabe verneigte ich mich vor ihnen und sprach:

---

3 Ausstrahlungskörper (A.d.Ü.)

Verehrung!
Überragender Inbegriff aller Buddha-Familien und Mandalas,
Euch verehre ich, oh überweltlicher und verwirklichter Sieger!
Befreit mich und andere, alle Wesen, die in Samsara
umherwandern –
befreit uns aus dem Ozean der bedingten Existenz und
inspiriert uns.

Als ich diese Worte gebetet hatte, erstrahlten fünffarbige Lichtstrahlen aus dem Herzen des Siegers und lösten sich in meinem Herzen auf, wodurch ich zeitlose Weisheit als untrennbare Wonne und Leerheit erfuhr. Aus dem Mund des Tathagata kamen folgende Worte: ›Mein Sohn, ich preise dich als meinen Regenten. Ich übertrage dir die Ermächtigungen der Herangehensweise des Geheimen Mantras des Vajrayana. Du hast die höchsten und gewöhnlichen Siddhis erlangt.‹ Während er dies sagte, legte er eine Kristallschatulle in meine Hände. Darin waren die Silben OM AH HUNG in den entsprechenden Farben Weiß, Rot und Blau. Er sprach: ›Diese sind wie die Erbschaft des Reichtums deines spirituellen Vaters, daher solltest du sie ohne Vorbehalt schlucken.‹ Als ich sie schluckte, wurden mir viele Inhalte der Lehren Buddhas und lebhafte Erinnerungen aus früheren Leben vollkommen klar, ebenso Erinnerungen an Lehren, die ich gehört, darüber nachgedacht und meditiert hatte.

Bei einer anderen Gelegenheit führte mich eine Dakini nach Oddiyana, dem Bereich der Dakinis, wo ich auf Vajravarahi, die höchste unter den Dakinis traf. Von ihren Händen strahlten die vier Silben der Lebenskraft der Dakinis (HA RI NI SA) aus, und ich legte eine schützende Rüstung aus Licht an. Wiederum ging von der Spitze ihrer rechten Brust eine Silbe BAM aus, die sich in mein Herz auflöste und mich siegreich über Hindernisse machte.

Ich erlangte die Herrschaft über psychische Kräfte und wundersame Fähigkeiten. Dakinis enthüllten mir ihr Antlitz, gaben mir Nektar von ihren Schädelschalen und äußerten Prophezeiungen über die Notwendigkeit, mich auf spirituelle Meister zu stützen. Mit einem Mal öffneten sich hunderte Tore, die Lehren zu hören und zu kontemplieren.«

Avalokiteshvara, der erhabene und überragende Bodhisattva liebender Güte, beschützte Dudjom Lingpa und verhielt sich wie ein Gefährte. Dabei nahm er die Gestalt eines hellhäutigen Jungen an, schön und jugendlich. Manjushri, der Löwe der Rede, nahm ihn unter seine Obhut, und veranlasste, dass die machtvolle dynamische Energie des höchsten Wissens in ihm zu lodern begann. Zusätzlich wurde er von Verkörperungen der zeitlosen Weisheit solcher Gottheiten und Gurus wie dem Herrn der Geheimnisse Vajrapani, dem Mahasiddha Saraha, den acht großen Vidyadharas, von Longchen Rabjam, Zurchung Sherab Dragpa und anderen umsorgt und gesegnet.

Er reiste zum Glorreichen Berg auf dem Subkontinent Ngayab. Obwohl er in menschlichen Begriffen dort nur einen Tag verbrachte, dauerte die Reise für ihn selbst zwölf Jahre. Vom großen Orgyen erhielt er spirituelle Anweisungen, die ihn zur Reife brachten und befreiten. Dieser große Meister setzte Dudjom Lingpa als seinen Regenten ein, damit dieser wie ein Schutzherr für die Wesen in den Zeiten des spirituellen Niedergangs handelt. In jedem Atom erblickte Dudjom Lingpa Ozeane erleuchteter Verkörperungen und reine Bereiche, und von jeder dieser Verkörperungen vernahmen seine zahllosen Ausstrahlungen spirituelle Lehren, welche Wesen mit gewöhnlicher Vorstellung nur mit großer Schwierigkeit nachvollziehen können.

Mit dem Erwachen seiner früheren karmischen Veranlagungen erlangte Dudjom Lingpa vollkommene Weisheit und Verwirklichung, sodass jene, die Anzeichen des Lernens und der spirituellen Verwirklichung in sich trugen, ihm durch ihre Hingabe Ehre bezeugten. Scharen von Dakinis, wie etwa Yeshe Tsogyal, prophezeiten ihm Ereignisse und sorgten für ihn wie einen Sohn. Eidgebundene Wächter, Beschützer der Lehren Buddhas und Wächter der verborgenen Schatzlehren begleiteten ihn, wie ein Schatten dem Körper folgt, und befolgten seine Anweisungen.

Er hatte kein Verlangen nach den gewöhnlichen Leidenschaften, die zu wollüstigem Verhalten und einer niederen Art von Glückseligkeit führen. Stattdessen war er frei von allen Makeln der Anhaftung, die sich aus dem Folgen eines Pfades gewöhnlicher Begierde ergeben. Er war ein großartiger spirituell Praktizierender im wahrsten Sinne des Wortes, jemand, der die höchsten Prinzipien reinen Verhaltens aufrechterhielt. Er war so durch und durch von Liebe und Mitgefühl angetrieben und hatte das vortreffliche Bodhicitta, die altruistische Motivation, anderen zu nützen, über so viele Zeitalter kultiviert, dass alle, die mit diesem großen Bodhisattva, diesem Sohn der Siegreichen, verbunden waren, darin Sinn fanden.

In seinem Streben nach den höchsten geschickten Mitteln des kurzen Pfades, des Vajrayana, brachte dieser großartige Herrscher unter den Yogis die aus dem Praktizieren der Erzeugungsstufe geborene Verwirklichung an ihre äußersten Grenzen, sodass er Erscheinungen und Klänge als Zustand der Reinheit, als ein Mandala zeitloser Weisheit wahrnahm. Zeitlose Weisheit wurde für ihn vollkommen offensichtlich, während Glückseligkeit in seinem Körper, Wirkmächtigkeit in seiner Rede und Verwirklichung in seinem Geist loderte. Männer und Dakas, Frauen und Dakinis, Nahrung, Besitz und Reichtum sammelten sich wie auftürmende Wolken um ihn. Er war ein großartiger Meister der Transformation, der Aktivitäten für erwünschte Zwecke ausführte und Meisterschaft über die vier Arten der Aktivität und die acht spirituellen Verwirklichungen demonstrierte, wie das Bewegen durch Raum oder feste Materie.

Die Phase der Mühe erfordernden Vollendungsstufe ist eine wunderbare Herangehensweise. Durch diese kraftvollen geschickten Mittel band dieser großartige spirituelle Held die subtilen Energien, die sich in *Roma* und *Kyangma,* den Seitenkanälen von geschickten Mitteln und Weisheit bewegen, sodass diese »Passagen von Sonne und Mond« in den grundlegenden Raum des *Dhuti,* des Zentralkanals, gebracht wurden. Dadurch triumphierte er über die Machenschaften der Verwirrung, die durch die unreinen subtilen Energien des Karma geschaffen werden. Angeregt durch die subtile Energie der natürlich vorhandenen zeitlosen Weisheit, verwandelte das Spiel der erhabenen *Chandali*-Wärme seine drei Kanäle und die Chakras, indem es die Gedankenmuster dualistischen Greifens in die riesige Weite des nicht-dualen höchsten Wissens hinein leerte und verbrannte. Dessen strahlender Glanz berauschte ihn mit den sechzehn Stufen der Freude – dem offensichtlichen Wandlungsprozess dessen, was tatsächlich die höchst überragend unveränderliche Ebene der geschickten Mittel ist. Dies resultierte in der hervorragenden und höchsten Glückseligkeit der Gleichheit, und alsdann nahm er eine Verhaltensweise an, die die natürlichen Manifestationen des Gewahrseins unter seine Macht brachte und äußere Erscheinungen mit der Pracht seiner Verwirklichung unterwarf. Sein Verhalten wurde zu einem Tanz, durch den er auf sehr direktem Wege den äußerst wonnevollen Aspekt zeitloser Weisheit in jedem erweckte, der das entsprechende Karma und Glück besaß.

Die ganz besondere Herangehensweise, der geheimste der geheimen Pfade, ist der schnelle Pfad der völligen Klarheit, der Vajra-Gipfel. Unbefleckt von Überlegungen von gut oder schlecht, ist zeitlose Weisheit die nackte Einheit von Gewahrsein und Leerheit, zeitlos in ihrer ursprünglichen Reinheit. Das ist die innewohnende und grundlegend nicht-bedingte Natur des Geistes selbst, die erleuchtete Absicht von Kuntuzangpo, frei von Ausschmückung. Dieser geheime Schlüsselpunkt der Sichtweise wurde Dudjom Lingpa vollkommen offensichtlich.

Was den Verlauf der anstrengungslosen Meditation betrifft, so ist die grundlegende Natur aller Phänomene so, dass sie völlig mühelos ist, frei von jeglicher Art »das muss man machen« oder »so muss man es machen«. Jenseits gewöhnlicher Konzepte von Meditation oder Nicht-Meditation ist sie der ungekünstelte, authentische Zustand. Frei von der verschleiernden Überlagerung des Nichtgewahrseins ist sie ungehindert. Frei von den engen Grenzen von Hoffnung und Furcht ist sie uneingeschränkt. Der »Yoga des Raumes« ist der Yoga, der sich mit dieser höchst riesigen Weite des Seins beschäftigt, in der Verwirklichung und Freiheit gleichzeitig auftreten, in der es nichts zu meditieren aber auch keine Ablenkung gibt. Innere Klarheit ist der unaufhörliche »Schimmer des Seins« – die Natur aller Eigenschaften der Kayas und der zeitlosen Weisheit, mühelos und spontan präsent. Dudjom Lingpa erlangte mittels der Schlüsselpunkte der Körperhaltungen und Blicktechniken auf dem Pfad des »Über den Gipfel hinausgehen« (*thod rgal*) Meisterschaft darüber und erfuhr die visionäre Erscheinung der wahren Natur der Phänomene – den grundlegenden Raum (*dbyings*), Lichtsphären (*thig le*) und das Strahlen des Gewahrseins (*rig gdangs*). Sobald er die direkte Wahrnehmung dieser drei erlangt hatte, nahmen sie zu und erreichten ihren vollen Ausdruck: In einem Zeitraum, der wie ein Wimpernschlag anmutete, entfalteten sich die Visionen dieses Pfades wie ein Ozean wunderbarer Qualitäten, welche als die Formen von friedvollen und zornvollen Gottheiten erschienen.

Die Dakinis des grundlegenden Raumes zeitloser Weisheit übertrugen ihm ihr höchstes, unübertrefflich tiefgründiges und geheimes Schatzhaus und verkündeten in Prophezeiungen die größten und erhabensten Ziele, die er in Zukunft erreichen würde. Sie beauftragten ihn, das Tor zum Schatzhaus der Geheimnisse der Dakinis zu öffnen. In der Vision zeitloser Weisheit, die keinen fixen Bezugsrahmen hat, tauchte er in Visionen des gesamten Universums als einem riesigen Spektrum der Reinheit ein. Verborgene Schatzlehren des unerschöpflichen Erleuchtungsgeistes quollen mit Selbstverständlichkeit aus der gewaltigen Weite seiner erleuchteten Absicht hervor. Indem er das Siegel des Anvertrauens der Dakinis löste und diese tiefgründigen verborgenen Schatzlehren zum Vorschein brachte, wurde Dudjom Lingpa zum erhabenen Entdecker solcher Schätze, einem großer Weltenherrscher unter Meistern. Er verkündete eine Fundgrube juwelengleicher verborgener Schätze als ein Festgelage, das von den vom Glück begünstigten Schülern, die zu zähmen waren, genossen werden sollte – Lehren betreffend den Guru-Yoga, die Große Vollkommenheit, den Bodhisattva des Mitgefühls Avalokiteshvara, die Stufen von Entstehung und Vollendung, die Hauptübungen und untergeordneten Techniken, sowie kleine Aktivitätsrituale für eine Vielzahl an Verwendungszwecken.

Es gibt Wesen in diesen Zeiten des spirituellen Niedergangs, die sich durch aufwändige spirituelle Ansätze als schwierig zu zähmen erweisen. Vajra-Prophezeiungen verkünden die Notwendigkeit, sie durch die mühelose Herangehensweise des Ati, der Großen Vollkommenheit, der geheimen Herzessenz der letztendlichen Wahrheit, zu zähmen. In Übereinstimmung mit diesen Prophezeiungen, entzündete Dudjom Lingpa zum Wohle der Glücklichen, die gezähmt werden müssen, die Lampe dieser Lehren der allerhöchsten Herangehensweise der höchsten Geheimnisse.

Seine erhabene und charismatische Gestalt, die allein durch Erblicken Befreiung brachte, war in weiße Roben gekleidet und mit massiven Haarlocken beschwert. Er konnte nach Belieben durch gewöhnliche, greifbare Dinge hindurchgehen. In seinen Ohren trug er große Ringe aus Muscheln.

Er konnte Wesen, die getötet worden waren, wiederbeleben. Regenbogenlicht schimmerte, Blütenregen fiel und angenehme Düfte wogten umher, wenn er Ermächtigungen, intensive Gruppenrituale (*sgrub chen*) und Festopfer ausführte. Diese Zeichen einer erfolgreichen Verwirklichung wurden von den Anwesenden direkt wahrgenommen. Ein Teil des Nutzens, den er brachte, rührte von den tiefgründigen Lehren und Anweisungen in Form von melodischen Vajra-Liedern her, die unaufhörlich aus seiner goldenen Kehle flossen und die zu hören Befreiung brachte. Er befreite den Geistesstrom seiner Schüler in dem Moment, in dem er seine erleuchtete Absicht auf sie richtete, oftmals begleitet von scharfen Worten oder Schlägen. Durch den Pfad allerhöchster Leidenschaft ohne gewöhnliche Anhaftung führte er jene Frauen, mit denen er eine Verbindung hatte, Dakinis mit Samaya-Verpflichtung, zu einer Bestimmung, die seiner als glorreicher Heruka ebenbürtig war.

Er begründete eine Linie von verwirklichten Siddhas durch acht wiedergeborene Wesen, die seine Blutlinie weiter trugen, dreizehn ausgezeichnete Herzenskinder, die den Regenbogenkörper erlangten, sowie durch mehr als 1.000 seiner Schüler, die die Stufe eines Wissenshalters erlangten und andere. In seinen Träumen enträtselten ein Götterkind namens Dung-gu Zurphud und ein nicht-menschliches Wesen namens Zurme, das Dudjom Lingpas Schwester war, für ihn Symbole und prophezeiten, dass der Nutzen der Wesen, der sich aus seinen tiefgründigen verborgenen Schatzlehren herleitete, nach Westen wandern würde, indem sie sagten: »Die Städte der Menschen im Westen beinhalten jene, die von dir gezähmt werden sollen.« Sie sagten auch: »Der Klang des Muschelhorns im Westen ist ein Zeichen deines zunehmenden Ruhmes. Das Scheinen der Sonnenstrahlen in Gruben im Boden symbolisiert jene, die du zähmen wirst.« In Übereinstimmung mit diesen Prophezeiungen sehen wir, dass die Aktivitäten, die mit Dudjom Lingpas tiefgründigen verborgenen Schatzlehren verbunden sind, sich in den Regionen nah und fern, aber besonders in der westlichen Hemisphäre verbreitet haben und gedeihen.

Es wäre wahrlich schwierig, den Stellenwert der unvergleichlichen Geheimnisse der erleuchteten Sprache genau zu beschreiben, die in den tiefgründigen verborgenen Schatzlehren eines solchen Königs der Lehren Buddhas wie dem großen Schatzfinder Thragthung Dudjom Lingpa zu finden ist. Trotzdem wurde diese Übersetzung von einem Übersetzer übernommen, der aufgrund früherer Bestrebungen und Karmas fließend Englisch und Tibetisch spricht. In der Sprache Tibets, dem Land des Schnees, wird er Chökyi Nyima und in der Sprache seiner westlichen Heimat, in Kanada und den Vereinigten Staaten, Richard Barron genannt. Diese ausgezeichnete Übersetzung wurde immer wieder und wieder gewissenhaft auf ihre Genauigkeit hin überarbeitet, um eine klare und lesbare Fassung des Textes sicherzustellen. Ich selbst habe, aus tiefempfundenem Respekt für diese Lehren, diesen Prozess der Übersetzung und Bearbeitung durch meine eigenen Dienste unterstützt.

Wie Dudjom Rinpoche im Nachwort vermerkt, sind die Worte dieses Textes die »Reliquien des Dharmakaya«. Sie dürfen von jenen gelesen werden, die die Lehren persönlich von einem Lama erhalten haben, der diese Linie hält; bis dahin sollte der Text als Objekt der Verehrung am eigenen Altar aufbewahrt werden. Wenn diese Bedingung erfüllt wird, besteht kein Zweifel, dass man in der Schlacht mit destruktiven Umständen und Hindernissen siegreich sein wird, und dass förderliche Umstände sofort in diesem Leben und weiter in die Zukunft Nutzen bringen werden.

Obwohl das Lebensvorbild dieses Beschützerfürsten in seiner
Gesamtheit schwierig zu beschreiben ist,
habe ich mit edler Haltung kurz darüber gesprochen.
Möge mich durch die daraus erwachsende Kraft der
Beschützerfürst in allen Leben führen,
und möge meine Fähigkeit, den Wesen zu nützen, so gewaltig
sein wie Eure, mein Beschützerfürst!
Aus den endlosen Tiefen seines erleuchteten Geistes, geheim
und tiefgründig,
wurde dieser tiefgründige Rat, »Buddhaschaft ohne
Meditation«, der das eigene wahre Antlitz – die natürliche
Große Vollkommenheit – vollständig sichtbar macht,
hervorgeholt.
Mit selbstloser Motivation haben Förderer dieses Projekt
unterstützt, ein Übersetzer, der beide Sprachen fließend
beherrscht,
hat diese Übersetzung ausgeführt, und Redakteure haben
Ungenauigkeiten wegpoliert.
Für alle Wesen in den drei Bereichen, und besonders für all
jene, die dieser Lehre die ihr gebührende Achtung erweisen,
mögen die Verzerrungen der drei Verschleierungen in den
grundlegenden Raum der Phänomene aufgelöst sein,
und möge ihre grundlegende Natur – die erleuchtete Absicht der
drei Kayas – offenbar werden!

༄༅། །རང་བཞིན་རྫོགས་པ་ཆེན་པོའི་རང་ཞལ་མངོན་དུ་བྱེད་པའི་
གདམས་པ་མ་བསྒོམ་སངས་རྒྱས་བཞུགས་སོ། །

Buddhaschaft ohne Meditation

Ein Rat, der das eigene wahre Antlitz –
die natürliche Große Vollkommenheit – sichtbar macht

༄༅། །ཁྲིབ་བདག་གཏོད་མའི་མགོན་པོ་ཡེ་ཤེས་སྒྲུ་འཕྲུལ་རོལ་པའི་གྲོང་ཁྱེར་མཆོག་ལ་མི་ཕྱེད་དད་པའི་སྒོ་ནས་ཕྱག་འཚལ་ལོ། །དུས་དེང་སང་སྙིགས་མ་ལྔ་བདོ་བའི་སྐབས་འདིར་སེམས་ཅན་དམུ་རྒོད་ལས་ངན་དབང་ཆེ་བའི་སྟོབས་ཀྱིས་མི་ཚེ་རྨི་ལམ་གྱི་གནས་སྐབས་ཙམ་འདི་ལ་ཞེན་ཅིང་བློ་ཐག་རིང་པོས་གཏན་དུ་སྤྱོད་གྲབ་བྱེད་ཅིང་ཕྱི་མའི་དོན་གཉེར་རྒྱབ་ཏུ་བོར་བ་ཤ་སྟག་ལས་མེད་དེ། དེའི་ཕྱིར་ཐར་བ་དང་རྣམ་མཁྱེན་གྱི་གོ་འཕང་དོན་དུ་གཉེར་བ་ནི་ཉིན་མོའི་སྐར་མ་ཙམ་ལས་མ་མཐོང་། གལ་ཏེ་འཆི་བ་དྲན་ནས་ཆོས་ཉམས་སུ་ལེན་པར་སྤྲོ་ཡང་ལུས་ངག་གི་དགེ་སྦྱོར་ཙམ་ལ་མི་ཚེ་ཟད་ནས་མཐོ་རིས་ལྷ་མིའི་གོ་འཕང་དོན་དུ་གཉེར་བ་དང་། ཡང་འགའ་ཞིག་གིས་ལྟ་བ་སྟོང་ཉིད་ཀྱི་ཕྱོགས་ཙམ་མི་ཤེས་པར་རང་སེམས་སྟོང་པ་རུ་ཐག་བཅད་ནས་རྣམ་པར་རྟོག་པའམ་ཤེས་པ་བཟོ་མེད་ཙམ་ངོ་སྤྲད་དེ་དེའི་ངང་དུ་བྲུར་མེད་དུ་སྦྱོད་པས་

Mit unerschütterlichem Vertrauen bezeuge ich dem unumschränkten Meister, dem uranfänglichen Schützer, der erhabenen Zitadelle des magischen Ausdrucks zeitloser Weisheit (*ye shes*) meine Verehrung.

In diesen Tagen, wenn die fünf Arten des Niedergangs zunehmen, sind gewöhnliche Wesen ohne Ausnahme grob, wild und stehen unter dem Einfluss von sehr mächtigem negativem Karma. Nur auf den vergänglichen Traum dieses menschlichen Lebens fixiert, machen sie weitreichende Pläne, so als ob sie ewig leben würden, und kehren ihren Rücken dem Streben zu, etwas Sinnvolles für zukünftige Leben zu tun. Deshalb scheint mir, dass jene, die ernsthaft Befreiung und Allwissenheit suchen, nicht zahlreicher sind, als Sterne am Tageshimmel. Selbst wenn Leute sich ihrer Sterblichkeit bewusst sind und den glühenden Wunsch haben, Buddhas Lehren zu praktizieren, verbringen sie ihre menschliche Existenz damit, einfach Körper und Rede mit spirituellen Bemühungen zu beschäftigen und eine Wiedergeburt als Gott oder Mensch anzustreben.

Einige beschließen, ohne das geringste Verständnis der Sichtweise der Leerheit (*stong nyid*) zu haben, dass ihr Geist leer ist. Dadurch machen sie aber nur Bekanntschaft mit einem Zustand der Konzeptualisierung (*rnam par rtog pa*) oder des nicht aktiven Bewusstsein (*shes pa mzo med*). Sie bleiben in diesem Zustand, in dem nichts zu tun ist, und werden dadurch zu einer Wiedergeburt als

འདོད་གཟུགས་ཀྱི་ལྷ་རུ་འཕེན་པ་ཙམ་ལས་རྣམ་མཁྱེན་གྱི་ལམ་ལ་སྤྱུ་རྩེ་ཙམ་ཡང་ཉེ་བ་མ་ཡིན་ནོ། །དེའི་ཕྱིར་ན་བསྐལ་པ་དཔག་ཏུ་མེད་པའི་གོང་རོལ་ནས་ཚོགས་རྒྱ་ཆེན་པོ་བསགས། སྨོན་ལམ་བཟང་པོས་མཚམས་སྦྱར། དོན་དམ་པའི་ཆོས་ལ་ལས་འབྲེལ་བཞག་པའི་སྐྱེས་བུ་རེ་ཙམ་མཆིས་ན་དེའི་དབང་སྐལ་དུ་ངས་བསྟན་པ་ཡིན། ང་དང་ལས་འབྲེལ་མེད་ཅིང་རྫོགས་པ་ཆེན་པོའི་ཆོས་ལ་དབང་བྱེད་པའི་སྐལ་པ་མེད་པ་དག་གིས་བསྟན་པ་འདི་ལ་སྒྲོ་སྐུར་བྱེད་པ་ལས་བློ་འབྲོག་དགོན་པ་རུ་འབྲོས་པར་འགྱུར་པ་ཡིན། དེ་ལྟར་མ་ཡིན་པའི་བདག་དང་སྐལ་པ་མཉམ་པའི་སྐྱེས་བུ་རྣམས་ཀྱིས་གདམས་པ་འདིར་ལྟོས་ལ་བརྟག་དཔྱད་གོམས་འདྲིས་ཀྱི་སྒོ་ནས་འཁོར་འདས་སྟོང་ཉིད་ཆེན་པོར་ངོ་ཤེས་ཏེ་ངང་རྟོགས་པར་མཛོད་ཅིག འདིར་རང་བཞིན་རྫོགས་པ་ཆེན་པོ་ལ་སེམས་ཀློང་མན་ངག་གི་སྡེ་གསུམ་དུ་ཡོད་པ་ལས། འདི་ནི་གསང་བ་མན་ངག་གི་སྡེ་ཞེས་བྱ་བ་ཡིན། འདི་ལ་ལྟ་བ་དང་། བསྒོམ་པ་དང་། སྤྱོད་པ་གསུམ་དུ་ཡོད་པ་ལས། །

Götter des Begierde- und Formbereichs getrieben. Das bringt sie aber nicht eine Haaresbreite näher an den Pfad der Allwissenheit.

Wenn daher ein paar wenige spirituelle Individuen, die über unzählige Zeitalter Ansammlungen in großem Maßstab angesammelt und diese mit Wunschgebeten (*smon lam*) verbunden haben, eine gewisse karmische Verbindung zu den spirituellen Lehren über die letztendliche Wirklichkeit aufgebaut haben, dann werde ich sie entsprechend ihres Scharfsinns und ihres spirituellen Vermögens lehren. Jene, denen es sowohl an karmischer Verbindung zu mir als auch an Vermögen mangelt, von den Lehren der Großen Vollkommenheit Gebrauch zu machen, die sie stattdessen aufbauschen oder verunglimpfen, haben ihren eigenen Geist in eine entlegene Wildnis verbannt. Ihr spirituelle Individuen, die ihr nicht wie sie seid, und deren Vermögen meinem ebenbürtig ist, hört meinen Rat: Erkennt durch Prüfung, Analyse, Gewöhnung und Vertrautheit Samsara und Nirvana als höchste Leerheit und verwirklicht so deren grundlegende Natur (*ngang*).

In der Herangehensweise der natürlichen Großen Vollkommenheit finden sich drei Kategorien: die Geist-Kategorie (*sems sde*), die Raum-Kategorie (*klong sde*) und die Kategorie der direkten Übertragung[4] (*man ngag sde*). Dieser Text gehört zu jener, die man als die geheime Kategorie der direkten Übertragung bezeichnet. Im Text gibt es drei Abschnitte betreffend Sichtweise (*lta ba*), Meditation (*goms pa*) und Verhalten (*spyod pa*).

4 Oft auch als »Übertragung mittels Schlüsselunterweisung« bezeichnet (A.d.Ü.)

Avalokiteshvara

༄༅། །དང་པོ་ལྟ་བ་གཏན་ལ་དབབ་པ་ལ། མེད་པ་དང༌། གཅིག་པུ་དང༌། ཁྱབ་བ་དང༌། ལྷུན་གྲུབ་རྣམ་པ་བཞིའི་སྒོ་ནས་གཏན་ལ་ཕབ་སྟེ་ཇི་ལྟ་བ་བཞིན་དུ་རྟོགས་པར་བྱ་བ་ནི་གནད་དམ་པ་ཡིན་ནོ། །

དེ་ལ་དང་པོ་མེད་པའི་ཚུལ་གཏན་ལ་དབབ་པ་ལ། གང་ཟག་གི་བདག་གཏན་ལ་དབབ་པ་དང༌། ཆོས་ཀྱི་བདག་གཏན་ལ་དབབ་པ་དང་གཉིས་ཡོད་པ་ལས།

[I. Durch die Sichtweise zu einem Entschluss gelangen (thag bcad pa)][5]

UM ZUERST ZU EINEM DEFINITIVEN VERSTÄNDNIS (*gtan la dbab pa*) in Bezug auf die Sichtweise zu gelangen, ist der heilige Schlüsselpunkt dazu, ein definitives Verständnis durch vier Themenbereiche – Nicht-Existenz (*med pa*), Einssein (*gcig pu*), Offenheit (*phyal ba*) und spontane Präsenz (*lhun grub*) – zu erlangen und diese so zu verwirklichen, wie sie eben sind.

[1. Zum definitiven Verständnis gelangen, dass alle Phänomene unausdrückbare Leerheit sind]

Innerhalb des ersten dieser Themenbereiche, zu einem definitiven Verständnis in Bezug auf die Nicht-Existenz zu gelangen, hat der Prozess zwei Abschnitte: zu einem definitiven Verständnis hinsichtlich der persönlichen Identität (*gang zag gi bdag*) gelangen, und zu einem definitiven Verständnis hinsichtlich der Identität der Phänomene (*chos kyi bdag*) gelangen.

---

5 Für ein besseres Verständnis wurde in den deutschen Text die Strukturanalyse von Dudjom Rinpoche in eckigen Klammern eingefügt. Der geneigte Leser wird dabei Unterschiede in der Begriffswahl zwischen dem Haupttext und diesen eingefügten Überschriften aus der Strukturanalyse bemerken. Sie resultieren aus der ähnlichen aber nicht identischen Wortwahl beider Texte. (A.d.Ü.)

དང་པོ་གང་ཟག་གི་བདག་ཅེས་བྱ་བ་ནི། ཉིན་སྣང་དང་། རྨི་སྣང་དང་། བར་སྲིད་དང་། ཕྱི་མའི་དུས་རྣམས་སུ་བདག་ཡོད་པར་སྣང་ཙམ་ཉིད་ལ་གང་ཟག་གི་བདག་ཅེས་བྱའོ། །དེ་མ་ཐག་ཏུ་ང་རུ་བཟུང་བའི་ཤེས་པ་བག་ལ་ཉལ་བ་ལ་ཤེས་པ་ཕྱི་མའམ་རྣམ་པར་རྟོག་པ་ཞེས་བྱ་སྟེ། དེས་གསལ་བཏབ་ནས་བརྟན་ཅིང་འཐས་པར་བྱས་པ་ཡིན། དེའ་ཕྱིར་ང་ཞེས་བྱ་བ་དེ་དང་པོ་བྱུང་བའི་ཁུངས་ལ་བརྟག་ནས་བྱུང་ཁུངས་མེད་པའི་ས་ལ་གཏུག་གོ །

བར་དུ་གནས་པའི་ས་བཙལ་བ་ལ། ང་ཞེས་བྱ་བ་དེ་གནས་ས་དང་གནས་མཁན་སོ་སོར་ངོས་བཟུང་མཚན་མ་ཅན་དུ་ཡོད་དམ་མེད་འདི་ལྟར་བརྟག་པར་བྱའོ། །མགོ་ལ་ནི་མགོ་ཞེས་བྱ་སྟེ་ང་མ་ཡིན། དེ་བཞིན་མགོ་ལྤགས་ལའང་ལྤགས་པ་ཞེས་བྱ་སྟེ་ང་མ་ཡིན། རུས་པ་ལ་རུས་པ་བརྗོད་པ་ལས་ང་མ་ཡིན། དེ་བཞིན་དུ་མིག་ནི་མིག་ལས་ང་མ་ཡིན། རྣ་བ་ནི་རྣ་བ་ལས་ང་མ་ཡིན། སྣ་ནི་སྣ་ལས་ང་མ་ཡིན།

[1.1. Zum definitiven Verständnis hinsichtlich der Nicht-Existenz von persönlicher Identität gelangen

a. Den anfänglichen Ursprung untersuchen]

Beginnen wir mit dem Definieren von »persönlicher Identität«. Der Eindruck, dass eine Identität (*bdag*) besteht, ob nun im Wachzustand, im Traumzustand, im Bardo – dem Zwischenzustand der bedingten Existenz zwischen Tod und Wiedergeburt – oder im nächsten Leben, wird »persönliche Identität« genannt. Unmittelbar diesem ersten Eindruck folgend ist da ein latentes Bewusstsein, dass diesen Eindruck als ein »Ich« begreift. Das wird »nachfolgendes Bewusstsein« oder »begriffliches Denken« genannt. Da man diesem Vorgang Aufmerksamkeit schenkt, erscheint es stabil und fest. Deshalb wird man, wenn man den Ursprung zu lokalisieren versucht, aus dem dieses sogenannte Ich am Anfang entsteht, zur Festlegung gelangen, dass es keinen echten Ursprung hat.

[b. Den zwischenzeitlichen Aufenthaltsort untersuchen]

Auf der Suche nach dem Ort, an dem sich möglicherweise diese Identität zwischen ihrem Entstehen und Vergehen aufhält, soll man auf folgende Weise untersuchen, um zu bestimmen, ob für dieses sogenannte Ich überhaupt ein Ort und etwas dort Lokalisiertes besteht, was individuell identifiziert und charakterisiert werden kann.

Der Kopf wird »Kopf« genannt; er ist nicht Ich. Gleichermaßen wird die Haut des Kopfes »Haut« genannt; sie ist nicht Ich. Knochen, die man einfach als »Knochen« bezeichnet, sind nicht Ich. Ähnlich sind die Augen einfach die Augen, nicht Ich. Die Ohren sind einfach Ohren, nicht Ich. Die Nase ist einfach die Nase, nicht

ལྟེ་ནི་ལྟེ་ལས་ང་མ་ཡིན། སོ་ནི་སོ་ལས་ང་མ་ཡིན། ཀླད་པ་ཡང་ང་མ་ཡིན། ཤ་ཁྲག་ཆུ་སེར་རྩ་རྒྱུས་རྣམས་ལའང་རང་རང་གི་མིང་ལས་ང་མ་ཐོག་པ་དེས་ཤེས། ཡང་ལག་པ་ནི་ལག་པ་ལས་ང་མ་ཡིན། སོག་པ་ནི་དེ་བཞིན་ང་མ་ཡིན། དཔུང་པ་ནི་མ་ཡིན། ལག་ངར་ནི་མ་ཡིན། སོར་མཛུབ་རྣམས་ཀྱང་མ་ཡིན། ཡང་རྐལ་ཚིགས་ནི་རྐལ་ཚིགས་ལས་ང་མ་ཡིན། རྩིབས་མ་ནི་ང་མ་ཡིན། བྲང་ནི་ང་མ་ཡིན། གློ་བ་ནི་ང་མ་ཡིན། སྙིང་ནི་ང་མ་ཡིན། མཆིན་ཁྲི་ནི་ང་མ་ཡིན། མཆིན་པ་དང་མཆེར་པ་ནི་ང་མ་ཡིན། རྒྱུ་མ་དང་མཁལ་མ་ནི་ང་མ་ཡིན། དྲི་ཆུ་དང་བཤང་ལྕི་ནི་ང་མ་ཡིན། ཡང་རྐང་པ་ལའང་ང་ཡི་མིང་མི་གདག་སྟེ། བརླ་ལ་བརླ་ཞེས་གདག་པ་ལས་ང་མི་གདག །དཔྱི་ཡང་དེ་བཞིན་དུ་ང་མ་ཡིན། རྗེ་ངར་ཡང་ང་མ་ཡིན། བོལ་བ་ཡང་ང་མ་ཡིན། སོར་མཛུབ་ཡང་ང་མ་ཡིན། མདོར་ན་ཕྱིའི་ལྤགས་པ་ལ་ང་མི་གདག བར་གྱི་ཤ་ཚིལ་ལ་ཤ་ཚིལ་ཟེར་བ་ལས་ང་མི་གདག ནང་གི་རུས་པ་ལ་རུས་པ་ཟེར་བ་ལས་ང་མི་གདག གསང་བ་རྐང་ལའང་རྐང་ཟེར་བ་ལས་ང་མི་གདག རྣམ་པར་ཤེས་པ་ལའང་དེ་ལས་ང་མི་གདག དེའི་ཕྱིར་བར་དུ་གནས་པའི་ས་དང་བདག་པོ་མེད་པའི་སྟོང་པ་ཉིད་དུ་ངེས་པའོ། །

Ich. Die Zunge ist einfach die Zunge, nicht Ich. Die Zähne sind einfach Zähne, nicht Ich. Das Gehirn ist ebenso nicht Ich. Ebenso bestehen die Muskeln, das Blut, die Lymphe, Nerven, Blutgefäße und Sehnen einfach aufgrund ihrer eigenen Namen, sie werden nicht als »Ich« bezeichnet. Daraus wird man Verständnis erlangen.

Genauso sind die Arme einfach Arme, nicht Ich. Genauso wenig sind die Schultern Ich, noch die Oberarme, die Unterarme oder die Finger. In derselben Weise ist die Wirbelsäule einfach die Wirbelsäule, sie ist nicht Ich. Die Rippen sind nicht Ich, der Brustkorb ist nicht Ich, die Lungen sind nicht Ich, das Herz ist nicht Ich, das Zwerchfell ist nicht Ich, die Leber und Milz sind nicht Ich, die Gedärme und Nieren sind nicht Ich, und Urin und Kot sind nicht Ich.

Ebenso kann die Bezeichnung »Ich« nicht auf die Beine angewendet werden. Die Bezeichnung »Schenkel« und nicht die Bezeichnung »Ich« wird auf die Schenkel angewendet. Gleichfalls sind die Hüften nicht Ich. Weder sind die Schienbeine Ich, noch die Innenseiten der Füße oder die Zehen.

Zusammenfassend: Die äußere Haut wird nicht als »Ich« bezeichnet, die dazwischen liegenden Muskeln und das Fett werden als »Muskeln« und »Fett« und nicht als »Ich« bezeichnet, die Knochen im Inneren werden als »Knochen« und nicht als »Ich« bezeichnet, das Knochenmark wird als »Mark« und nicht als »Ich« bezeichnet. Indem sogar das Bewusstsein als Bewusstsein benannt wird, wird es nicht als »Ich« bezeichnet. Daher kann man aufgrund des Nichtvorhandenseins irgendeines Ortes oder Dings, das zwischen Entstehen und Vergehen angesiedelt wäre, Gewissheit in Bezug auf die Leerheit haben.

དེ་བཞིན་དུ་ཐ་མ་འགྲོ་བའི་ཡུལ་དང་བདག་པོ་ཐམས་ཅད་ལས་འདས་པ་ཉིད་དུ་ཐག་ཆོད་པར་བྱའོ། །དོན་ལ་མེད་བཞིན་ཡོད་པར་སྣང་བ་ནི་རབ་རིབ་ལྟ་བུའོ། །མིང་བརྗོད་པ་དེ་དག་ཀྱང་རི་བོང་གི་རྭ་བརྗོད་པ་ལྟ་བུའོ། །

གཉིས་པ་ཆོས་ཀྱི་བདག་མེད་གཏན་ལ་དབབ་པར་བྱ་བ་ལ་མིང་གི་གདག་གཞི་བཙལ་བ། དངོས་པོའི་རྟག་འཛིན་བཤིག་པ། ཕན་གནོད་ཀྱི་མཚང་ལ་རྒོལ་བ། རེ་དོགས་ཀྱི་རྩུན་ཕུག་བཏེབ་པའོ། །

དང་པོ་ནི། མིང་ཐམས་ཅད་བཏགས་དོན་བཙལ་ན་མེད་བཞིན་དུ་རྟོག་པའི་རང་མདངས་ཙམ་ལ་བཏགས་པར་ཟད་དེ།

[c. Das letztendliche Ziel untersuchen]

Genauso sollte man zum Entschluss kommen, dass alle letztendlichen Ziele und alles, was dorthin geht, überschritten werden. In Wirklichkeit verhält es sich wie bei beeinträchtigtem Sehen, Dinge erscheinen als etwas, das sie nicht sind. Das Verwenden all dieser Bezeichnungen ist so, als ob man über die Hörner eines Hasen spricht.

[1.2. Zum definitiven Verständnis hinsichtlich der Nicht-Existenz der Identität von Phänomene gelangen]

Um zweitens zu einem definitiven Verständnis zu gelangen, dass den Phänomenen jegliche Identität fehlt, muss man nach einer Grundlage für die Zuschreibung von Namen suchen; die Vorstellung von der scheinbaren Dauerhaftigkeit der Dinge verwerfen; den verborgenen Fehlern von Nutzen und Schaden entgegentreten; und die falsche Höhle von Hoffnung und Furcht einstürzen lassen.

[1.2.1. Nach einer Grundlage für die Zuschreibung von Namen suchen

a. Nach einer letztendlichen Grundlage suchen, auf die die Namen aller Phänomene angewendet werden, um so zum definitiven Verständnis zu gelangen, dass sie leer sind]

Um mit dem ersten Punkt zu beginnen, wenn man nach einer letztendlichen Grundlage sucht, die der Anwendung aller Namen zu Grunde liegt, dann wird man herausfinden, dass dies auf nichts als Bezeichnungen hinausläuft, die – da nicht-existent – einfach auf den allen Gedanken zu Grunde liegenden natürlichen Glanz

ཆོས་གང་ཡང་གདག་གཞིའི་སྟེང་ན་ཚུགས་ཐུབ་དུ་གྲུབ་པར་མི་སྲིད་པའི་ཕྱིར་རོ། །དེ་ཡང་མགོ་ཞེས་བྱ་བ་ཅིའི་ཕྱིར་ཅི་ལ་བཏགས། ལུས་ཆགས་པའི་དང་པོ་ཡིན་པས་སམ། ཟླུམ་པོ་ཡིན་པས་སམ། སྟེང་དུ་བསྟན་པ་ལ་བཏགས། ལུས་ཆགས་པའི་དང་པོར་ནི་མགོ་མ་སྐྱེས། ཟླུམ་པོ་ཐམས་ཅད་ལ་ནི་མགོ་མི་ཐོག སྟེང་འོག་ཀྱང་བརྟག་ན་ནམ་མཁའ་ལ་སྟེང་འོག་མེད། དེ་བཞིན་དུ་སྣ་ནི་མགོ་མ་ཡིན། ལྤགས་པ་ལ་ལྤགས་པ་ལས་མགོ་མི་ཐོགས། རུས་པ་ལ་རུས་པ་ཟེར་བ་ལས་མགོ་མི་ཐོགས། ཀླད་པ་ནི་མགོ་མ་ཡིན། མིག་དང་རྣ་བ་ནི་མགོ་མ་ཡིན། སྣ་དང་ལྕེ་ནི་མགོ་མ་ཡིན། དེ་ལྟར་སོ་སོར་ཕྲལ་ན་མ་ཡིན་ཀྱང་ལྷན་དུ་ཚོགས་པ་ལ་མགོ་ཟེར་བ་ཡིན་སྙམ་ན་སྲོག་ཆགས་ཞིག་གི་མགོ་བཅད་དེ་རྡུལ་དང་རྡུལ་ཕྲན་ཆ་མེད་དུ་བཏགས་ནས་འཛམ་བུ་གླིང་གི་མི་ལ་བསྟན་ཀྱང་མགོ་ཞེས་མི་སྨྲ། ཆུས་སྦྲུས་ཀྱང་མགོ་མི་ཐོགས་པས་མགོ་ཞེས་བྱ་བ་བརྗོད་པ་ཙམ་ལས་བརྗོད་གཞི་ཡུལ་མེད་དུ་འདུག་པའི་ངང་ཚུལ་ཤེས་པར་བྱའོ། །དེ་བཞིན་དུ་མིག་ལ་ཡང་ཆུ་བུར་ཟུང་དུ་ཡོད་པ་ལ་མིག་མི་ཐོགས། ལྤགས་པ་ནི་མིག་མ་ཡིན། ཆུ་དང་རྩ་ཁྲག་རྣམས་ཀྱང་དེ་བཞིན་དུ་མིག་མ་ཡིན། དེ་དག་སོ་སོར་ཕྱེས་ཀྱང་མ་ཡིན།

(*rang mdangs*) bezogen werden. Das ist so, weil es für überhaupt kein Phänomen möglich ist, jemals selbstbestehend, das heißt als Grundlage für Bezeichnungen, zu existieren. Worauf bezieht sich beispielsweise »Kopf« und warum? Wird die Bezeichnung deshalb angewendet, weil der Kopf die erste Stufe im Wachstum des Körpers bildet, weil er rund ist oder weil er zuoberst erscheint? Tatsächlich ist der Kopf nicht die erste Stufe im Wachstum des Körpers, die Bezeichnung »Kopf« bezieht sich auf nichts, das rund ist, und wenn man die Konzepte von »oben« und »unten« untersucht, gibt es im Raum kein absolutes oben oder unten. Gleichermaßen ist das Kopfhaar nicht der Kopf. Die Haut, die Haut ist, kann nicht als »Kopf« bezeichnet werden. Die Knochen, die »Knochen« genannt werden, können nicht als »Kopf« bezeichnet werden. Das Gehirn ist nicht der Kopf, die Augen und Ohren sind nicht der Kopf, und die Nase und Zunge sind nicht der Kopf.

Man könnte behaupten, dass, wenn wir diese Teile einzeln herausnehmen, sie nicht den Kopf ausmachen, sondern ihre kollektive Masse »Kopf« genannt wird. Aber wenn wir einem Geschöpf den Kopf abschneiden, ihn zu kleinsten Teilchen und subatomaren Teilchen pulverisieren und dann dies jemandem in der Welt zeigen würde, dann würde niemand sagen, dass dies ein »Kopf« wäre. Selbst wenn die Teile mit Wasser wieder zusammengefügt würden, würde diese Masse nicht als »Kopf« bezeichnet werden. Daher soll man diesen Sachverhalt verstehen – es gibt kein Objekt, das die Grundlage für die Bezeichnung »Kopf« wäre, da es bloß ein sprachliches Gebilde ist.

Nehmen wir einen ähnlichen Fall, jenen der Augen. Die Bezeichnung »Augen« trifft nicht auf die als Paare existierenden Kugeln zu. Die Sklera ist nicht das Auge. Die Flüssigkeiten, Nerven, Gefäße und das Blut sind ebenfalls nicht die Augen. Wenn man diese Bestandteile einzeln untersucht, dann wird man erkennen,

ལྷན་ཅིག་ཚོགས་པའི་རྡུལ་ཀྱང་མ་ཡིན། ཆུས་སྦྲུས་པའི་འདག་པ་ཡང་མ་ཡིན། གཟུགས་མཐོང་མཁན་ཀྱང་ཤེས་པ་ཡིན་པ་ལས་ཆུ་བུར་མ་ཡིན་པ་རྨི་ལམ་དང་བར་དོའི་སྐབས་སུ་མཐོང་བྱེད་ཡོད་པ་དེས་སྟོན་ཏོ། །རྣ་བ་ཡང་དེ་བཞིན་དུ་སྦྲུ་གུ་ནི་རྣ་བ་མ་ཡིན། ལྤགས་པ་ནི་རྣ་བ་མ་ཡིན། ཤ་དང་རྩ་རྒྱུས་ཁྲག་དང་ཆུ་སེར་རྣམས་ནི་རང་རང་གི་མིང་ལས་རྣ་བ་མ་ཡིན། དེ་རྡུལ་དུ་ཕབ་པའི་ཕྱེ་མ་ཡང་རྣ་བ་མ་ཡིན། ལྷན་ཅིག་སྦྲུས་པའི་འདག་པ་ཡང་རྣ་བ་མ་ཡིན། སྒྲ་ཐོས་མཁན་ལ་རྣ་བ་ཞེས་བཏགས་པར་སེམས་ན། རྨི་སྣང་ཉིན་སྣང་བར་དོའི་སྐབས་ཀྱི་སྒྲ་ཐོས་མཁན་ལ་ལྟོས། སེམས་ཡེ་གནས་ཀྱི་ཤེས་པ་ཉིད་ཡིན་ཏེ་རྣ་བ་མ་ཡིན། དེ་བཞིན་དུ་སྣ་ཡང་སྦྲུ་གུ་དང་ལྤགས་པ་དང་རུས་པ་ཤ་དང་རྩ་རྒྱུས་ཐམས་ཅད་རང་རང་གི་མིང་ལས་སྣ་ཞེས་མི་གདགས། དྲི་ཚོར་མཁན་ཡང་ཤེས་པ་ཉིད་ཡིན་པར་རྨི་ལམ་དང་བར་དོའི་སྐབས་སུ་དྲི་ཚོར་མཁན་ལ་བརྟག་པར་བྱའོ། །ལྕེ་ཡང་དེ་བཞིན་དུ་སོ་སོར་ཕྱེས་ན་ཤ་ལྤགས་ཁྲག་དང་རྩ་རྒྱུས་ཐམས་ཅད་ལ་རང་རང་གི་མིང་ལས་ལྕེ་ཞེས་མི་བྱ། དེ་དག་རྡུལ་དུ་ཕབ་པའི་རྡུལ་ལའང་ལྕེ་ཞེས་མི་བྱ། ཆུས་སྦྲུས་པའི་འདག་པ་ལའང་ལྕེ་མི་གདག་པ་བཞིན་འོག་མ་ཀུན་ལ་འགྲེ་བར་བྱའོ། །དེ་བཞིན་དུ་ལག་པའང་སོག་པ་ནི་ལག་པ་མ་ཡིན། དཔུང་པ་ནི་མ་ཡིན།

dass nichts davon die Augen sind. Noch sind es die Teilchen ihrer gesamten Masse oder die Masse, die man durch eine Rekonstruktion dieser Teilchen mit Wasser erhalten würde. Das, was Formen sieht, sind nicht die Augäpfel. Es handelt sich um einen Bewusstseinszustand, was offensichtlich ist, da er auch in Träumen und im Bardo Sehen bewirkt.

Bei den Ohren ist es ähnlich, die Gehörgänge sind nicht die Ohren. Die Haut sind nicht die Ohren. Die Knorpel, Nerven, Gefäße, das Blut und die Lymphe werden durch ihre eigenen Namen bezeichnet, sie sind nicht die Ohren. Das Pulver, das sich aus ihrer Pulverisierung ergeben würde, sind nicht die Ohren. Die Masse, die sich aus ihrer Wiederherstellung ergeben würde, sind nicht die Ohren. Wenn man nun denkt, dass die Bezeichnung »Ohren« darauf angewendet werden kann, was hört, dann soll man beobachten, welche Klänge man während der Träume, im Wachzustand und im Bardo vernimmt: Es ist der gewöhnliche Geist als zeitlos gegenwärtiges Bewusstsein, nicht die Ohren.

Ebenso werden die Bestandteile der Nase – Nasenlöcher, Haut, Knorpel, Nerven und Blutgefäße – durch ihre eigenen Namen bezeichnet, sie werden nicht »Nase« genannt. Weil dasjenige, was Gerüche riecht, ein Bewusstseinszustand ist, sollte man untersuchen, was Gerüche beim Träumen und im Bardo riecht.

Wenn man auf dieselbe Weise die einzelnen Bestandteile der Zunge untersucht – den Muskel, die Haut, das Blut, die Nerven und Gefäße – werden sie durch ihre eigenen Namen bezeichnet, sie werden nicht »Zunge« genannt. Das Pulver, das aus deren Pulverisierung entstehen würde, würde nicht »Zunge« genannt werden. Selbst die Masse, die man aus dessen Rekonstruktion mit Wasser erlangen würde, würde nicht als »Zunge« bezeichnet werden.

Dieselbe Beweisführung gilt auch in allen folgenden Fällen: Bei den Armen sind die Schultern nicht die Arme, die Oberarme

ལག་ངར་ནི་མ་ཡིན། སོར་ཚིགས་རྣམས་ཀྱང་མ་ཡིན། ཤ་ལྤགས་རུས་པ་རྐང་ཡང་མ་ཡིན། སོག་པ་ཡང་དེ་བཞིན་ལྤགས་པ་ནི་སོག་པ་མ་ཡིན། ཤ་དང་རུས་པ་རྣམས་ཀྱང་མ་ཡིན། ལྷན་ཅིག་ལ་ཚོགས་པའི་རྡུལ་ཡང་མ་ཡིན། ཆུས་སྦྲུས་པའི་འདག་པ་ཡང་མ་ཡིན་ཏེ། །སོག་པའི་མིང་གི་གདག་གཞི་ཡུལ་མེད་དུ་སྟོང་པའོ། །དེ་བཞིན་དུ་དཔུང་པ་དང་ལག་ངར་ལ་བརྟག་པས་ཤ་ལ་ཤ། རུས་པ་ལ་རུས་པ། ལྤགས་པ་ལ་ལྤགས་པ། རྐང་ལ་རྐང་ཞེས་རང་རང་གི་མིང་ལས་གདག་གཞི་རྡུལ་ཕྲན་ཙམ་ཡང་མ་གྲུབ། ལུས་དང་ཕུང་པོ་ཞེས་བརྗོད་པའི་གཞི་རྩ་ལ་བརྟག་པས་སྒལ་ཚིགས་དང་རྩིབས་མ་ལ་ལུས་མི་བྱ། བྲང་དང་ཤ་ལྤགས་རུས་པ་ལ་ལུས་མི་བྱ། སྙིང་དང་གློ་བ་མཆིན་པ་མཆིན་ཁྲི་མཚེར་པ་མཁལ་མ་རྒྱུ་མ་རྣམས་ལ་རང་རང་གི་མིང་སོ་སོར་བརྗོད་པ་ལས་ལུས་དང་ཕུང་པོའི་གདག་གཞི་ཡུལ་མེད་དུ་སྟོང་པས་སྟོང་པ་ཉིད་དོ། །རྐང་པ་ལའང་དེ་བཞིན་དུ་བརྟག་པས་དཔྱི་ནི་རྐང་པ་མ་ཡིན། བརླ་ནི་མ་ཡིན། རྗེ་ངར་ནི་མ་ཡིན། བོལ་བ་ཡང་མ་ཡིན་ཏེ། དེ་བཞིན་དུ་དཔྱི་ནི་ཤ་ལ་མི་བྱ། ལྤགས་པ་དང་རུས་པ་རྩ་རྒྱུས་རྣམས་ལ་མི་བྱའོ། །བརླ་ཡང་ལྤགས་པ་དང་ཤ་རུས་རྩ་རྒྱུས་ཐམས་ཅད་ལ་མི་བྱ། རྗེ་ངར་ཡང་དེ་བཞིན་ཏེ། དེ་དག་ཐམས་ཅད་རྡུལ་དུ་ཕབ་པའི་ཕྱེ་མ་ལ་མིང་དེ་དག་མ་གྲུབ། ཆུས་སྦྲུས་པའི་འདག་པ་ལའང་མིང་དེ་དག་མི་བྱའོ། །

sind nicht die Arme, noch sind es die Unterarme, die Finger und Gelenke, das Fleisch, die Haut, die Knochen oder das Mark. Hinsichtlich der Schultern gilt ebenso: die Haut ist nicht die Schultern, auch nicht das Fleisch und die Knochen. Weder ist es die gesamte Masse der Teile noch die Masse, die man aus deren Rekonstruktion mit Wasser erhalten würde. Jegliche Grundlage, auf die die Bezeichnung »Schulter« angewendet werden könnte, ist leer, da sie nicht als ein Objekt existiert. Untersucht man ebenso die Oberarme und Unterarme, sie werden durch ihre eigenen Namen bezeichnet – »Muskel« für Muskel, »Knochen« für Knochen, »Haut« für Haut und »Mark« für Mark – keines von ihnen hat jemals als Grundlage existiert, auf die die Bezeichnungen angewandt werden könnten.

Durch das Untersuchen der Grundlage für die Bezeichnung »Körper« und »körperliche Masse« kann man erkennen, dass die Wirbelsäule und die Rippen nicht »Körper« genannt werden. Der Rumpf, die Muskulatur, die Haut und die Knochen werden nicht »Körper« genannt. Herz, Lungen, Leber, Zwerchfell, Milz, Nieren und Gedärme werden durch ihre eigenen Namen beschrieben, sind aber nichtsdestotrotz Leerheit, da jegliche Grundlage für die Bezeichnungen »Körper« und »körperliche Masse« leer ist, weil sie nicht als ein Objekt existiert.

Wenn man die Beine auf dieselbe Weise untersucht, dann wird man erkennen, dass die Hüften nicht die Beine sind, auch nicht die Schenkel, die Schienbeine oder Füße. Weder werden die Muskeln »Hüften« genannt, noch die Haut, die Knochen, Nerven, Gefäße oder Sehnen. Ferner werden Haut, Muskeln, Knochen, Nerven, Gefäße oder Sehnen nicht »Oberschenkel« genannt. Dasselbe gilt für die Schienbeine. Man erkennt, dass solche Bezeichnungen nicht auf das Pulver angewendet werden könnte, das sich aus dem Pulverisieren dieser Teile ergeben würde; noch würden sie verwendet

ཕྱིའི་རི་བོ་ཞེས་བྱ་བའི་གདག་གཞི་བཙལ་ན། ས་ནི་རི་བོ་མ་ཡིན། དེ་བཞིན་རྩྭ་དང་ཤིང་ནི་མ་ཡིན། རྡོ་ནི་མ་ཡིན། བྲག་དང་ཆུ་ནི་མ་ཡིན། ཁང་ཁྱིམ་གྱི་མིང་གི་གདག་གཞི་བཙལ་ན། ས་ནི་ཁང་པ་མ་ཡིན་པ་བཞིན་དུ་རྡོ་ནི་མ་ཡིན། ཤིང་ནི་མ་ཡིན། རྩིག་པ་ལའང་རྩིག་པ་ཞེས་བྱ་བ་ལས་ཁང་པ་མི་གདག་པ་དེ་བཞིན་དུ་ཕྱི་དང་ནང་གང་དུ་ཡང་ཁང་པ་ཞེས་མ་གྲུབ་པ་ཡིན། མི་ཧྲ་ཁྱི་ལ་སོགས་པའི་མིང་གི་གདག་གཞི་བཙལ་བས་ཀྱང་། མིག་དང་རྣ་བ་སྣ་དང་ལྕེ་དང་ཤ་ཁྲག་རུས་པ་རྐང་དང་རྩ་རྒྱུས་རྣམ་པར་ཤེས་པ་དང་བཅས་པ་ལ་རང་རང་གི་མིང་ལས་མི་ཧྲ་ཁྱི་དང་བཅས་པའི་གདག་གཞི་ཡུལ་མེད་པ་ལྟར་ཐམས་ཅད་དེས་སྟོན་ཏོ། །དཔེར་ན་རྫས་རྣམས་ལས་རྫ་ཞེས་བྱ་བ་ནི་ཤིང་ལ་མི་བྱ། ཀོ་བ་ལ་མི་བྱ། ཕྱི་དང་ནང་ལ་མི་བྱ་བ་དང་། གྲི་ཡང་ལྕགས་ལ་མི་བྱ། སོ་དང་ལྟག་པ་རྩེ་མོ་ཡུ་བ་ཀུན་ཏུ་གྲི་ཞེས་གདག་ཡུལ་མ་གྲུབ་པ་ཡིན་ནོ། །མིང་དོན་འགྱུར་བའང་དཔེར་ན། གྲིས་སླུང་བུ་བྱས་ཚེ་མིང་འགྱུར་བ་དང་། ཁབ་བྱས་པའི་ཚེ་མིང་སྤུ་མ་ཐམས་ཅད་ཡུལ་མེད་དུ་སོང་བ་བཞིན་ནོ། །

werden, um sich auf die Masse zu beziehen, die sich aus der Rekonstruktion der Teile mit Wasser ergeben würde.

Wenn man in der äußeren Welt nach einer Grundlage sucht, auf die die Bezeichnung »Berg« angewendet werden könnte, dann wird man erkennen, dass Erde kein Berg ist, auch nicht die Gräser oder Bäume, die Felsen, die Klippen oder das Wasser. Wenn man nach einer Grundlage sucht, auf die die Bezeichnung »Gebäude« oder »Haus« angewendet werden könnte, so sind die Erdarbeiten nicht das Haus, noch sind es die Steine oder das Holz. Was dann die Wände angeht, da sie »Wände« genannt werden, werden sie nicht als »Haus« bezeichnet. Daher hat »Haus« niemals existiert, weder äußerlich, noch innerlich.

Man könnte nach einer Grundlage suchen, auf die man solche Bezeichnungen wie »menschliches Wesen«, »Pferd«, »Hund« usw. anwenden könnte. Augen, Ohren, Nase, Zunge, Fleisch, Blut, Knochen, Mark, Nerven, Gefäße, Sehnen und die begleitenden Bewusstseine werden durch ihre eigenen Namen bezeichnet, aber es gibt kein Objekt als Grundlage, auf die die Bezeichnung »menschliches Wesen«, »Pferd« oder »Hund« angewendet werden könnte.

Um ein anderes Beispiel anzuführen: Unter den materiellen Objekten bezieht sich »Trommel« nicht auf das Holz, das Leder, die Außenseite oder die Innenseite. Ebenso bezieht sich »Messer« nicht auf den Stahl. Keiner der Bestandteile – die Schneide, der Messerrücken, die Spitze oder das Heft – haben jemals als ein Objekt existiert, das deshalb bezeichnet werden könnte. Darüber hinaus wandeln sich Name und Funktion, wenn etwa das Messer als eine Ahle verwendet wird und seine Bestimmung sich ändert, oder wenn eine Ahle als Nadel verwendet wird, und es erweist sich, dass alle diese früheren Bezeichnungen sich auf etwas beziehen, das als Sinnesobjekt keine Existenz hat.

གང་ཟག་གི་བདག་ཅེས་བྱ་བ་དང་མིང་གི་གདག་གཞི་བཙལ་བ་འདི་གཉིས་
ཀ་བདག་གི་བླ་མ་འཕགས་མཆོག་ཐུགས་རྗེ་ཆེན་པོས་རྨི་ལམ་གྱི་སྐབས་སུ་
གསུངས་པ་ལ་བརྟེན་ནས་ལེགས་པར་རྟོགས་པ་ཡིན་ནོ། །

Indem ich darauf vertraute, was mein Guru, der edle und überragende Höchst Mitfühlende (Avalokiteshvara) in einem Traum zu mir sagte, kam ich zu einer umfassenden Erkenntnis hinsichtlich zweier Punkte – das, was »persönliche Identität« genannt wird, und die Suche nach einer Grundlage, auf die Bezeichnungen angewendet werden könnten.

Orgyen Tsokye Dorje

༄༅། །སླར་ཡང་ཨོ་རྒྱན་མཚོ་སྐྱེས་རྡོ་རྗེ་ཡེ་ཤེས་སྒྱུ་མའི་སྐུ་དང་མཇལ་ཚོ་གནང་བའི་སྣང་བ་སྒྱུ་མར་སྤྱོད་བའི་གདམས་པ་ནི། རྒྱུ་རྐྱེན་འཕྲད་པའི་རྟེན་འབྲེལ་དུ་ངོ་སྤྲོད་པ་ལ། དེ་ཡང་རྒྱུ་གཞི་དབྱིངས་དྭངས་གསལ་ཅི་ཡང་འཆར་རུང་གི་ནུས་པ་ཅན་དང་། རྐྱེན་ངར་འཛིན་གྱི་ཤེས་པ་གཉིས་འདུས་པ་ལ་བརྟེན་ནས་སྣང་བ་ཐམས་ཅད་སྒྱུ་མ་བཞིན་དུ་སྣང་བ་སྟེ། དེ་ལྟར་གཞི་དབྱིངས་དང་། དེའི་རྩལ་ལས་ཤར་བའི་སེམས་དང་། སེམས་དེའི་སྣང་ཆ་ཕྱི་ནང་གི་ཆོས་ཐམས་ཅད་ཉི་མ་དང་ཉི་མའི་ཟེར་བཞིན་ལུ་གུ་རྒྱུད་དུ་འབྲེལ་བས་ན་རྟེན་ཅིང་འབྲེལ་བར་འབྱུང་བ་ཞེས་བྱའོ། །

[b. Zeigen, wie der manifeste Aspekt der Sinneserscheinungen als spielerischer Ausdruck der wechselseitigen Abhängigkeit aus der Leerheit entsteht]

Als ich bei anderer Gelegenheit Orgyen Tsokye Dorje – der Verkörperung der magischen Illusion zeitloser Weisheit – begegnete, gab er mir Ratschläge zur Verfeinerung meiner Wahrnehmung der Dinge, damit ich erkennen konnte, dass sie illusorisch (*sgyu ma*) sind. Er sagte: »Um dich direkt in die wechselseitige Abhängigkeit (*rten brel*) von zusammenkommenden Ursachen und Bedingungen einzuführen, bedenke Folgendes: Die Ursache ist der Seinsgrund als grundlegender Raum (*gzhi dbyings*), der makellos klar (*dwangs gsal*) und mit der Fähigkeit ausgestattet ist, das alles – was auch immer – erscheint. Die Bedingung ist ein Bewusstsein, das ein ›Ich‹ ersinnt. Aus dem Zusammentreffen dieser beiden manifestieren sich illusionsgleich alle Sinneserscheinungen (*snang ba*).

So sind der Seinsgrund als grundlegender Raum, der sich durch die dynamische Energie (*rtsal*) dieses Grundes erhebende gewöhnliche Geist (*sems*) und die äußeren und inneren Phänomene, die den Erscheinungsaspekt dieses Geistes darstellen, miteinander verbunden (*lu gu rgyud*), wie die Sonne und ihre Strahlen. Deshalb verwenden wir die Bezeichnung ›Entstehen in wechselseitiger Abhängigkeit‹.

དེའི་དཔེ་ནི་རྒྱུ་ནམ་མཁའ་དྭངས་གསལ་ལ་བརྟེན་ནས་རྐྱེན་སྒྱུ་མའི་རྫས་སྔགས་དང་སྤྲུལ་སེམས་དུས་འཛོམ་པ་ལས་རྟེན་འབྲེལ་སྒྱུ་མ་སྣང་བ་ལྟ་བུའོ། །འདི་ལྟར་སྣང་བའི་ཆོས་ཐམས་ཅད་མེད་བཞིན་དུ་ངར་འཛིན་གྱི་དབང་གིས་སྣང་བ་ནི་ནམ་མཁའ་དྭངས་གསལ་དང་རྡོད་གཞིར་དུས་འཛོམ་པ་ལས་སྨིག་རྒྱུ་སྣང་བ་ལྟ་བུའོ། །ཉིན་སྣང་དང་རྨི་སྣང་བར་སྲིད་ཕྱི་མའི་སྣང་བ་ཐམས་ཅད་མེད་བཞིན་དུ་སྣང་བ་ལ་བདེན་ཞེན་གྱི་དབང་གིས་འཁྲུལ་པ་ནི་དཔེར་ན་རྨི་ལམ་གྱི་དུས་སུ་འདི་རྨི་ལམ་མོ་སྙམ་དུ་རྫུན་པར་མི་སེམས་ཏེ་གཏན་གྱི་གནས་ཡུལ་དུ་བཟུང་ནས་ཞེན་པ་ལྟ་བུའོ། །ནང་ང་རུ་འཛིན་པའི་བདག་རྐྱེན་ལས་སྣ་ཚོགས་ཆོས་ཁམས་གཞན་དུ་སྣང་བ་བྱེད་དང་མེ་ལོང་འཕྲད་པའི་རྟེན་འབྲེལ་ལས་གཟུགས་བརྙན་སྣང་བ་ལྟ་བུའོ། །བདག་འཛིན་གྱིས་ཀུན་ནས་དཀྲིས་པའི་དབང་གིས་གྲོང་ཁྱེར་དྲུག་གི་འཇིག་རྟེན་རེས་མོས་སུ་སྣང་བ་ནི་སེམས་འཛིན་གྱི་སྣང་ཉམས་ཞིག་ཏུ་ནུབ་ཁའི་ཐང་སོགས་ཡུལ་ལ་དྲི་ཟའི་གྲོང་ཁྱེར་སྣང་བ་ལྟ་བུའོ། །འདོད་ཡོན་གྱི་སྣང་བ་གདོད་ནས་མ་གྲུབ་པ་ལ་

Hier sind ein paar Beispiele für diesen Vorgang: Es ist wie die Erscheinung einer magischen Illusion, die von der innewohnenden Klarheit des Raumes als Ursache abhängt und sich durch die wechselseitige Abhängigkeit manifestiert, die durch die Gleichzeitigkeit der Bedingungen – magischer Substanzen, Mantras und des Geistes, der die Illusion erzeugt – geschaffen wird.

Alle sich manifestierenden Phänomene sind Nicht-Existenz, dennoch erscheinen sie aufgrund des Einflusses des Ersinnens eines ›Ich‹. Dieser Vorgang ist wie eine Luftspiegelung, die aus der Gleichzeitigkeit von lebhaft klarem Raum und dem Vorhandensein von Wärme und Feuchtigkeit entsteht.

Alle Sinneserscheinungen der Wacherfahrung, des Traumzustandes, des Bardo und zukünftiger Leben erscheinen und sind doch nicht-existent. Verwirrung entsteht aus der Fixierung auf deren scheinbare Wahrheit. Dies ist wie in einem Traum, den man nicht als falsch erkennt – indem man denken würde ›Das ist ein Traum‹ –, sondern ihn stattdessen verdinglicht und sich auf eine dauerhafte objektive Umgebung fixiert.

Durch die vorherrschende Bedingung der Wahrnehmung eines inneren ›Ichs‹ manifestiert sich der Bereich der Phänomene als etwas ›anderes‹. Dies ist wie das Entstehen einer Spiegelung durch wechselseitige Abhängigkeit, bei der ein Gesicht und ein Spiegel zusammenkommen.

Da man in den Identitätskonzepten (*bdag 'dzin*) völlig gefangen ist, manifestieren sich nacheinander die Bereiche der sechs Zustände. Dies ist, als ob einem in seinem Umfeld die Städte der Gandharvas – beispielsweise bei Sonnenuntergang auf einer Ebene – als unrealistische Erlebnisse erscheinen würden, die vom gewöhnlichen Geist verdinglicht werden.

Während Sinneserscheinungen von Anfang an nie existiert haben, erscheinen die unzähligen subjektiven Erscheinungen,

མཐོང་ཐོས་སྨྱོང་ཚོར་སྣ་ཚོགས་བདག་སྣང་གཞན་ལྟར་སྣང་བ་བྲག་ཅ་ལྟ་བུའོ། །སྣང་བ་ཐམས་ཅད་གཞི་ལས་མི་གཞན་པར་གཞི་ཉིད་དུ་རོ་གཅིག་པ་ནི་རྒྱ་མཚོའི་གཟའ་སྐར་ཐམས་ཅད་རྒྱ་མཚོ་ལས་མི་གཞན་པར་ཆུ་ཉིད་དུ་རོ་གཅིག་པ་ལྟ་བུའོ། །གཞི་དབྱིངས་ཁྱབ་བརྡལ་ནམ་མཁའི་ཁོར་ཡུག་ལ་ངར་འཛིན་གྱི་དབང་གིས་བདག་གཞན་བདེན་གྲུབ་ཏུ་སྣང་བ་ནི་ཆུ་ལས་ལྦུ་བ་བརྡོལ་བ་ལྟ་བུའོ། །གཞི་དབྱིངས་སྟོང་པ་དྭངས་གསལ་གྱི་ཆ་དེ་བདག་སྣང་ཡིད་ཤེས་སུ་གཙུན་ཏེ་བརྟན་པའི་སྟོབས་ཀྱིས་འཁྲུལ་སྣང་སྣ་ཚོགས་སྣང་བ་ནི་དཔེར་ན་མིག་རྩ་བཙིར་བའམ་རྩ་ཁམས་རླུང་གིས་བསྒྱུར་བ་ལས་མིག་ཡོར་སྣང་བ་ལྟ་བུའོ། །ངར་འཛིན་གྱི་ཤེས་པའི་ངོར་གཞི་ལས་སྣ་ཚོགས་སྣང་ཡང་གཞི་རང་ལས་མ་གཡོས་ཤིང་མ་བྱུང་བ་ནི་དཔེར་ན་སྤྲུལ་བསྒྱུར་གྱི་ཏིང་ངེ་འཛིན་ལ་དབང་བསྒྱུར་བའི་སྐྱེས་བུ་སྤྲུལ་བསྒྱུར་གྱི་ཏིང་ངེ་འཛིན་ལ་སློམས་པར་ཞུགས་ཚེ་སྤྲུལ་པ་སྣ་ཚོགས་སུ་སྣང་ཡང་དོན་ལ་གཞི་རྩ་བྲལ་ཞིང་དངོས་ཡུལ་མ་གྲུབ་པ་ལྟ་བུའོ། །

die gesehen, gehört, gerochen, getastet oder gefühlt werden, wie Echos, als ob sie ›etwas anderes‹ wären.

Alle Sinneserscheinungen sind nicht anders als der Seinsgrund, sondern von einem Geschmack mit diesem Grund selbst, genauso wie die Spiegelungen all der Planeten und Sterne im Ozean nicht anders als der Ozean, sondern von einem Geschmack mit dem Wasser selbst sind.

Aufgrund des Konzepts eines ›Ich‹ erscheint man selbst und andere so, als ob sie wahrhaftig innerhalb des panoramaartigen Himmels des Seinsgrundes, des weiten grundlegenden Raumes, existieren würden. Dies ist analog zu den Blasen auf dem Wasser.

Die makellose Klarheit des Seinsgrundes als leerer grundlegender Raum wird in die engen Grenzen der subjektiven Wahrnehmung des Bewusstseins gezwängt, das auf dem begrifflichen Geist (*yid shes*) beruht. Der Einfluss dieser fest verankerten Gewohnheit bewirkt, dass verwirrt wahrgenommene Sinneserscheinungen sich in all ihrer Vielfalt manifestieren. Dies ist wie das Auftreten einer optischen Verzerrung, wenn Druck auf den Sehnerv ausgeübt wird, oder wenn unser Nervensystem von einer Unausgewogenheit der subtilen Energien (*rlung*) durcheinander gebracht wird.

Durch ein Bewusstsein, dass ein ›Ich‹ ersinnt, manifestieren sich die Sinneserscheinungen aus dem Seinsgrund in all ihrer Vielfalt, doch sie entfernen sich nicht von diesem Grund oder erscheinen außerhalb davon. Dies ist wie bei einem Menschen, der Kontrolle (*dbang bsgyur ba*) über die Zustände meditativer Versenkung (*ting nge 'dzin*) erlangt hat, die ihm ermöglicht, Erscheinungen hervorzubringen und zu verändern. Obwohl sich eine Vielzahl an Erscheinungen manifestiert, wenn so eine Person diesen Vorgang der Erzeugung und Veränderung ausführt, sind diese Trugbilder in Wahrheit ohne jegliche Grundlage und haben niemals als reale Objekte existiert.

ཀྱཻ།   ཁྱེའུ་ཆུང་བསམ་དུ་མེད་པ་ཁྱོད་ཀྱིས་འདི་ལྟར་རིམ་བཞིན་དུ་བསྒོམ་དང་
སྣང་བ་སྒྱུ་མར་རྟོགས་པས་སྒྱུ་མའི་རྣལ་འབྱོར་དུ་འགྱུར་རོ།   །ཞེས་གསུངས་
ཤིང་མི་སྣང་བར་གྱུར་ཏོ།   །

Ach, mein unglaubliches kleines Kind, meditiere schrittweise auf diese Art, und nachdem du erkannt hast, dass alle Sinneserscheinungen illusorisch sind, wirst du ein Yogi der Illusion werden.«

So sprach er und verschwand.

Rigdzin Düdül Dorje

༄༅། །ཡང་རིག་འཛིན་བདུད་འདུལ་རྡོ་རྗེས། རྡོ་རྗེ་རྟག་པའི་རྡོ་རྗེའོ། །དོན་དུ་ནམ་མཁའ་ཉིད་ལ་ལྷོས། །ཞེས་དང་། སླར་ཡང་དེའི་དོན་བཀྲོལ་ནས་གསུངས་པ་ནི། ཀྱེ་ཧོ་ནམ་མཁའ་སྟོང་པ་འདི་ནི་སྣོད་བཅུད་ཐམས་ཅད་ཀྱི་འཆར་གཞི་ཡིན་ཏེ། དཔེར་ན་གཟུགས་བརྙན་འཆར་གཞི་མེ་ལོང་ཡིན་ལ་མེ་ལོང་ལས་གཟུགས་བརྙན་གཞན་དུ་མ་གྲུབ་པ་དང་། ཆུ་ཟླ་འཆར་གཞི་ཆུ་ཡིན་ལ་ཆུ་ལས་ཆུ་ཟླ་གཞན་དུ་མ་གྲུབ་པ་དང་། འཇའ་ཚོན་འཆར་གཞི་ནམ་མཁའ་ཡིན་ལ་ནམ་མཁའ་ལས་འཇའ་ཚོན་གཞན་དུ་མ་གྲུབ་པ་བཞིན་ནོ། །ནམ་མཁའ་དེ་ནི་རྒྱུ་མི་འབྱུང་བས་མི་ཆོད་པ། ནམ་མཁའ་ལ་གཞོམ་གཞིག་བྲལ་བས་མི་ཤིགས་པ། ནམ་མཁའ་སྣང་སྲིད་ཀྱི་མཆེད་གཞིར་གནས་པས་བདེན་པ།

[1.2.2. Die Vorstellung von der scheinbaren wahren Existenz und Dauerhaftigkeit der Dinge verwerfen

1.2.2.1. Erklären, dass der überall vorhandene, nicht zusammengesetzte Raum mit sieben Merkmalen ausgestattet ist]

Bei einer anderen Gelegenheit sagte Rigdzin Düdül Dorje zu mir: »Vajra, der immerwährende Vajra! Für die eigentliche Bedeutung blicke in den Raum selbst!« Um die Bedeutung dessen zu offenbaren, verkündete er folgendes: »He! Dieser leere Raum ist der Seinsgrund für das Entstehen der gesamten äußeren Welt und der darin lebenden Wesen. Es ist beispielsweise wie bei einem Spiegel, der die Grundlage für das Entstehen einer Spiegelung ist, die niemals als etwas anderes als der Spiegel selbst existiert hat. Es ist wie Wasser, das der Seinsgrund für das Entstehen des Bildes vom Mond ist, welches niemals als etwas anderes als das Wasser selbst existiert hat. Und es ist wie der Himmelsraum, der der Seinsgrund für das Erscheinen eines Regenbogens ist, welcher niemals als etwas anderes als der Himmelsraum selbst existiert hat.

Weil dieser Raum nicht beschädigt werden kann, ist er unverwundbar. Weil der Raum nicht erobert oder zerstört werden kann, ist er unzerstörbar. Weil der Raum als der Seinsgrund für die Entfaltung der Welt der Erscheinungen und Möglichkeiten verweilt, ist er wahr. Weil der Raum nicht durch Mängel oder

ནམ་མཁའ་ལ་སྐྱོན་ཡོན་གྱི་བསླད་མི་འཇུག་པས་སྲ་བ། ནམ་མཁའ་འཕོ་འགྱུར་བྲལ་བས་བརྟན་པ། ནམ་མཁའ་རྡུལ་ཕྲ་རབ་ཡན་ཆད་ཀྱི་ཁོངས་སུ་མ་ཞུགས་པ་མེད་པས་ཐམས་ཅད་དུ་ཐོགས་པ་མེད་པ། ནམ་མཁའ་ལ་གཞན་གང་གིས་ཀྱང་གནོད་པས་མི་ཚུགས་པས་ཐམས་ཅད་ལས་མ་ཕམ་པའོ། །

རྫས་གཞན་གང་ལའང་མཚོན་གྱིས་རྨ་འབྱུང་བས་ཆོད་པ། རྐྱེན་གྱིས་གཞོམ་ཞིང་འཇིག་ནུས་པས་ཤིགས་པ། གཅིག་དང་དུ་མར་འགྱུར་བས་རྫུན་པ། གཞན་གྱིས་བསླད་འཇུག་པས་མི་སྲ་བ། གཡོ་འགྱུལ་དང་བཅས་བརྟན་གནས་མེད་པས་མི་བརྟན་པ། གང་ལའང་ཐོགས་པ་དང་བཅས་པ། རྐྱེན་གཞན་གྱིས་སྟོང་པར་བྱེད་པས་ཕམ་པ་སྟེ། བདེན་པར་མ་གྲུབ་པའི་མཚན་ཉིད་ཅན་དེ་དག་སྟོང་པའོ། །གཞན་ཡང་དངོས་པོ་རགས་པ་རྡུལ་དུ་ཕབ་པས་རྡུལ། རྡུལ་དེ་བདུན་ཆར་བཏང་བས་རྡུལ་ཕྲན། རྡུལ་ཕྲན་དེ་ཡང་བདུན་ཆར་བཏང་བས་ཆ་མེད་དུ་སྟོང་པ་ཡང་མ་གྲུབ་པའི་མཚན་ཉིད་ཀྱིས་ཡིན་ནོ། །དེ་ཡང་བྱེ་བ་བྱས་པས་མེད་པར་བཏང་བ་ལས་དང་པོ་ཡོད་པར་སེམས་ན།

positive Eigenschaften verändert wird, ist er unveränderlich. Weil der Raum frei ist von Übergang oder Wandel, ist er beständig. Weil der Raum selbst das kleinste subatomare Teilchen vollständig durchdringt, ist er in jeder Weise ungehindert. Und weil ihn überhaupt nichts beschädigen kann, kann der Raum in keiner Weise vernichtet werden.«

[1.2.2.2. Zeigen, wie zusammengesetzte Phänomene leer von unveränderlicher, wahrer Existenz und Substanzhaftigkeit sind

a. Zeigen, wie Phänomene tatsächlich leer sind]

»Weil alle materiellen Stoffe von Waffen beschädigt werden können, sind sie verwundbar. Weil sie unter bestimmten Bedingungen erobert oder zerstört werden können, sind sie zerstörbar. Weil sie sich in ein Ding oder in viele verwandeln können, sind sie falsch. Weil sie von etwas anderem verändert werden können, sind sie veränderlich. Weil sie Bewegung und Schwankung beinhalten und keinen dauerhaften Ort aufweisen, sind sie unbeständig. Sie sind in jeder Weise gehindert. Weil sie unter bestimmten Bedingungen zu Nichts reduziert werden können, können sie vernichtet werden. Dinge, die so charakterisiert werden, nämlich niemals wahrhaft existiert zu haben, sind leer.

Zusätzlich können grobe Dinge zu feinem Pulver – eigentlich zu Molekülen – reduziert werden. Diese Moleküle können durch den Faktor Sieben zu Atomen reduziert werden. Diese Atome können wiederum durch den Faktor Sieben reduziert werden und werden schließlich zu Leerheit, weil ihre Merkmale dergestalt sind, dass diese niemals existiert haben.

Wenn du denkst, dass das Durchlaufen dieses Prozesses die Dinge zu Nicht-Existenz reduziert hat, dass sie ursprünglich aber

སྒྱུ་ལུས་ཀྱི་སྣང་བ་སྣང་དུས་ཉིད་ནས་མ་གྲུབ་པ་ལ་མཐོང་རིག་གི་བྱ་བ་བྱས་མ་བྱས་དང་། མིག་འབྲེད་བཙུམ་དང་གོམ་པ་འདེག་འཛོགས་ཙམ་གྱིས་སྣང་བ་མཆེད་འགག་ཏུ་འགྱུར་བའི་ཚུལ་ལ་ལྟོས་ཤིག ། འོན་ཏེ་སྤྱི་མ་འགག་ཅིང་ཡལ་ཏེ་ཕྱི་མ་ཕྱིས་མཆེད་པ་མ་ཡིན་ཏེ་སྔ་མ་ནས་གཞན་དུ་འཕོས་ཚེ་སྔ་ཕྱི་ཐམས་ཅད་བདེན་གྲུབ་ཏུ་ཡོད་པར་སེམས་ན་སྒྱུ་ལུས་ཀྱི་སྣང་བ་ལ་ལྟོས་ཤིག ། ཁྱད་པར་དུ་ཡང་རྒྱུ་འབྲས་ཕན་ཚུན་ལ་ལྟོས་ནས་བཏགས་པ་མིན་པའི་ཚུགས་ཐུབ་ཀྱི་ངོ་བོ་ཞིག་ཡོད་མི་སྲིད་པས་ངང་ཚུལ་ལེགས་པར་སོམ་མཛོད། འོ་ན་ནམ་མཁའ་ལ་རྡོ་རྗེ་ཆོས་བདུན་ལྡན་པར་བཤད་པ་དེ་དག་ཀྱང་དངོས་མེད་ཡིན་པའི་རྒྱུ་མཚན་གྱིས་འཕོ་འགྱུར་མེད་ཚུལ་དཔེར་བཞག་ནས་ཆོས་ཉིད་ཀྱི་བཞུགས་ཚུལ་སྨྲ་བསམ་བརྗོད་མེད་ཀྱི་ངོ་བོ་ལ་འགྱུར་བ་མེད་པར་སྟོན་པ་ཡིན་གྱི། དངོས་དང་དངོས་མེད་བདེན་བརྫུན་གྱི་ཁྱད་འོང་བར་འཆད་པ་ལ་སྦྱར་ན་ལེགས་པ་ཡིན་ནོ། །དེ་བས་ན་མཛུབ་མོས་ཟླ་བ་སྟོན་པའི་བརྡ་ཐབས་བྱས་ན་ཟླ་བ་ལ་བལྟ་བར་བྱ་ཡི་མཛུབ་མོའི་རྩེ་ཙམ་ཞིག་བལྟ་བས་ཆིམ་པར་མི་བྱའོ། །འདི་ལ་གོམས་འདྲིས་ཡང་ཡང་བཏང་ནས་སྟོང་པར་ཐག་ཆོད་པ་ཞིག་མ་བྱས་ན

existierten, dann schau einfach auf die Traumbilder, die sogar während ihres Manifestierens niemals existiert haben, und entscheide, ob diese Bilder nun gesehen und gefühlt werden können oder nicht. Beobachte ebenfalls die Art und Weise, wie Sinneserscheinungen einfach durch das Öffnen und Schließen der Augen erscheinen und vergehen, oder durch das Senken und Heben deines Fußes beim Gehen.

Du kannst behaupten: ›Nun, es ist nicht so, dass eine Erscheinung zu einem Zeitpunkt vergeht und verschwindet, und von einer anderen zu einem späteren Zeitpunkt ersetzt wird. Sondern wenn der frühere Moment durch einen anderen ersetzt wird, existiert die Sinneserscheinung wahrhaft während ihrer gesamten Dauer.‹ Wenn du das glaubst, schau wieder auf die Traumerscheinungen. Denke gründlich darüber nach, denn es ist für eine Essenz unmöglich, aus sich selbst heraus zu existieren, ohne einfach eine konventionelle Bezeichnung zu sein, welche auf die Beziehung von Ursache und Wirkung angewiesen ist.

Zusätzlich verwendet die Erklärung der sieben Vajra-Attribute des Raumes Metaphern um aufzuzeigen, wie Raum aufgrund seiner Nichtsubstantialität (*dngos med*) ohne Übergang oder Wandel ist. Diese Erklärung veranschaulicht, dass es keine Veränderung in der unbeschreibbaren, unfassbaren und unaussprechlichen Essenz des Modus des Verweilens der wahren Natur der Phänomene (*chos nyid*) gibt. Dies ist ein vorzügliches Argument, um den Unterschied zwischen dem, was Substanz hat und was nicht, zwischen Wahrheit und Falschheit zu erklären.

Wenn wir das symbolische Mittel des Fingerzeigs auf den Mond verwenden, dann schau auf den Mond und gib dich nicht damit zufrieden, bloß auf die Fingerspitze zu blicken. Wenn du durch die wiederholte Gewöhnung an diesen Punkt zu keinem Entschluss hinsichtlich der Leerheit gelangst, dann wirst du

རྣམ་མཁྱེན་གྱི་ལམ་དུ་ཕྱོགས་ཙམ་ཉེ་བར་མི་འགྱུར་རོ། །ཁྱེའུ་ཆུང་ཤེས་རིག་གི་རྩེ་མོ་ཁྱོད་ཀྱིས་འདིའི་དོན་ལ་རབ་ཏུ་ལྟོས་ལ་སྣང་བ་ཐམས་ཅད་ནམ་མཁའ་ཉིད་དུ་རྟོགས་པའི་ནམ་མཁའ་གོ་འབྱེད་པའི་རྣལ་འབྱོར་པ་ཞིག་མཛོད་ཅིག །ཅེས་གསུངས་ཤིང་མི་སྣང་བར་གྱུར་ཏོ། །

dem Pfad der Allwissenheit kein bisschen näher gekommen sein.

Ach, du Kleiner genau am Gipfel von Wissen und Gewahrsein, du musst diese Bedeutung gründlich untersuchen, um ein Yogi des grenzenlosen Potentials des Raumes zu werden, der alle Sinneserscheinungen als den Raum selbst erkennt.«

Dies sagte er und verschwand.

Longchenpa Drimed Özer

༄༅། །དེ་ལྟར་གཏན་ལ་ཕབ་པས་སྣང་བ་ཐམས་ཅད་རང་ས་ཉིད་ནས་སྟོང་པར་ཤེས་ཀྱང་། ཕྱི་སྣང་བ་སྣོད་ཀྱི་འཇིག་རྟེན་ནང་གཡོ་བ་བཅུད་ཀྱི་སེམས་ཅན་བར་འདོད་ཡོན་ལྔའི་ཡུལ་སྣང་འདི་དག་ཐམས་ཅད་ཤུལ་དུ་བོར་ནས་གནས་རིས་གཞན་དུ་འགྲོ་བ་དང་། སེམས་ཅན་ཐམས་ཅད་རང་རང་གི་རྒྱུད་ཅན་དུ་ཡོད་པར་སེམས་ནས་ཡོད་པའི་གནས་སྐབས་ན། རྨི་ལམ་གྱི་སྣང་ངོར་ངའི་བླ་མ་དྲི་མེད་འོད་ཟེར་དང་ཞལ་མཇལ་ནས་དྲི་བ་རྩོད་ལན་གྱི་ཚུལ་དུ་ངོ་སྤྲོད་འདི་ལྟར་གདམས་སོ། །ཀྱཻ་རིགས་ཀྱི་བུ་ཕྱི་སྣང་བ་སྣོད་ཀྱི་འཇིག་རྟེན། ནང་གཡོ་བ་བཅུད་ཀྱི་སེམས་ཅན། བར་འདོད་ཡོན་ལྔའི་ཡུལ་སྣང་འདི་དག་སྒྱུ་མའི་འཁྲུལ་འཁོར་དབྱིངས་སུ་ཞིག་པ་བཞིན་དུ་ཀུན་གཞི་སྟོང་ཧྲད་ཀྱི་ནམ་མཁར་ཐིམ་ནས་མཐར་ལས་རླུང་གཡོས་པའི་ཚེ་འཕྲུལ་གྱིས་

[b. Das Kommen und Gehen von Traumbildern und von Geburt und Tod untersuchen, damit dahingehend Gewissheit entsteht]

NACHDEM ICH ZU SOLCH EINEM DEFINITIVEN VERSTÄNDNIS gelangt war, verstand ich alle Sinneserscheinungen als in ihrem eigenen Kontext (*rang sa*) leer. Dennoch dachte ich, dass in Bezug auf die Sinneserscheinungen der äußeren Welt als Behälter, der darin enthaltenen belebten Wesen und der sich dazwischen als die fünf Arten der Sinnesreize manifestierenden Objekte diese zurückgelassen werden, wenn man in einen anderen Bereich geht, und dass alle Wesen wirklich existieren, jedes mit einem eigenen Geistesstrom (*rgyud*).

In einem Traum während dieser Zeit traf ich meinen Guru (Longchenpa) Drime Özer, der mich mit einer direkten Einführung in Form von Fragen und Antworten unterwies.

Er sagte: »He, Sohn des spirituellen Erbes, wenn du einschläfst, lösen sich die äußeren Sinneserscheinungen des unbelebten Universums als Behälter, die darin enthaltenen belebten Wesen und die sich dazwischen als die fünf Arten der Sinnesreize manifestierenden Objekte in den Raum der geistlosen Leere der Grundlage aller gewöhnlichen Erfahrung (*kun gzhi*) auf, gerade so wie das Einstürzen der Vorrichtungen einer magischen Illusion im grundlegenden Raum. Später manifestieren sich, aufgerührt durch die schöpferische Kraft der subtilen karmischen Energie (*las kyi rlung*),

བདག་ལུས་སྣང་བ་ལས་རྨི་ལམ་གྱི་སྣོད་བཅུད་འདོད་ཡོན་ཐམས་ཅད་མཆེད་པ་ལ་མངོན་ཞེན་སྐྱེས་པས་འཁྲུལ་པ་དང་། སྔར་ཡང་སྣང་སྲིད་དེ་ཡང་འཇའ་ཚོན་ནམ་མཁའ་ལ་ཡལ་བ་ལྟར་ཀུན་གཞི་སྟོང་ཧྲད་ཀྱི་ནམ་མཁར་ཐིམ་པ་ལས་ཡང་སྤུར་བཞིན་ཉིན་སྣང་མཆེད་པ་ཡིན། ཅེས་གསུངས་པ་ལ། བདག་གིས་འདི་སྐད་ཞུས། བདག་གི་ལུས་འདི་ནི་སྣང་ཙམ་མ་ཡིན་པར་ངེས་པར་ཕ་མའི་རྒྱུ་རྐྱེན་ལས་བྱུང་བ་ཡིན་ནམ་སྙམ་ཞུས་པས། དེ་ལྟར་ཁྱོད་ཀྱི་ལུས་ཕ་དང་མ་ལས་བྱུང་བར་སྙམ་ན། ཕ་མའི་ཐོག་མཐའ་བྱུང་གནས་འགྲོ་གསུམ་གང་ལགས་སྨོས་དང་གསུངས་པ་ལ། བདག་གིས་དེ་ཡོད་ཀྱང་མི་དྲན་པ་ཡིན་སྙམ། ཕ་མ་མེད་པའི་ལུས་མི་སྲིད་པར་སེམས་ཀྱི་ཞུས་པས། རྨི་ལམ་དང་བར་སྲིད་ཀྱི་ལུས་དང་དམྱལ་བའི་ལུས་སོགས་ཀྱི་ཕ་མ་གང་ལགས་ལྟོས་ཤིག་གསུངས་པས། ལུས་འདི་སྣང་ཙམ་ལས་མ་གྲུབ་པར་ཐག་ཆོད་པ་བྱུང་། ཡང་ཀྱཻ་བླ་མ་ལགས། བདག་གི་ལུས་མལ་སར་གོས་ཀྱིས་གཡོགས་ནས་མི་ཡུལ་དང་བཅས་པ་མི་འགྱུར་བར་གནས་བཞིན་རྨི་ལམ་གྱི་སྣང་བ་ཤར་བ་ཡིན་པར་སེམས་འདུག་གི་ཞུས་པས། བླ་མའི་ཞལ་ནས་ཕྱི་སྣང་བ་སྣོད་ཀྱི་འཇིག་རྟེན་རྒྱ་ཆེ་བ། ནང་གཡོ་བ་བཅུད་ཀྱི་སེམས་ཅན་གྲངས་མང་བ། བར་འདོད་ཡོན་ལྔའི་ཡུལ་སྣང་བཀོད་ལེགས་པའི་རྨི་ལམ་དེ་

die Erscheinung eines Selbst und die Sinneserscheinung eines Körpers. Aus dieser Manifestation entfaltet sich ein Traumzustand – ein vollständiges, sinnlich wahrnehmbares Universum. Durch offenkundige Fixierung darauf entsteht Verwirrung. Schließlich löst sich diese Welt der Erscheinungen und Möglichkeiten in die geistlose Leere der Grundlage aller gewöhnlichen Erfahrungen auf, wie ein Regenbogen am Himmel verblasst, und die Sinneserscheinungen des Wachbewusstseins entfalten sich wie zuvor.«

Darauf antwortete ich: »Ich glaube dennoch, dass mein Körper nicht bloß eine Sinneserscheinung ist, da er gewiss von meinen Eltern herkommt, die seine Ursache und Bedingung waren.«

Er sagte: »Wenn du glaubst, dass dein Körper von deinem Vater und deiner Mutter herkommt, was ist dann der Anfang und das Ende dieser Eltern? Was sind ihre Quelle, ihr Standort, ihr letztendliches Ziel? Sag es mir!«

Ich antwortete: »Ich denke, dass sie existieren, aber ich bin mir nicht im Klaren darüber, was sie sind. Es scheint mir, dass ein physischer Körper ohne Eltern nicht möglich ist.«

Er erwiderte: »Bedenke dies: Wer sind die Eltern des Körpers in einem Traum, im Bardo und in den Höllenbereichen?« Dadurch gelangte ich zum Entschluss, dass dieser Körper niemals existiert hat, sondern einfach eine Sinneserscheinung ist.

Ich setzte fort: »He, mein Lehrer, ich denke, dass wenn mein Körper im Bett liegt und mit Laken bedeckt ist, Traumbilder entstehen, während mein Körper und der menschliche Bereich unverändert verbleiben.«

Der Guru sagte: »Suche nach dem Standort der Entfaltung dieser eindrucksvollen Anordnung – dieser Traumbilder der äußeren Erscheinungen eines riesigen unbelebten Universums als Behälter, einer Vielfalt darin enthaltener Wesen und der fünf Arten von Sinnesobjekte, die sich dazwischen manifestieren. Ist dieser

ལུས་ཀྱི་མགོ་དང་ཡན་ལག་སྟོད་སྨད་གང་གི་ནང་དུ་མཆེད་པའི་ཡུལ་ལ་ལྟོས་
ཤིག་གསུངས་པས། དེ་ཡང་མ་ཡིན་པའི་ཐག་ངེས་པར་ཆོད་པ་བྱུང་ཡང་
བླ་མ་ལགས། ཡུལ་གཞན་ཞིག་ཏུ་རྣམ་པར་ཤེས་པ་སོང་བས་རྨི་སྣང་ཤར།
སླར་ལུས་ནང་དུ་ཞུགས་ཚེ་ཉིན་སྣང་ཤར་བ་ཡིན་སྙམ་གྱི་ཞེས་ཞུས་པས། བླ་
མའི་ཞལ་ནས། འོ་ན་དེ་ལྟར་ལགས་ན་ལུས་འདི་གནས་ཁང་ལྟ་བུར་འགྱུར་
བས་རྣམ་ཤེས་འབྱུང་འཇུག་བྱེད་པའི་གནས་ཁང་གི་སྒོ་ལྟ་བུ་དེ་ངོས་ཟུངས་
ལ་སློས་ཤིག དེར་མ་ཟད་སེམས་ཀྱི་གནས་ས་ཡང་ངོས་འཛིན་དགོས་ཏེ།
སེམས་ལུས་ཀྱི་སྟོད་དུ་གནས་ན་སྨད་དུ་ཚེར་མ་ཟུག་པ་ཙམ་གྱིས་ཟུག་རྔུ་ཅི་ལ་
སྐྱོང་། སྨད་དུ་གནས་ན་དེ་བཞིན་སྟོད་དུ་ཟུག་རྔུ་སྐྱོང་བའི་དོན་མ་མཆིས།
དང་པོ་བུག་སྒོ་ནས་འབྱུང་འཇུག་བྱེད་པའི་རྣམ་པར་ཤེས་པ་ཕྲ་མོ་དེ་ཡང་འཕེལ་
ཏེ་ལུས་ཁྱབ་པ་དང་། ཡང་མར་འགྲིབ་སྐེ་བུག་སྒོ་ཕྲ་མོ་ནས་ཐོན་པ་ཙམ་དུ་
ཆེ་ཆུང་བྱེད་པ་མི་རིགས། དེ་ལྟ་ན་བེམ་རིག་བྲལ་བའི་རྣམ་པར་ཤེས་པ་དེ་
ཤི་བའི་དུས་སུ་ཡང་སླར་བེམ་པོར་ཅིས་མི་འཇུག །ཡུལ་གཞན་དུ་སོང་བའི་
རྨི་སྣང་གི་ཡུལ་དེ་སྟེང་འོག་ཕྱོགས་མཚམས་གང་དུ་ཡོད། ཉིན་སྣང་གི་
སྣོད་བཅུད་དང་གཅིག་པར་འདོད་དམ་ཐ་དད་དུ་འདོད། གཅིག་ཏུ་འདོད་ན་
གཉིད་ཀྱིས་མཚམས་བཅད་དམ་མ་བཅད། བཅད་ན་ནི་ཉིན་སྣང་མ་ཡིན་ལ།

Standort im Kopf, in den Gliedern oder im oberen oder unteren Teil deines Körpers?«

Obwohl ich mit Gewissheit entschied, dass es keinen solchen Standort gebe, beharrte ich. »Mein Guru, dann vermute ich, dass Traumbilder entstehen, sobald mein Bewusstsein an einen anderen Ort gegangen ist, und dass die Sinneserscheinungen des Wachzustandes entstehen, wenn es in meinen Körper zurückkehrt.«

Der Guru entgegnete: »Wenn dies der Fall wäre, dann würde der Körper so etwas wie ein Hotel sein. Ermittle und beschreibe mir daher das, was gewissermaßen die Türe ist, durch die das Bewusstsein dieses Hotel verlässt und wieder zurückkehrt. Nicht nur das, du musst auch den Ort ermitteln, wo der Geist verweilt.

Wenn er im oberen Teil des Körpers verweilt, wie ist es nun damit, dass du vom geringsten Stechen mit einem Dorn Schmerz im unteren Teil verspürst? Wenn er sich im unteren Teil aufhält, dann gäbe es ebenso wenig einen Grund für eine Schmerzempfindung im oberen Teil. Es ist unlogisch zu glauben, dass er verschiedene Größen annimmt: Ein winziges Bewusstsein, das durch eine Körperöffnung eintritt, nur um sich dann im Körper auszubreiten, und das dann wieder schrumpft, nur um durch eine winzige Öffnung auszutreten. Wenn dies der Fall wäre, warum tritt das Bewusstsein, sobald es sich nach dem Tod vom Körper getrennt hat, nicht wieder in den Leichnam ein?

Wo existiert diese Lebenswelt der Traumbilder, dieser andere Ort, an den du gehen könntest? Oben? Unten? In welcher der Haupt- oder Zwischenrichtungen? Glaubst du, dass diese Traumwelt mit dem Universum, das du im Wachzustand wahrnimmst, identisch ist oder dass sie verschieden davon ist? Wenn du sie für identisch hältst, stellt dann der Schlaf die Grenze zwischen Wachen und Träumen dar oder nicht? Wenn Schlaf die Trennlinie darstellt, können deine Traumwahrnehmungen nicht deine Wahrnehmun-

མ་བཅད་ན་ནི་རྨི་སྣང་མ་ཡིན། ཡང་ན་སྣང་བ་དེ་ཉིད་སྙིང་འོག་གམ་ཕྱི་ནང་བྱས་ནས་ཡོད་པར་འདོད་པ་ལས་འོས་མེད་པ་ཡིན་ནོ། །ཞེས་གསུངས།

ཡང་བདག་གིས་བླ་མ་ལགས། དེས་ན་ཐག་གང་ལ་གཅོད། ས་གང་གིས་འཛིན། བླ་མ་མཆོག་ཉིད་ཀྱིས་བསྟན་དུ་གསོལ་ཞུས་པས། བླ་མའི་ཞལ་ནས། ཚེ་རབས་ཐོག་མ་མེད་པའི་དུས་ཀུན་ཏུ་སྐྱེ་མ་མྱོང་ཡང་སྐྱེ་སྣང་ཙམ་དུ་ཟད། འཆི་མ་མྱོང་ཡང་སྣང་བ་གནས་འགྱུར་ཙམ་དུ་དཔེར་ན་རྨི་སྣང་དང་ཉིན་སྣང་ལྟ་བུར་ཟད། མིག་དང་རྣ་བ་སྣ་དང་ལྕེ་དང་ལུས་རྣམས་སུ་གཟུགས་སྒྲ་དྲི་རོ་རེག་བྱར་མཐོང་ཐོས་ཚོར་མྱང་མྱོང་བ་ཐམས་ཅད་རང་སྣང་རང་ལ་ཤར་བ་ཙམ་ལས་གཞན་དུ་སྤུ་རྩེ་ཙམ་ཡོད་མ་མྱོང་། གལ་ཏེ་མངོན་སུམ་མིག་གིས་མཐོང་། ཇོན་ལག་པས་ཟིན། དབང་པོའི་སྒོར་མྱོང་བས་གཞན་རང་རྒྱུད་པར་ཡོད་དོ་སྙམ་ན་རྨི་ལམ་གྱི་གཟུགས་སྒྲ་དྲི་རོ་རེག་བྱ་ཐམས་ཅད་དེ་དང་དེའི་དུས་སུ་བདེན་པར་སྣང་ཡང་སད་དུས་ཉིད་ནས་ཡུལ་མེད་ལ་ཡོད་མ་མྱོང་བ་དེས་སྟོན་ཏོ། །

gen im Wachzustand sein. Wenn Schlaf nicht die Grenze darstellt, dann kann es keine Traumwahrnehmung geben. Außerdem ist es nicht stichhaltig daran festzuhalten, dass irgendwelche Sinneserscheinungen existieren, indem man sie einer Hierarchie von höher-tiefer, außen-innen zuweist.«

[c. Auf die Stufe des Entschlusses gelangen, dass Objekte, die zu existieren scheinen, bloß Sinneserscheinungen sind]

Darauf erwiderte ich: »Mein Guru, zu welchem Entschluss sollte ich nun gelangen? Welche Erfahrungsebene sollte ich beibehalten? Ich bitte Euch, zeigt es mir, erhabener Guru!«

Der Guru antwortete: »Zu keiner Zeit hat durch die anfangslose Folge von Leben hindurch jemals eine Geburt stattgefunden. Es gab immer nur die Erscheinung von Geburt. Es hat niemals einen wirklichen Tod gegeben, nur die Wandlung von Sinneserscheinungen, wie der Wechsel vom Traum- in den Wachzustand. Alle Sinnesempfindungen – die von den Augen, Ohren, der Nase, der Zunge und der Haut als Formen, Klänge, Gerüche, Geschmäcker und Berührungen gesehen, gehört, gerochen, geschmeckt und getastet werden – sind bloß der sich seiner eigenen Projektionen (*rang snang*) bewusste Geist, ohne dass sie jemals auch nur eine Haarspitze voll eigner Existenz als etwas anderes hätten.

Du denkst vielleicht, dass etwas anderes als das aus eigener Kraft (*rang rgyud*) heraus existiert, weil du es mit deinen Augen unmittelbar sehen, mit deinen Händen tatsächlich halten oder durch die anderen Sinne erfahren kannst. Aber obwohl alle Formen, Klänge, Gerüche, Geschmäcker und Berührungen in Träumen in ihrem jeweiligen Kontext anscheinend wirklich existieren, haben sie vom Standpunkt des Wachzustandes in Wirklichkeit niemals bestanden und sind sie als Objekte nicht-existent (*yul med*).

ཆོ་འཁོར་བ་ཐོག་མ་མེད་པའི་དུས་ནས་གནས་འཕོ་ཞིང་འགྲོ་མ་སྨྱོང་། ཡུལ་གཞན་དུ་སྤྱོད་མ་སྨྱོང་བའི་ཚུལ་ནི། རྨི་ལམ་གྱི་སྣང་བ་དང་མཚུངས་སོ། །རྨི་སྣང་དང་ཉིན་སྣང་གི་བདེན་རྫུན་མི་མཉམ་པར་སེམས་ན། སྐྱེས་ནས་ད་ལྟའི་བར་གྱི་རྨི་སྣང་དང་ཉིན་སྣང་གི་ལས་ཀ་སོ་ནམས་འབད་རྩོལ་གསོག་འཇོག་ཐམས་ཅད་མཉམ་མི་མཉམ་ལྟོས་ཤིག །དེ་གཉིས་ལ་དུས་ཡུན་རིང་ཐུང་དང་། གྲངས་མང་ཉུང་མེད་པའི་ཚུལ་ལ་ཞིབ་ཏུ་བརྟག་ན་མཚུངས་པར་ཐག་ཆོད་པར་འགྱུར་རོ། །དེར་མ་ཟད་རྨི་སྣང་མི་བདེན་པ་དང་ཉིན་སྣང་བདེན་པ་ཡིན་ན། རྨི་སྣང་འཁྲུལ་བ་དང་ཉིན་སྣང་མ་འཁྲུལ་པར་འགྱུར་བས། རྨི་སྣང་དུ་སེམས་ཅན་དང་ཉིན་སྣང་དུ་སངས་རྒྱས་ཡིན་པར་འདོད་དགོས། གཉིས་ཀ་འཁྲུལ་སྣང་ཡིན་ན་ནི་བདེན་རྫུན་གྱི་ཁྱད་པར་ཡོད་དོན་མེད་དེ། མ་ཡིན་པ་ལ་ཡིན་པར་སྣང་ཞིང་བཟུང་བ་ལ་འཁྲུལ་སྣང་ཞེས་བརྗོད་པ་ཡིན་པའི་ཕྱིར་རོ། །སྔོན་ཆད་རི་རབ་ཟས་སུ་ཟོས་རྒྱ་མཚོ་སྐོམ་དུ་བཏུང་ཀྱང་ད་ལྟ་འགྲང་བ་མེད་པ་དང་། སྟོང་གསུམ་གོས་སུ་གྱོན་ཡང་དྲོ་བ་མེད་པ་རྣམས་ནི་

Durch die anfangslose Reihenfolge von Leben hindurch hat es niemals eine tatsächliche Erfahrung von Übergang, von Gehen von einem Zustand in einen anderen, oder eine tatsächliche Erfahrung von einem Aufenthalt an einem anderen Ort gegeben. Dies ist analog zu den Bildern im Traum.

Du magst denken, dass die relative Gültigkeit der Traumbilder den Erscheinungen im Wachzustand nicht gleichwertig ist. Aber denk an all die Traumerfahrungen und Erfahrungen im Wachzustand von deiner Geburt an bis heute – die Aktivitäten und Beschäftigungen, die Mühe und Anstrengung, das Sparen und Planen. Überlege, ob sie gleichwertig sind. Wenn du sie genau prüfst, ohne kurzfristiges gegenüber langfristigem oder häufigeres gegenüber seltenerem Auftreten solcher Erfahrungen zu berücksichtigen, dann wirst du zum Entschluss gelangen, dass sie gleichwertig sind.

Und das ist nicht alles, denn wenn Traumbilder unwahr und Erscheinungen im Wachzustand wahr wären, dann würde dies bedeuten, dass Traumbilder ein Zustand der Verwirrung wären und Erscheinungen im Wachzustand nicht. Du müsstest behaupten, dass du während der Traumerfahrungen ein gewöhnliches Wesen und während des Wachzustandes ein Buddha wärst. Aber wenn beide Fälle von Sinneserscheinungen aus Verwirrung hervorgehen, wäre jede Unterscheidung bezüglich ihrer Echtheit zwecklos, da der Ausdruck ›aus Verwirrung hervorgehende Sinneserscheinungen‹ eine Fixierung auf das, was nicht existiert, sich aber manifestiert, als ob es existieren würde, voraussetzt.

Bis heute hast du Mengen an Nahrung gegessen, die dem Berg Sumeru entsprechen, und hast Ozeane getrunken, aber du bist immer noch nicht satt. Obwohl du genug Kleidung getragen hast, um das 3.000-fache Universum zu bedecken, ist es dir noch immer nicht warm. Du solltest dies als Anzeichen verstehen, dass die

སྣང་ཙམ་ཉིད་ལས་མ་གྲུབ་པའི་བརྡར་ཤེས་པར་བྱའོ། །

ལུས་སུ་སྣང་བ་འདི་སྟོང་པར་མ་ཤེས་ཤིང་དེ་ལ་བདེན་པར་ཞེན་པ་ནི་སྐྱོན་ཤིན་ཏུ་ཆེ་བ་ཡིན་ཏེ། ལུས་འདིའི་ཆེད་དུ་འབད་རྩོལ་གྱི་དབང་གིས་རྣམ་མཁྱེན་གྱི་འབྲས་བུ་ལ་ཟ་བས་ན་ཟ་འདྲེ་དང་། འཁོར་བ་ནས་འཁོར་བར་ཁ་བརྒྱུད་དེ་སྐྱེ་འཆིའི་སྣང་བ་སྟོན་པས་ཤི་གཤེད། ལུས་ཀྱི་ཆེད་དུ་གོས་སོགས་བདེ་བ་དོན་དུ་གཉེར་ཞིང་རེ་དོགས་ཉེར་ལེན་ཆགས་སྡང་གི་ཞེན་པས་འཆིང་སྟེ་ཐར་པའི་སྲོག་རྩ་གཅོད་པས་སྲོག་གཅོད། གཏན་དུ་བདེ་བའི་དབུགས་འཕྲོག་པས་ན་དབུགས་ལེན་ཀྱང་ཡིན། དེས་ན་ཚོགས་དྲུག་གི་ཡུལ་སྣང་ལ་ཞེན་པ་ཐམས་ཅད་རི་དྭགས་ཀྱིས་སྨིག་རྒྱུ་ཆུ་རུ་མཐོང་ནས་རྒྱུག་པ་ལྟ་བུ་ལས་སྙིང་པོ་རྡུལ་ཕྲན་ཙམ་ཡང་མ་གྲུབ་པའོ། །

Dinge niemals als etwas anderes als bloße Sinneserscheinungen existiert haben.«

[1.2.2.3. Wie Zweifel hinsichtlich der Notwendigkeit des Verständnisses, dass Phänomene leer sind, zu beseitigen sind.

a. Die Unzulänglichkeiten des Festhaltens an einem Körper, dem Hauptgrund für das Entstehen von Konzepten der Substanzhaftigkeit, aufzeigen]

»Es ist ein gewaltiger Fehler, nicht zu verstehen, dass das, was sich als Körper manifestiert, leer ist und es stattdessen mit Wahrheit auszustatten. Dieser Fehler ist der verzehrende Dämon (*za 'dre*), da die Anstrengung der Bemühungen, die du zum Wohle des Körpers machst, die Frucht der Allwissenheit auffrisst. Er ist der blutdürstige Henker (*shi gshed*), weil er in Samsara die Verbindung von einem Zyklus zum nächsten bereitstellt, indem er die Erscheinungen von Geburt und Tod hervorbringt. Er ist der die Lebenskraft abschneidende Mörder (*srog gcod*), weil du dazu getrieben wirst, zum Wohle des Körpers Kleidung usw. zu erlangen, und deshalb den Lebensfaden der Befreiung mit der Fixierung auf Anhaftung und Ablehnung durchtrennst, was Hoffnung und Furcht aufrechterhält. Er ist ebenso der den Atem stehlende Dieb (*dbugs len*), weil er dir den Atem fortwährenden Glücks raubt. Daher sind all jene, die sich auf die wahrnehmbaren Objekte der sechs Bewusstseinsarten (*tshogs drug*) fixieren, wie ein Hirsch, der eine Fatamorgana als Wasser wahrnimmt und ihr nachjagt, obwohl nicht einmal ein Quäntchen Essenz davon jemals existiert hat.«

ཡང་འདི་ལྟར་སྟོང་པར་ཤེས་ཀྱང་སྣང་བཞིན་བདེན་པའི་ཚུལ་དུ་གནས་པ་ལས་མེད་དུ་ནི་མི་འགྲོ་བར་འདུག་པས་དེ་ལྟར་ཤེས་པ་ལ་དགོས་པ་ཅི་ཡོད་སྙམ་ན། བསྒོམ་བྱའི་ངོ་བོ་སྟོང་ཉིད་ཡིན་པར་མ་ཤེས་ན་སྒོམ་པ་ཐམས་ཅད་ལུང་མ་བསྟན་གྱི་ཕྱོགས་སུ་ངེས་པ་ཡིན། ལར་བསྐྱེད་སྒོམ་དམིགས་པ་གཞན་ཐམས་ཅད་ཀྱིས་ཀྱང་གོ་ཙམ་རྟོགས་ཙམ་གྱིས་གྲོལ་བར་མི་འགྱུར་བས་ན་སྟོང་ཉིད་རྟོགས་ཙམ་གྱིས་མེད་པའི་གནས་ལུགས་མངོན་དུ་འགྱུར་དགོས་པའི་རྒྱུ་མཚན་ཅི་ཡོད། ཡང་གདོད་ནས་སྟོང་ན་སྟོང་པར་ཤེས་དང་མ་ཤེས་འདྲའོ་སྙམ་ན། རིག་དང་མ་རིག་ཤེས་དང་མ་ཤེས་གཉིས་ཀྱི་ཁྱད་པར་ལས་འཁོར་འདས་དང་གྲོལ་འཁྲུལ་འབྱུང་བ་ཡིན་པས་ཤེས་ཤིང་རིག་པ་ནི་གནད་དུ་རྟོགས་པར་བྱའོ། །ཡང་འགའ་ཞིག་གིས་རང་སྟོབས་ཀྱིས་མ་ཤེས་ན་ཐོས་བསམ་གྱིས་གོ་མི་ཆོད་ཟེར་བའང་འབྱུང་སྲིད་དེ། ཐོག་མ་མེད་པའི་དུས་ནས་རང་སྟོབས་ཀྱིས་མ་རྟོགས་ནས་འཁོར་བར་འཁྲམ་པ་ཡིན། བསླབ་ཅིང་སྦྱངས་པས་རྒྱུད་ལུང་མན་ངག་ཐམས་ཅད་དང་མཐུན་པའི་ལྟ་བ་སྟོང་ཉིད་རྟོགས་པར་འགྱུར་བ་ཡིན་པས་ཤེས་པར་གྱིས་ཤིག གཞན་ཡང་བསླབ་སྦྱང་སོགས་དཀའ་བ་ཆེན་པོ་སྤྱད་ནས་སྟོང་ཉིད་རྟོགས་ཀྱང་རུང་། དཀའ་བ་སྤྱུ་ཙམ་མ་སྤྱད་པར་སྟོང་ཉིད་རྟོགས་ཀྱང་རུང་། དཔེར་ན་དཀའ་བ་ཆེན་པོ་སྤྱད་ནས་གསེར་རྙེད་པ་དང་།

[b. Falsche Ideen in Bezug auf ein solches definitives Verständnis gegenüber vertreiben]

»Außerdem, auch wenn du weißt, dass die Dinge auf diese Weise leer sind, könnten sie doch so wie vorher verbleiben – anscheinend wahr, ohne sich in Nichts aufzulösen. Daher magst du dich fragen, welchen Zweck dieses Wissen hat. Aber wenn du nicht weißt, dass Leerheit die Essenz ist, die in der Meditation kultiviert werden muss, dann werden alle deine Bemühungen in der Meditation sicherlich unwirksam bleiben.

Weiterhin denkst du vielleicht: ›Weil bloßes Verstehen oder intellektuelles Begreifen im Rahmen aller anderen Herangehensweisen der Visualisation und Meditation zu keiner Freiheit führt, wieso sollte das bloße Verständnis von Leerheit die nicht-existente Art und Weise des Verweilens (*gnas lugs*) offenkundig machen? Darüber hinaus, wenn Dinge uranfänglich leer sind, dann sind sie gewiss leer, ob ich es nun weiß oder nicht.‹ Aber gerade aus dieser Unterscheidung, ob man sich dessen gewahr ist oder nicht, ob man es weiß oder nicht, entstehen Nirvana oder Samsara, Freiheit oder Verwirrung. Daher muss man verstehen, dass der entscheidende Schüsselpunkt ist, das zu wissen und sich dessen gewahr zu sein.

Ferner könnte jemand einwenden, dass wenn man dies nun nicht kraft seiner eigenen Fähigkeit versteht, Studium und Kontemplation nicht wirksam sein werden. Aber seit anfangsloser Zeit hast du dies kraft deiner Fähigkeit nicht erkannt und bist daher in Samsara umhergewandert. Sei dir der Tatsache bewusst, dass es Studium und Training sind, wodurch du Leerheit – die Sichtweise, die im Einklang mit allen Tantras, erklärenden Kommentaren und Kernunterweisungen ist – verwirklichst.

Überdies magst du Leerheit dadurch verwirklichen, indem du große Schwierigkeiten in Studium, Training usw. auf dich nimmst;

དཀའ་བ་སྤྱི་ཙམ་མ་སྤྱད་པར་གསེར་མལ་ས་ནས་རྙེད་ཀྱང་གསེར་ལ་བཟང་ངན་མེད་པ་ལྟ་བུའོ། །

དེ་ལྟར་སྣང་བ་ཐམས་ཅད་སྟོང་ཉིད་དུ་གཏན་ལ་འབེབས་པའི་དཔྱོད་བྱེད་ཀྱི་ཤེས་པ་ལ་སོ་སོར་རྟོག་པའི་ཤེས་རབ་ཅེས་བྱ་ཞིང་། འཁོར་འདས་སྟོང་ཉིད་ཆེན་པོར་ངེས་པར་ཐག་ཆོད་པའི་རྗེས་ཤེས་རྒྱུན་ཆགས་པ་ལ་བདག་མེད་རྟོགས་པའི་ཤེས་རབ་ཅེས་བྱའོ། །ཤེས་རབ་དེ་གཉིས་རྒྱུད་ལ་བསྐྱེད་ནས་དང་པོ་རྟོགས། བར་དུ་སྦྱོང་། ཐ་མ་གདིང་ཐོབ་པར་བྱ་བ་ནི་གནད་དོ། །ཡང་ལུས་སོགས་སྣང་ཙམ་ལས་མ་གྲུབ་པར་འདོད་པ་ནི་མི་འཐད་དེ། སྟོང་པར་རྟོགས་པའི་གང་ཟག་ཞིག་གི་ལུས་ལ་མི་ཆུས་རེག་ཅིང་མདའ་མདུང་དབྱུག་པ་སོགས་ཀྱིས་བསྣུན་ན་ཟུག་རྔུ་འབྱུང་བས་སོ་ཟེར་ན། ཆོས་ཉིད་ཟད་པའི་དབྱིངས་ལ་མ་སླེབ་ཀྱི་བར་དུ་གཉིས་སྣང་མི་ནུབ། དེ་མ་ནུབ་ཀྱི་བར་དུ

oder du magst Leerheit ohne die geringste Schwierigkeit verwirklichen. Das macht keinen größeren Unterschied, als zum Beispiel den Unterschied in der Qualität von Gold, das man unter großen Mühen oder mühelos in seinem eigenen Bett findet.«

[c. Sich auf den entscheidenden Punkt ausrichten, in Zusammenhang mit einer detaillierten Analyse von höchstem Erkennen, dem Mittel der Verwirklichung]

»Dementsprechend bezieht sich der Begriff ›unterscheidendes höchstes Erkennen‹ (*so sor rtog pa'i shes rab*) auf das durch Analyse erworbene Erkennen, das zum definitiven Verständnis führt, dass alle Sinneserscheinungen Leerheit sind. Der Begriff ›höchstes Erkennen, das realisiert, dass die Dinge keine Identität haben‹ (*bdag med rtogs pa'i shes rab*) bezieht sich auf das fortwährende nachfolgende Erkennen, welches auf die eindeutige Erfahrung von Gewissheit folgt, dass Samsara und Nirvana höchste Leerheit sind. Der Kernpunkt ist, dass du diese beiden Aspekte des höchsten Erkennens in deinem Geistesstrom kultivierst – anfänglich als Verständnis, dann als persönliche Erfahrung und schließlich als das Erlangen innewohnenden Vertrauens (*gding*).

Du könntest noch immer einwenden, dass es vernunftwidrig ist zu behaupten, dass der Körper und der Rest der Welt niemals anders als bloße Sinneserfahrungen existiert haben, weil diejenigen, die die leere Natur ihrer Körper verstehen, noch immer Schmerz empfinden, wenn sie von Feuer oder Wasser berührt oder von Pfeilen, Speeren, Keulen usw. getroffen werden. Die Antwort darauf ist, dass solange man noch nicht im Zustand des grundlegenden Raumes, in dem die Phänomene sich in ihrer wahren Natur auflösen (*chos nyid zad pa'i dbyings*), angekommen ist, dualistische Erscheinungen nicht nachlassen. Und solange sie nicht nachlassen,

ཕན་གནོད་ཀྱི་སྣང་བ་རྒྱུན་མི་འཆད་པར་འབྱུང་ཡང་དོན་ལ་ནི་དམྱལ་བའི་མེས་
ཀྱང་མ་ཚིག་པས་སྟོན་ཏོ། །ཞེས་གསུངས་ཤིང་མི་སྣང་བར་གྱུར་ཏོ། །

entstehen ohne Unterlass nützliche und schädliche Erscheinungen. In Wirklichkeit brennen aber nicht einmal die Feuer der Höllen.«

So sprach er und verschwand.

Saraha

༄༅། །ཡང་རེ་ཞིག་གི་དུས་སུ་གྲུབ་ཆེན་ས་ར་ཧའི་ཞལ་མཇལ་བའི་ཚེ། བདག་གིས་གྲུབ་པའི་དབང་ཕྱུག་ཆེན་པོ་ལགས། སྒྲིབ་པ་གང་གིས་སྦྱང་། ལྟ་ཇི་ལྟར་བསྒྲུབ། འདྲི་བགེགས་གང་གིས་སྒྲོལ། བདག་ལ་བཀའ་སྩལ་དུ་གསོལ་ཞུས་པས། བཀའ་སྩལ་པ། ཀྱཻ་སྐྱེས་བུ་ཆེན་པོ་ཁྱོད་ཀྱིས་ཕན་གནོད་ཀྱི་མཚང་ལ་རྒོལ་དགོས་པས། སྒྲིབ་པ་ཞེས་བྱ་བ་ནི་གཞི་སྟོང་ཉིད་ཀྱི་ངོ་བོ་མ་རིག་པ་ལ་སྒྲིབ་པ་དང་མ་རིག་པ་དང་། དེ་བརྟན་པ་ལ་བག་ཆགས་ཞེས་བྱའོ། །དེ་ནི་ལུས་ངག་གི་དགེ་སྦྱོར་ལ་འབད་པ་ལྟ་བུའི་རྩོལ་བ་ཕལ་གྱིས་སྦྱོང་བར་མི་ནུས་ཏེ། འདི་ལྟར་སོ་སོར་རྟོག་པའི་ཤེས་རབ་ཀྱིས་ཆོས་ཉིད་གཏན་ལ་དབབ་པས་སྒྲིབ་པ་དེ་ངང་གིས་འདག་པར་འགྱུར་བ་ཡིན།

[1.2.3. Den verborgenen Fehlern von Nutzen und Schaden entgegentreten

1.2.3.1. Die Ursachen identifizieren, die zur Vorstellung des Zuschreibens von Charakteristika des Nutzens und Schadens führen]

ALS ICH BEI ANDERER GELEGENHEIT in einer Vision den großen Siddha Saraha traf, fragte ich ihn: »Ah, großer Herr der Siddhas, wie kann ich Verschleierungen bereinigen? Wie kann ich nachweisen, dass es Götter gibt? Wie kann ich Dämonen und Hindernisse befreien? Bitte seid so gütig, mir diese Dinge zu sagen!«

Er gewährte die folgende Antwort: »Ah, großer Spiritueller, du musst den verborgenen Fehlern von Nutzen und Schaden entgegentreten. Was das betrifft, was man Verschleierung nennt: Die Begriffe ›Verschleierung‹ (*sgrib pa*) und ›Nicht-Gewahrsein‹ (*ma rig pa*) beziehen sich beide auf einen Mangel an Gewahrsein des Seinsgrundes als die Essenz der Leerheit, und der Begriff ›Gewohnheitsmuster‹ (*bag chags*) bezieht sich auf die feste Verankerung dieses Nicht-Gewahrseins. Diese können durch gewöhnliche Bemühungen wie spirituelle Praktiken mit Körper und Rede nicht gereinigt werden. Vielmehr werden diese Verschleierungen ganz selbstverständlich gereinigt, wenn man durch unterscheidendes höchstes Erkennen zu einem definitiven Verständnis hinsichtlich der wahren Natur der Phänomene gelangt.«

ཕན་བྱེད་ལུས་ངག་གི་དགེ་བ་ཐམས་ཅད་གང་དུ་འདུག བསགས་པའི་བང་མཛོད་གང་དུ་མཆིས། བྱུང་བའི་ཁུངས། གནས་པའི་ས། འགྲོ་བའི་ཡུལ་ཐམས་ཅད་ལ་བརྟག་ཅིང་དཔྱད་པ་བཏང་བས་ཡུལ་མེད་དུ་འདུག་ན་ཕན་གང་ལ་བཏགས། སེམས་ཉིད་སྟོང་པའི་ཕྱི་ནང་བར་གསུམ་མགོ་མཇུག་གང་ལ་ཕན་ཐོགས་པ་ཡོད་ཅེས་བརྟག་ནས་ཡུལ་མེད་དུ་ཐག་ཆོད་ཆེ་འཁོར་བ་རུ་བསོད་ནམས་བསགས་པ་ཙམ་དུ་ཟད་དོ། །དེ་བཞིན་དུ་སྡིག་པ་བསགས་པའི་ཕུང་པོ་ཕྱོགས་མཚམས་གང་དུ་གདའ། དེའི་བང་ཁང་གནས་ཡུལ་གང་དུ་མཆིས། སེམས་སྟོང་པའི་ཕྱི་ནང་མགོ་མཇུག་བར་གསུམ་གང་དུ་གནོད་བྱས་ཡོད་པའི་ཚུལ་ལ་བརྟག ད་ལྟ་རྟག་ཏུ་ལུས་ངག་དགེ་ལ་སྦྱོར་བའི་སྐྱེས་བུ་དང་། ཆེ་གཅིག་སྡིག་ལ་སྤྱོད་པའི་སྐྱེས་བུ་གཉིས་ཀྱི་ཤེས་རྒྱུད་ལ་ཞིབ་ཏུ་བརྟག་ན་དེ་གཉིས་ཀའི་སེམས་ཀྱི་ཆགས་སྡང་རེ་དོགས་ཉེར་ལེན་ཐམས་ཅད་ལ་ཁྱད་པར་དུལ་ཙམ་ཡང་མེད།

[1.2.3.2. Die Natur der Objekte untersuchen, die als nützlich oder schädlich wahrgenommen werden

1.2.3.2.1. Heilsame und schädliche Taten untersuchen, die sich in zukünftigen Leben als nützlich oder schädlich manifestieren

a. Die eigentliche Art und Weise der Untersuchung]

»Wo verweilt die ganze nutzbringende Tugend von Körper und Rede? Wo ist das Lagerhaus, in dem sie angesammelt wird? Wenn du den Ursprung, von dem sie herkommt, den Aufenthaltsort, wo sie verweilt, und das Ziel, wo sie hingeht, untersucht und analysiert hast, dann überlege, wie Heilsames entsteht, wenn sie nicht als ein Objekt existiert.

Durch die Untersuchung, wie und wo Nutzen zur leeren Natur des Geistes selbst (*sem nyid*) hinzukommen könnte – ob äußerlich, innerlich oder dazwischen, ob oben oder unten – wirst du entscheiden, dass er nicht als ein Objekt existiert. An diesem Punkt läuft es auf nichts anderes als in Samsara angesammelten Verdienst hinaus.

In gleicher Weise: Wo sind die angehäuften Resultate schädlicher Handlungen? Wo befindet sich ihr Lagerhaus? Untersuche, auf welche Weise der Leerheit des Geistes Schaden zugefügt werden könnte, äußerlich oder innerlich, oben, unten oder dazwischen.

Wenn du den Geistesstrom von Leuten, die sich in diesem gegenwärtigen Leben fortwährend heilsamen Handlungen mit Körper und Rede hingeben, und von Leuten, die ihr ganzes Leben damit verbringen, leidvolle Handlungen auszuführen, im Detail untersuchst, dann wirst du herausfinden, dass hinsichtlich des Fortdauerns von Anhaftung und Ablehnung, von Hoffnung und Furcht, nicht der kleinste Unterschied im Geist dieser beiden Arten

གྲོལ་ན་ཡང་ཞེས་རྒྱུད་གྲོལ་བས་གྲོལ། འཁྲུལ་ན་ཡང་ཞེས་རྒྱུད་འཁྲུལ་པས་འཁྲུལ། གཉིས་ཀ་ཞེས་རྒྱུད་མ་གྲོལ་བར་འཁོར་བར་འཁྱམ་པ་ལ་ཁྱད་པར་སྐྱ་ཙམ་མེད། དེས་ན་དགེ་སྡིག་གཉིས་གནས་སྐབས་ཀྱི་བདེ་སྡུག་བསྐྱེད་པའི་ཁྱད་པར་ཙམ་ལས་འཁོར་བའི་སྐྱོན་པ་ཁོན་ལས་མ་འདས་སོ། །

འདི་ལྟར་དགེ་བ་གཏན་ལ་མ་ཕབ་ན་རྣམ་པར་གྲོལ་བའི་ལམ་དང་། གནས་སྐབས་བསོད་ནམས་བསགས་པའི་དགེ་བ་གཉིས་ནོར་ནས་རྣམ་མཁྱེན་གྱི་འབྲས་བུ་མི་འཐོབ། སྡིག་པ་གཏན་ལ་མ་ཕབ་ན་རང་ངོ་རང་གིས་མ་རིག་པ་ཉིད་སྒྲིབ་པ་དང་འཁྲུལ་གཞི་ཡིན་པར་མི་ཤེས་ནས་འཁྲུལ་པའི་རྒྱུ་ངོས་མི་ཟིན། དེས་འཁོར་བ་མཐའ་མེད་དུ་འཁྲུལ་པ་ལས་འོས་མེད་པས་གཏན་ལ་ཕབ་པ་གནད་དུ་ཞེས་པར་བྱའོ། །

von Leuten besteht. Wenn sie Freiheit erlangen, dann erlangen sie Freiheit, weil ihr Geistesstrom befreit ist. Wenn sie verwirrt sind, dann sind sie verwirrt, weil ihr Geistesstrom verwirrt ist. Aber weil der Geistesstrom keines dieser beiden Arten von Leuten befreit ist, besteht nicht eine Haaresbreite Unterschied, was ihr Wandern in Samsara betrifft. Obwohl es eine kurzfristige Unterscheidung zwischen heilsamen und unheilsamen Handlungen gibt – sie lassen jeweils zeitweiliges Glück bzw. Leid entstehen – ist infolgedessen keines von beiden mehr als etwas, das Samsara fortsetzt.«

[b. Die Gründe, warum die Untersuchung notwendig ist]

»Wenn du zu keinem solchen definitiven Verständnis hinsichtlich heilsamer Handlungen gelangt bist, wirst du zwischen dem Pfad zu vollständiger Freiheit und der Tugend des Ansammelns zeitweiligen Verdienstes die falsche Wahl treffen und das Ziel der Allwissenheit nicht erlangen. Wenn du zu keinem solchen definitiven Verständnis hinsichtlich leidvoller Handlungen gelangt bist, dann wirst du nicht verstehen, dass das sich selbst nicht Erkennen deiner innersten Essenz das ist, was die Verschleierungen und den Grund der Verwirrung darstellt, und daher wirst du scheitern, die Ursache der Verwirrung zu identifizieren. Da dies deine Verwirrung in Samsara nur endlos fortsetzen wird, musst du verstehen, dass der entscheidende Punkt darin liegt, zu diesem definitiven Verständnis zu gelangen.«

ཡང་ཕན་སྐྱོབས་ཀྱི་ལྷ་ཞེས་བྱ་བ་རྣམས་དང་པོ་བྱུང་ས་བར་དུ་གནས་ས་ཐམ་འགྲོ་ས་གསུམ་ལ་བརྟག་པས་ཡུལ་མེད་པ་དང་། དབང་པོའི་ཡུལ་དུ་སྣང་བའི་གཟུགས་སྒྲ་དྲི་རོ་རེག་བྱ་གང་གི་ཡུལ་དུ་གྲུབ། སྟོད་བཅུད་ཀྱི་འབྱུང་བའི་ཁམས་ཤིག་ཏུ་ཡོད་པར་སེམས་ན་རྟུལ་དང་རྟུལ་ཕྲན་ཆ་མེད་ཀྱི་ཁོངས་སུ་བརྟག །འབྱུང་བ་རང་རང་གི་མིང་དང་དངོས་པོའི་ཚུལ་ལའང་བརྟག ། ལྷ་དེས་ཕན་ཇི་ལྟར་བཏགས་པའི་ཚུལ་དང་། གནོད་བྱེད་ཀྱི་འདྲེ་ཡང་དེ་ལྟར་ཞིབ་ཏུ་བརྟག་པས་ཡུལ་མེད་དུ་ཤེས་པར་འགྱུར་རོ། །བདེ་བ་དང་སྡུག་བསྔལ་ཐམས་ཅད་སེམས་ཀྱི་སྣང་ཉམས་ཀྱི་ལམ་ལྟ་བུ་ལས་ལྷ་འདྲེས་ཕན་གནོད་གདག་གཞིའི་སྟེང་ནས་ཅི་ཡང་མ་བྱུང་ངོ། །འདྲེས་གནོད་པ་བྱེད་པ་ཡིན་སྙམ་ན་གཟུགས་སྒྲ་དྲི་རོ་རེག་བྱའི་ཡུལ་ལས་འདས་པས་འདྲེ་ཞེས་མིང་ཙམ་དུ་ཟད་པ་དེས་གནོད་ཇི་ལྟར་བྱས་བརྟག་པས་ཡུལ་མེད་དུ་སྟོང་པ་ལས་ཡོད་པར་མ་མཐོང་།

[1.2.3.2.2. Götter und Dämonen untersuchen, die sich in diesem Leben als nützlich oder schädlich manifestieren

a. Die eigentliche Art und Weise der Untersuchung]

»Wenn du außerdem das, was ›hilfreiche und beschützende Götter‹ genannt wird, auf seinen anfänglichen Ursprung, seinen zwischenzeitlichen Aufenthaltsort und sein letztendliches Ziel hin untersuchst, dann wirst du erkennen, dass sie als Sinnesobjekte keine Existenz haben. In welchen der Formen, Klängen, Gerüchen, Geschmäckern und taktilen Wahrnehmungen, welche sich als Objekte der Sinnesfähigkeiten manifestieren, haben diese Götter jemals existiert? Wenn du denkst, dass sie in Verbindung mit einem der Elemente existieren, die in die Gestaltung des Universums eingebunden waren, untersuche diese Elemente bis hinab zur Ebene der Moleküle oder subatomaren Teilchen. Untersuche ebenfalls die entsprechenden Begriffe und die scheinbare Dinghaftigkeit genau dieser Elemente.

Durch das genaue Untersuchen, wie diese Götter nützlich sein und ebenso wie Dämonen Schaden verursachen könnten, wirst du verstehen, dass sie nicht als Objekte existieren. Alles Glück und Leiden sind vergängliche Erfahrungen der Sinneserscheinungen, die sich dem Geist wie Träume zeigen. Überhaupt nichts entsteht auf irgendeiner Basis, die in Bezug auf Götter oder Dämonen die Bezeichnungen ›förderlich‹ oder ›schädlich‹ stützen könnte.

Wenn du glaubst, dass Dämonen dir geschadet haben, dann untersuche, wie irgendein Schaden von etwas bewirkt werden könnte, das auf den bloßen Begriff ›Dämon‹ hinausläuft, da dieser Begriff nicht die Kriterien eines Sinnesobjektes – Form, Klang, Geruch, Geschmack oder Tasterfahrung – erfüllt. Du wirst nichts finden, das existiert, nur etwas, das leer ist und nicht als Objekt existiert.«

མི་རྣམས་འཁྲུལ་པའི་དབང་གིས་རང་ལུས་སྟོད་སྨད་ལའང་བཟང་ངན་དུ་བལྟས་ཏེ་ཁོག་སྟོད་གཙང་མར་སྣང་ནས་ལྷ་ལྟར་འཛིན། ཁོག་སྨད་བཙོག་པར་སྣང་ནས་འདྲེ་ལྟར་འཛིན་པའི་ཚུལ་གྱིས་རེ་དོགས་རྒྱུན་མི་ཆད་པར་འབྱུང་བ་དང་། བདག་འཛིན་གྱི་འཆིང་བ་དམ་པོའི་སྟོབས་ཀྱིས་བདེ་སྡུག་གི་ཉམས་རྒྱུན་མི་ཆད་པར་འབྱུང་བ་ཐམས་ཅད་འཁོར་བའི་སྣང་ཉམས་ཁོ་ན་ལས་གཞན་དུ་བདེན་པར་གྲུབ་པ་རྡུལ་ཙམ་མེད་པ་ནི་དཔེ་རྨི་ལམ་ཁོ་ནས་སྟོན་ཏོ། །

འདིའི་གནད་དོན་ཡིན་ལུགས་ཞེས་པ་ནི་སྒོམ་པའི་གེགས་སེལ་ཡིན་ཏེ། སྒོམ་པ་ལ་ཡིད་མི་ཆེས་ཤིང་བློ་མི་གཏོད་པའི་གེགས་ཐམས་ཅད་སེལ་ནས་ཆོས་ཉིད་ཀྱི་དོན་ལ་ཡིད་ཆེས་ཤིང་ཐེ་མི་ཚོམ་པའི་གདིང་ཐོབ་པར་འགྱུར་བ་དང་། མ་རིག་པའི་སྒྲིབ་པ་དང་བྲལ་ནས་རིག་པའི་ཡོ་ལངས་ཆེན་པོར་དབང་བསྒྱུར་བར་བྱེད་དོ། །ཞི་བྱེད་བདུད་གཙོད་ཟབ་མོའི་རྩ་བའང་ཡིན་ཏེ།

[b. Eine Beweisführung, dass Wahrnehmungen, die auf Täuschung basieren, fehlerhafte Eindrücke flüchtiger Erfahrungen sind]

»Unter dem Einfluss von Verwirrung betrachten Menschen die oberen und unteren Teile ihres Körpers als gut bzw. schlecht. Da der Oberkörper als sauber erscheint, betrachten sie ihn wie einen Gott, und da der Unterkörper als unrein erscheint, betrachten sie ihn wie einen Dämon. So entstehen ununterbrochen Hoffnung und Furcht, und infolge der Kraft der engen Fesseln verdinglichender Identität entstehen ohne Unterlass zeitweilige Erfahrungen von Glück und Leid. All diese sind nichts als vorübergehende Erfahrungen in Samsara, ohne dass jemals etwas davon auch nur im Geringsten als etwas anderes existiert hätte. Dies kann durch die einfache Metapher eines Traumes demonstriert werden.«

[1.2.3.3. Die Bedeutung einer solchen Erkenntnis aufzeigen]

»Der Schlüsselpunkt hier – das Verstehen dieser Seinsweise – stellt die Methode dar, Hindernisse in der Meditation aufzulösen. Alle durch einen Mangel an Überzeugung oder Vertrauen in die Meditation verursachten Hindernisse werden aufgelöst. Du wirst von der letztendlichen Bedeutung, die die wahre Natur der Phänomene ist, überzeugt sein und eine innere Zuversicht erlangen, die keinen Zweifel hegt. Frei von den Schleiern des Nicht-Gewahrseins wirst du Meisterschaft über das große und sich ständig verändernde Spektrum des Gewahrseins erlangen.

Dies ist auch die Wurzel der tiefgründigen Herangehensweisen des Befriedens und des Durchtrennens der Maras.[6] Suche nicht

---

6 Hier wird auf die Praxis von Zhije und Chöd Bezug genommen (A.d.Ü.)

རང་རིག་ལས་ལྷ་གཞན་དུ་མི་འཚོལ། རྣམ་རྟོག་ལས་འདྲི་གཞན་ན་མེད་པར་ཐག་ཆོད་པར་འགྱུར་བས། དེ་ནི་སྒྲུབ་པ་དང་གཏོ་ཡས་གཏོང་བ་ཐམས་ཅད་ལའང་འདི་མེད་ཐབས་མེད་པ་ཡིན་ཏེ། དེ་ལྟར་ཤེས་ན་ཆོས་ཐམས་ཅད་སྒྱུ་མ་ལྟ་བུར་རྟོགས་པའི་སྒྱུ་མའི་རྣལ་འབྱོར་ཆེན་པོར་ངེས་པའོ། །ཀྱཻ་སེམས་མེད་རིག་པའི་ཁྲེའུ་ཆུང་ཁྱོད་ཀྱིས་འདི་གདུལ་བྱ་རྣམས་ལ་སྟོན་དང་ངེས་གསང་ཐེག་པ་ཆེན་པོའི་རྣལ་འབྱོར་པ་ཤ་སྣག་འབྱུང་སྲིད་དོ། །ཞེས་གསུང་ཤིང་མི་སྣང་བར་གྱུར་ཏོ། །

irgendeinen Gott, sondern nur nach selbsterkennendem Gewahrsein. Du wirst zur Entscheidung gelangen, dass es keinen anderen Dämon als die Begrifflichkeit (*rnam rtog*) gibt. In allen Sadhana-Praktiken und Ritualen, die ausgeführt werden, um Ungemach abzuwehren, ist dieses Verständnis unverzichtbar. Wenn du solch ein Verständnis hast, dann bist du wahrlich ein großer Yogi der Illusion, der alle Phänomene als illusionsgleich verwirklicht.

Ach, Kleiner mit Gewahrsein, dessen Geist nicht mehr gewöhnlich ist, lehre dies jenen, die gezähmt werden müssen, und vielleicht werden auch sie zu Yogis der großen spirituellen Annäherung an das letztendlich Geheime.«

So sprach er und verschwand.

Vajrapani

༄༅། །ཡང་འོད་གསལ་དག་པའི་སྣང་ངོར་དཔལ་ཆེན་ཕྱག་ན་རྡོ་རྗེའི་ཞལ་མཇལ་བའི་ཚེ། བདག་གིས་འདི་སྐད་ཞུས། ཀྱཻ་རྒྱལ་བ་རྡོ་རྗེ་འཆང་ཆེན་པོ་སངས་རྒྱས་ཞེས་བྱ་བ་རང་ཐོག་ཏུ་རང་སངས་རྒྱས་པ་ཡིན་ནམ། གཞན་ཞིག་གི་ཡུལ་དུ་འཚང་རྒྱ་བར་འགྲོ་རྒྱུ་ཡིན་ནམ་། ཞུས་པས། བཀའ་སྩལ་པ། ཀྱེ་ཧོ་སྐལ་ལྡན་རིགས་ཀྱི་བུ། སངས་རྒྱས་ཞེས་བྱ་བ་ཡུལ་ཡངས་པ་ཆེན་པོ་ཞིག་ན་མི་རྗེ་གཟུགས་བཟང་བ་མཐོང་ན་མི་མཐུན་པ་མེད་པ་ཞི་བ་བསིལ་བ་དྭངས་པ་རྙོགས་པ་དང་བྲལ་བ་མཛེས་སྡུག་བལྟ་བས་ཆོག་མི་ཤེས་པ་ཞིག་གི་རྩལ་དུ་ཡོད་པར་སེམས་ན་དེའི་ཕ་མ་གང་ལགས། མ་ལས་སྐྱེས་ན་སྐྱེ་བའི་མཐའ་ཅན།

[1.2.4. Die falsche Höhle von Hoffnung und Furcht einstürzen lassen

1.2.4.1. Die falsche Höhle einstürzen lassen, Buddhaschaft und ihre dazugehörenden reinen Bereiche als Objekte der Hoffnung mit wahrer Existenz auszustatten

a. Das Festhalten am Ersinnen von Buddhaschaft und ihrer dazugehörenden reinen Bereiche als etwas Absolutem verneinen]

Bei anderer Gelegenheit traf ich in einer reinen Vision (*dag snang*) völliger Klarheit (*'od gsal*) den großartigen und glorreichen Vajrapani und fragte ihn: »Ach Siegreicher, großer Vajra-Halter, bedeutet Buddhaschaft, dass das Erwachen zur Erleuchtung unmittelbar hier in meiner eigenen unmittelbaren Gegebenheit eintritt, oder bedeutet es, dass es einen anderen Ort gibt, an den man gehen muss, um zu erwachen?«

Er gewährte die folgende Antwort: »Ah du Glücklicher spirituellen Erbes, du denkst vielleicht, dass der Begriff ›Buddha‹ ein Dasein als irgendeine majestätische Person bedeutet, die stattlich und attraktiv anzusehen ist, friedlich und tröstend, fein und frei von Mängeln, lieblich, schön; jemand, den du niemals müde wirst anzusehen, der in einem großen, weitläufigen Land lebt. Wenn dem so ist, wer sind nun die Eltern solcher Buddhas? Wenn sie durch Mütter geboren werden, sind sie dem Extrem des Entstehens

གནས་ན་གནས་པ་རྟག་པའི་མཐའ་ཅན། འགག་ན་སྣང་མེད་ཆད་པའི་མཐའ་ཅན་ཏེ། མདོར་ན་སྐྱེ་འགག་གནས་གསུམ་རྩུགས་ཐུབ་བདེན་གྲུབ་ཀྱི་ངོ་བོར་ཡོད་ཕན་ཆད་མཐའ་གཉིས་དང་བྲལ་བའི་གནས་ལུགས་ཞིག་ཡོད་ཐབས་མེད་དེ། ཇི་ལྟར་སྣང་བ་འདི་དག་སྐྱེ་འགག་ལྟར་སྣང་བ་ནི་བཏགས་པ་ཁོ་ནར་ཟད་དོ། །ཡར་དག་པ་རྣམ་བྱང་གི་ཕྱོགས་སུ་ཡང་བདེན་པར་བཟུང་ན་རང་གིས་རང་ཉིད་འཆིང་བར་འགྱུར་གྱི། འཁོར་འདས་ཀྱི་ཆོས་ཉིད་ལ་མི་འདྲ་བའི་ཁྱད་པར་ཞིག་ཡོད་ན་སྲིད་ཞི་མཉམ་ཉིད་ཀྱི་གནས་ལུགས་ཟེར་བའང་ཁ་ཙམ་དུ་བས་ཤིང་། མང་པོ་ཞིག་མྱང་འདས་རང་མཚན་པར་ཞེན་ནས་རེ་དོགས་ཀྱི་གཟེབ་ཏུ་འཛུག་སྲིད། དག་པའི་ཞིང་དུ་ལོངས་སྤྱོད་རྣམ་པ་གྲངས་མང་ལ། བཀོད་པ་རྒྱ་ཆེ་བའི་ཁྱད་པར་དུ་བྱས་ནས་དངོས་པོ་རང་མཚན་དུ་འཛིན་ན་དེའང་ཆོས་ཀྱི་བདག་འཛིན་དུ་འདུག་གོ །

དེ་བཞིན་གཤེགས་པ་ཐེར་ཟུག་དང་བདེན་གྲུབ་ཏུ་ལྟ་བ་དེ་

unterworfen. Wenn sie dauerhaft sind, sind sie dem Extrem der Dauerhaftigkeit unterworfen. Wenn sie zu bestehen aufhören, sind sie dem Extrem der Auslöschung unterworfen.

Kurzum, so lange es eine Essenz gibt, die hinsichtlich der drei Phasen von Entstehen, Dauer und Vergehen wahrhaftig aus sich selbst heraus zu bestehen scheint, kann es keine Art und Weise des Verweilens geben, die frei von dualistischen Extremen ist. Der Umstand, dass Sinneserscheinungen sich – wie auch immer sie erscheinen – durch scheinbares Entstehen und Vergehen manifestieren, ist nichts weiter als begriffliches Benennen.

Außerdem, wenn du den wahren Zustand vollständiger Erleuchtung für etwas hältst, das wirklich existiert, dann wirst du dich fesseln. Wenn ein konkreter Unterschied zwischen der wahren Natur von Samsara und der von Nirvana bestünde, dann wäre der Verweis auf ›die Art und Weise des Verweilens als die Gleichheit von bedingter Existenz und dem Zustand des Friedens‹ bloß ein Lippenbekenntnis. Tatsächlich fallen viele Leute bei ihrer Fixierung auf Nirvana als eine unabhängige Existenz (*rang mtshan pa*) in die Falle von Hoffnung und Furcht. Es gibt viele Beschreibungen der Erfahrungen, derer man sich in den reinen Bereichen erfreut, aber wenn du dich auf bestimmte Details in diesem gewaltigen Spektrum ausrichtest und diese dann als etwas unabhängig Existentes auffasst, dann stellst du dir noch immer vor, dass Phänomene eine [eigene, unabhängige] Identität hätten.«

[b. Zu diesem Zweck die fünf Sinne und ihre dazugehörenden Objekte untersuchen und die Übertreibung, ihnen eine wahre Existenz zuzuschreiben, zurückweisen]

»Wie immer wir dies nun bezeichnen mögen – die Sichtweise, dass ein Tathagata etwas Beständiges ist, dessen wirkliche Existenz auf-

མིང་ཇི་ལྟར་བཏགས་ཀྱང་དོན་ལ་གང་ཟག་གི་བདག་ཏུ་ལྟ་བ་ལས་མ་འདས། སངས་རྒྱས་ལ་མིག་ཡོད་པར་སེམས་ན་མིག་གི་རྣམ་པར་ཤེས་པ་ཡང་ཡོད། མིག་གི་རྣམ་པར་ཤེས་པ་གྲུབ་ཙམ་ནས་གཟུགས་སུ་སྣང་བ་མི་མཆེད་པའི་ཐབས་མེད་པ་ཡིན། དེ་ནི་མིག་གི་གཟུང་བ་ཡུལ་ཞེས་བྱ་སྟེ། དེ་ལྟར་གྲུབ་པན་ཆད་གཟུགས་ཉེར་ལེན་གྱི་སེམས་རྟོག་ཕྲ་མོ་ཞིག་མི་འབྱུང་བའི་ཐབས་མེད། དེ་ནི་མིག་གི་འཛིན་པ་སེམས་ཏེ། གཟུང་འཛིན་གཉིས་སུ་རྟོག་པ་ལ་སེམས་ཞེས་བྱ་བས་སེམས་གང་ལ་ཡོད་པ་དེ་ལ་སེམས་ཅན་ཞེས་བྱའོ། །དེ་བཞིན་དུ་རྣ་བ་ཡོད་པར་སེམས་ན་དེའི་རྣམ་པར་ཤེས་པ་སྒྲ་དང་བཅས་པ་དང་། སྣ་ཡོད་པར་སེམས་ན་སྣའི་རྣམ་པར་ཤེས་པ་དྲི་དང་བཅས་པ་དང་། ལྕེ་ཡོད་པར་སེམས་ན་ལྕེའི་རྣམ་པར་ཤེས་པ་རོ་དང་བཅས་པ་དང་། ལུས་ཡོད་པར་སེམས་ན་ལུས་ཀྱི་རྣམ་པར་ཤེས་པ་རེག་བྱ་དང་བཅས་པ་ཐམས་ཅད་དེ་རྣམས་ཀྱི་གཟུང་ཡུལ་ཡིན་ཏེ། དེ་དག་ཉེ་བར་ལེན་པའི་རྟོག་ཚོགས་རྣམས་ནི་དེ་དག་གི་འཛིན་པ་སེམས་ཏེ། སྔ་མ་བཞིན་སེམས་གང་ལ་ཡོད་པ་དེ་ལ་སེམས་ཅན་ཞེས་བྱའོ། །སངས་རྒྱས་ཞེས་གཟུང་འཛིན་ལས་མ་འདས་པའི་སངས་རྒྱས་ཞིག་ཡོད་པར་སྲིད་ན་

gefunden werden kann, geht tatsächlich nicht über die Sichtweise hinaus, dass persönliche Identität existiert. Wenn du glaubst, ein Buddha hätte Augen, dann müsste es auch ein Sehbewusstsein geben. Sobald ein Sehbewusstsein vorhanden ist, ist das Auswuchern sichtbarer Formen unvermeidlich – dieser Bezug ist das ›Feld für die Wahrnehmung sichtbarer Objekte‹ (*mig gi gzung ba yul*). Wenn einmal ein solches Feld vorhanden ist, entsteht unvermeidbar die subtile Begrifflichkeit des gewöhnlichen Geistes, was zum Fortdauern dieser Formen beiträgt. Das ist der ›gewöhnliche Geist, der durch das Auge verdinglicht‹ (*mig gi 'dzin pa sems*). Dieser dualistische Bezugsrahmen von Objekt und Subjekt (*gzung 'dzin*) wird ›gewöhnlicher Geist‹ (*sems*) genannt, und wer einen gewöhnlichen Geist hat, wird ›gewöhnliches Wesen‹ genannt.

In gleicher Weise: Wenn du denkst, ein Buddha hätte Ohren, dann müsste es auch ein Hörbewusstsein mit seiner damit einhergehenden Wahrnehmung von Klängen geben. Wenn du glaubst, ein Buddha hätte eine Nase, dann müsste es auch ein Riechbewusstsein mit seiner damit einhergehenden Wahrnehmung von Gerüchen geben. Wenn du denkst, ein Buddha hätte eine Zunge, dann müsste es auch Geschmacksbewusstsein mit seiner damit einhergehenden Wahrnehmung von Geschmäckern geben. Wenn du meinst, ein Buddha hätte einen Körper, dann müsste es ein Tastbewusstsein mit seiner damit einhergehenden Wahrnehmung von Berührungen geben. Sie alle sind Felder zur Wahrnehmung von Objekten (*gzung yul*). Die sie fortsetzenden Gedankenmuster sind der verdinglichende gewöhnliche Geist (*'dzin pa sems*). Wie schon zuvor, wer nun einen gewöhnlichen Geist hat, wird ›gewöhnliches Wesen‹ genannt.

Was den Begriff ›Buddha‹ angeht: Gäbe es einen Zustand von Buddhaschaft, der die dualistischen Wahrnehmungen von Objekt und Subjekt nicht übersteigen würde, dann wären die erleuchteten

དེའི་ཡོན་ཏན་སེམས་ཅན་ལ་འཇུག་པའང་མི་དང་མི་ལྷ་བུའོ། །སངས་རྒྱས་ཀྱིས་གཞན་ལ་ཆོས་སྟོན་པར་སེམས་ན་སྟོན་པ་པོ་བདག་དང་། བསྟན་བྱའི་ཆོས་དང་། སྟོན་ཡུལ་སེམས་ཅན་དུ་སྣང་ཞིང་འཛིན་པ་ཡོད་ན་དེ་ནི་སེམས་ཅན་ནོ། །ཡུལ་ཁམས་བདེ་བ། གཟུགས་མཛེས་པ། མཛའ་གྲོགས་ལེགས་པ། ལོངས་སྤྱོད་དང་བདེ་སྐྱིད་ཆེ་བ། ཁྲོ་བ་དང་ཆགས་པ་མེད་པ་རྣམས་ཁྱད་ཆོས་ཡིན་པར་སེམས་ན་དེ་ཡང་གཟུགས་ཁམས་ཀྱི་ལྷ་ལས་མི་འཕགས་པས་སེམས་ཅན་ནོ། །

ངེས་པའི་དོན་དུ་རང་གི་གཞི་ཀུན་ཏུ་བཟང་པོ་ནི་དུས་གསུམ་གྱི་བདེ་བར་གཤེགས་པ་ཞེས་བྱ་བ་ཡིན་ནོ། །དོན་དམ་པར་སངས་རྒྱས་འཇིག་རྟེན་དུ་བྱོན་མ་མྱོང་བ་དང་། ཆོས་སྟོན་མ་མྱོང་བ་ནི་རྒྱུད་ལུང་མན་ངག་མང་པོར་གདུལ་བྱ་རང་སྣང་གི་སྟོན་པ་རང་ལ་ཤར་བ་ཡིན་པའི་ཚུལ་གསལ་བར་གསུངས་པ་ལ་ལྟོས་ཤིག རྟོགས་ཤིག །

Qualitäten dieses Zustandes an gewöhnliche Wesen ebenso einfach weiterzugeben, wie gewöhnliche Qualitäten von einem Menschen zum anderen weitergegeben werden.

Du denkst vielleicht, das Buddhas anderen spirituelle Lehren geben, aber wenn Buddhas sich selbst als Lehrer, die spirituellen Lehren als etwas zu Lehrendes und die gewöhnlichen Wesen als Empfänger der Lehren sehen würden, dann wäre der Unterschied zwischen Buddhas und Menschen nicht einmal ein Sesamkorn groß. Sie alle wären gewöhnliche Wesen. Wenn du meinst, dass die einzigartigen Eigenschaften eines Buddhas darin bestünden, eine glückliche Umgebung, körperliche Schönheit, hervorragende Gefährten, großen Wohlstand und Glück oder die Abwesenheit von Wut und Anhaftung zu haben, dann beschreibst du noch immer ein gewöhnliches Wesen, das nicht erhabener als die Götter im Formbereich ist.«

[c. Buddhaschaft im letztendlichen und endgültigen Sinne identifizieren]

»Letztendlich ist es der gänzlich positive Grund deines eigenen Seins – Kuntuzangpo – der mit dem Begriff ›der durch die drei Zeiten hindurch zum Glück Gegangene‹ gemeint ist. Auf der letztendlichen Ebene erfährt ein Buddha weder ein Kommen in die Welt noch ein Geben spiritueller Lehren. Viele Tantras, erklärende Kommentare und Kernunterweisungen legen ganz klar die Art und Weise dar, in der die Manifestation eines Lehrers natürlicherweise in der Wahrnehmung jener erscheint, die gezähmt werden müssen. Untersuche dies und erkenne diesen Punkt.«

ཡང་འཁོར་བའི་གནས་རིགས་གཞན་ཡོད་ཅིང་གྲུབ་སྟེ་སེམས་ཅན་མང་པོ་ཡུལ་དེ་རུ་སོང་ཞིང་ཁ་བརྒྱུད་ནས་བདེ་སྡུག་མྱོང་བར་སེམས་ན་དེ་རང་མི་རིགས་ཏེ། སྔ་མའི་ལུས་རྗེན་ཤུལ་དུ་བོར་བར་སྣང་བ་བདེན་ན་བར་སྲིད་ཀྱི་ལུས་དེ་གང་ནས་ཡོན། དེང་སང་གི་སེམས་ཅན་རྣམས་ལ་རྨ་དང་རྐང་ལག་ཆག་པ་ཙམ་དང་། དགུན་ཉིན་ཞག་རེ་ཙམ་གྱི་གྲང་ལྷག་གིས་འཆི་བར་འགྱུར་ན། དམྱལ་བ་ཚ་གྲང་མྱོང་བྱེད་ཀྱི་ལུས་གྲུབ་ནས་བཙོ་བསྲེག་སོགས་ཡུན་རིང་བྱས་ཀྱང་མི་འཆི་བ་དེ་ཅིའི་ཕྱིར་ཡིན། དེ་བཞིན་དུ་དེང་སང་ཟླ་ཤས་ཞག་ཤས་ཙམ་དུ་ལྟོ་གེ་བྱུང་བས་འཆི་སྲིད་ན། ཡི་དྭགས་ཀྱི་སེམས་ཅན་བསྐལ་པར་ལྟོ་གེས་ཅིས་མི་འཆི། དེས་ན་འགྲོ་བ་རིགས་དྲུག་གི་སེམས་ཅན་བར་སྲིད་དང་བཅས་པ་ཐམས་ཅད་རྨི་ལམ་གྱི་སྣང་བ་མཆེད་པ་ལྟ་བུར་སྣང་ཙམ་ལས་མ་གྲུབ་ཅིང་སྟོང་པ་ཡུལ་མེད་པ་ལ་བདེན་ཞེན་སྐྱེས་པས་འཁྲུལ་པ་ཡིན།

[1.2.4.2. Die falsche Höhle einstürzen lassen, Samsara und seine dazugehörenden Freuden und Leiden als Objekte der Furcht mit wahrer Existenz auszustatten]

»Ferner ist es unlogisch zu denken, dass andere, separate Seinszustände in Samsara existieren oder jemals existiert haben, und dass viele Wesen in einer Abfolge an diese Orte gehen und Freude oder Leid erfahren. Wenn die Manifestation des Körpers – die Handlungsgrundlage des Geistes im vergangenen Leben, der wie ein Überbleibsel weggeworfen wurde – die wahre Erfahrung wäre, von wo bekäme man dann im Bardo einen Körper? Wenn Wesen in ihren gegenwärtigen Umständen durch einfache Wunden oder Verbrennungen an ihren Armen oder Beinen sterben können oder einfach durch den kalten Wind an einem einzigen Wintertag, wie kann es dann sein, dass wenn einmal ein Körper entstanden ist, der die Fähigkeit hat, die Hitze und Kälte der Hölle zu erfahren, dass dieser nicht stirbt, selbst wenn er für lange Zeit gekocht oder verbrannt wird? Ebenso, wenn Wesen in ihren gegenwärtigen Umständen durch eine Hungersnot sterben können, die für ein paar Monate oder nur ein paar Tage anhält, wieso sterben Pretas nicht am Hunger, den sie für viele Zeitalter erfahren?

Aus diesem Grund sind alle Wesen der sechs Klassen, ebenso wie jene im Bardo, verwirrt, weil sie sich darauf versteifen, Sinneserscheinungen mit Wirklichkeit zu versehen, obwohl diese doch eigentlich wie das Entfalten von Traumbildern sind – sie haben niemals als irgendetwas anderes als bloße Erfahrungen existiert, leer und als Objekte nicht-existent.«

དེ་ལྟར་འཁྲུལ་སྣང་གཏན་ལ་ཕབ་ནས་བདེན་མེད་སྟོང་པ་ཡུལ་མེད་དུ་རྟོགས་ན་འཁོར་བ་དོང་ནས་སྤྲུགས་པ་ཡིན། སངས་རྒྱས་རང་གཞི་ལས་མེད་པར་ཐག་ཆོད་དེ་རང་ལ་རང་གདིང་ཐོབ་པར་བྱས་ན་སངས་རྒྱས་དུ་མ་རང་གྲོལ་ཞེས་བྱ་བའི་མིང་དོན་གྱིས་ཐོབ་པ་ཡིན་ནོ། །ཀྱཻ་ནམ་མཁའི་དབང་ཕྱུག་ཀུན་ཁྱབ་རྡོ་རྗེ་ཁྱོད་ཀྱིས་འཁོར་འདས་ཀྱི་ཆོས་ཐམས་ཅད་ཅང་མེད་སྟོང་པ་རྩ་གཏན་ལ་ཕབ་ནས་མེད་པའི་རང་བཞིན་རྟོགས་པར་གྱིས་ཤིག །ཅེས་གསུང་ཤིང་མི་སྣང་བར་གྱུར་ཏོ། །

[1.2.4.3. Mit aussagekräftigen Begriffen das Lobenswerte einer solchen Erkenntnis beschreiben]

»Wenn du so zu einem definitiven Verständnis hinsichtlich der aus Verwirrung entstehenden Sinneserfahrungen gelangst, indem du erkennst, dass es ihnen an wahrer Existenz mangelt, sie leer sind und nicht-existent als Objekte, dann wirst du das Loch Samsaras in seiner Tiefe geleert haben. Durch das Erreichen des Entschlusses, dass Buddhaschaft nichts anderes als dein eigener Seinsgrund ist, und durch das daraus resultierende Erlangen von Vertrauen in dich selbst, wirst du tatsächlich das erreichen, was als die ›natürliche Freiheit der unzähligen Buddhas‹ bezeichnet wird.

Ah, machtvoller Herr des Raumes, allgegenwärtiger Vajra, du musst zum definitiven Verständnis gelangen, dass keines der Phänomene von Samsara und Nirvana existiert, sondern dass sie alle leer sind, und ihre Natur als Nicht-Existenz (*med pa*) erkennen.«

Mit diesen Worten verschwand er.

Dorje Drolö

༄༅། །དེ་ལྟར་བདག་གིས་ཡུན་རིང་པོར་གཏན་ལ་ཕབ་ནས་མེད་པར་ཐག་ཆོད་པ་བྱུང་ཞིང་སྣོད་བཅུད་ཀྱི་སྣང་བ་ཐམས་ཅད་རང་ངོས་ནས་སྟོང་པར་ཞེས་ཀྱང་སྟོང་པ་གྲངས་མང་བ་ལུང་མ་བསྟན་དུ་ཡོད་པའི་སྐབས་ཤིག་ན། ཆེ་མཆོག་རྡོ་རྗེ་གྲོ་ལོད་འཁོར་འདས་སྟོང་ཉིད་ཀྱི་རོལ་པར་སྟོན་པའི་ཧཱུྃ་གླུ་གྱེར་བ་ཞིག་གི་ཞལ་མཇལ་བའི་ཚེ་བདག་གིས། ཀྱཻ་ལྷག་པའི་ལྷ་མཆོག་ཆེན་པོ་ལགས། ངས་འཁོར་འདས་སྟོང་ཉིད་དུ་གོ་ཡང་སྟོང་པ་ཕན་མེད་གནོད་མེད་དུ་འདུག་པ་འདི་ཅིས་ལན་པ་ཡིན། ཅེས་ཞུས་པས། ཀྱཻ་སྐྱེས་བུ་ནམ་མཁའི་དབང་པོ་ཁྱོད་ཀྱིས་འཁོར་འདས་ཐམས་ཅད་སྟོང་པ་ཉིད་དུ་འགགས་སྨྲོས་ཤིག །སྟོང་པ་ཉིད་ངོ་བོ་ཉིད་དུ་འགགས་བསྒྲུམ་པར་གྱིས་ཤིག །ངོ་བོ་ཉིད་གཞི་རྩ་འགགས་བསྒྲུམ་པར་གྱིས་ཤིག །འཁོར་འདས་གཞིའི་རོལ་པར་འགགས་སྨྲོས་ཤིག

[2. Die Bedeutung des Seinsgrundes als grundlegender Raum als die eine, selbstentstandene zeitlose Weisheit erkennen

2.1. Die eigentliche Art und Weise des Erkennens dieser Bedeutung]

NACH LANGER ZEIT GELANGTE ICH AUF DIESE WEISE zu einem definitiven Verständnis und kam zu einer entscheidenden Erfahrung hinsichtlich der Nicht-Existenz. Doch obwohl ich verstanden hatte, dass alle Sinneserscheinungen des Universums aus sich heraus leer sind, gab es bezüglich der Leerheit noch viele nicht behandelte Gesichtspunkte. An einem bestimmten Punkt traf ich in einer Vision den höchsten und erhabenen Dorje Drolö, der das Lied des HUNG sang, das Samsara und Nirvana als spielerischer Ausdruck der Leerheit enthüllt.

Bei dieser Gelegenheit sagte ich: »Ah, meine besondere Gottheit (*lha*), ausgezeichnet und erhaben. Obwohl ich intellektuell verstehe, dass Samsara und Nirvana Leerheit sind, bringt diese Leerheit weder Nutzen noch Schaden. Wo ist hier der Fehler?«

Die Gottheit erwiderte: »Ah, Edler, Herr des Raumes, erkenne die Auswirkung, dass alles in Samsara und Nirvana Leerheit (*stong pa nyid*) ist. Erkenne Leerheit als die Essenz selbst (*ngo bo nyid*). Erkenne genau diese Essenz als den Seinsgrund (*gzhi*). Erkenne Samsara und Nirvana als den spielerischen Ausdruck (*rol pa*) dieses Seinsgrundes. Erkenne, dass der gemeinsame Zusam-

འཁོར་འདས་ཀྱི་སྤྱི་ཆིངས་གཞི་ཉིད་དུ་འགགས་བསྡམ་པར་གྱིས་ཤིག ། རྒྱ་མཚོའི་གཟའ་སྐར་རྒྱ་མཚོ། སྟོད་བཙུད་ནམ་མཁའ། འཁོར་འདས་ཆོས་ཉིད་རྣམས་ཀྱི་རོལ་པ་དང་། ཆིངས་པ་དང་། ཆོས་ཉིད་ཁྱབ་ཅིང་བརྡལ་བ་དག་དཔེ་དང་དཔེ་ཅན་ཡིན་པའི་ངང་རྩལ་ཤེས་པར་གྱིས་ཤིག དེས་འཁོར་འདས་ཁྱབ་ཆུབ་ཀྱི་རྣལ་འབྱོར་པར་འགྱུར་རོ། །ཞེས་གསུངས་ཤིང་མི་སྣང་བར་གྱུར་ཏོ། །

menhang von Samsara und Nirvana genau dieser Seinsgrund (*gzhi nyid*) ist.

Die Spiegelung der Sterne und Planeten im Ozean sind der spielerische Ausdruck des Ozeans. Das Universum und seine Bewohner sind der spielerische Ausdruck des Raumes. Samsara und Nirvana sind der spielerische Ausdruck der wahren Natur der Phänomene. Sie sind deren spielerischer Ausdruck, deren Zusammenhalt, und die wahre Natur der Phänomene durchdringt sie und dehnen sich durch sie hindurch aus. Verstehe die Natur dieser Metaphern und was sie veranschaulichen! So wirst du ein Yogi werden, der Samsara und Nirvana als Ganzes umfasst.«

Mit diesen Worten verschwand er.

Vajradhara

༄༅། །དེ་ནས་ཡང་ལོ་ཁྲིམ་བདུན་གྱི་རྗེས་སུ་རྨི་ལམ་དག་པའི་སྣང་ངོར་ཆོས་སྐུའི་སྟོན་པ་རྡོ་རྗེ་འཆང་གི་ཞལ་མཇལ་བའི་ཚེ་བདག་གིས། ཀྱཻ་སྟོན་པ་བཅོམ་ལྡན་འདས་ཐར་པ་དང་རྣམ་མཁྱེན་གྱི་ལམ་དུ་ཇི་ལྟར་གྲོལ་བ་དང་། མ་དག་པ་འཁོར་བའི་ལམ་དུ་ཇི་ལྟར་འཁྲུལ་པ་ཡིན། སྟོན་པ་ཉིད་ཀྱིས་བསྟན་དུ་གསོལ། ཅེས་ཞུས་པས་བཀའ་སྩལ་པ། ཀྱཻ་སྐྱེས་བུ་ཆེན་པོ་ཁྱོད་ཉོན་ཅིག །སངས་རྒྱས་དང་སེམས་ཅན་གཉིས་ཀ་རིག་དང་མ་རིག་གཉིས་ཀྱི་ཁྱད་པར་ལས་བྱུང་བ་ཡིན་ཏེ།

[2.2. Wie die zwei Modi von Freiheit und Täuschung sich aus diesem Seinsgrund heraus manifestieren

2.2.1. Eine kurze Darstellung]

SIEBEN JAHRE SPÄTER TRAF ICH, während einer reinen Vision im Traum, den Dharmakaya-Lehrer Vajradhara. Bei dieser Gelegenheit fragte ich: »Ah Lehrer, überweltlicher und verwirklichter Sieger, wodurch werde ich auf dem Pfad der Befreiung und Allwissenheit befreit und wodurch werde ich auf dem unreinen Pfad Samsaras verwirrt? Lehrer, bitte enthüllt mir dies!«

Nachdem ich meine Bitte vorgetragen hatte, gab er folgende Antwort: »Ah, höre mir zu, großes spirituelles Wesen. Die beiden Zustände – der eines Buddhas und der eines gewöhnlichen Wesens – hängen von Vorhandensein von Gewahrsein oder Nicht-Gewahrsein ab.«

གཞི་གདོད་མའི་མགོན་པོ་ཀུན་ཏུ་བཟང་པོ་ཉིད་ནི་སྐུ་བཞི་ཡེ་ཤེས་ལྔའི་བདག་ཉིད་ཅན་ནོ། །ངོ་བོ་སྟོང་པ་ཆོས་སྐུ། རང་བཞིན་གསལ་བ་ལོངས་སྐུ། ཐུགས་རྗེ་རང་གྲོལ་བ་སྤྲུལ་སྐུ། འཁོར་འདས་ཀུན་ལ་ཁྱབ་ཅིང་བརྡལ་བ་ངོ་བོ་ཉིད་སྐུའོ། །ཆོས་ཐམས་ཅད་གོ་འབྱེད་པས་ཆོས་དབྱིངས། དྭངས་གསལ་རྙོག་མ་དང་བྲལ་བས་མེ་ལོང་། འཁོར་འདས་དག་མཉམ་གྱི་རོལ་པ་མཉམ་ཉིད། མཁྱེན་གཟིགས་ཡེ་ཤེས་ཀྱི་གོ་མ་འགགས་པས་སོར་རྟོག དག་གྲོལ་གྱིས་བྱ་བ་གྲུབ་པས་བྱ་གྲུབ་བོ། །

དེ་ལྟར་རང་བྱུང་གི་སངས་རྒྱས་སུ་གྲོལ་བའི་ལམ་རིག་པ་ཡང་སྐུ་བཞི་ཡེ་ཤེས་ལྔའི་བདག་ཉིད་ཅན་མངོན་དུ་བྱེད་པ་སྟེ།

[2.2.2. Eine ausführliche Erklärung

2.2.2.1. Wie die erleuchteten Qualitäten der Freiheit, der Seite von Nirvana, als innewohnende Attribute vorhanden sind

a. Was den Seinsgrund betrifft, wie die vier Kayas und die fünf Aspekte zeitloser Weisheit als innewohnende Attribute in ihm vollkommen sind]

»Der Seinsgrund selbst, der uranfängliche Führer Kuntuzangpo, ist der Inbegriff der vier Kayas und der fünf Aspekte zeitloser Weisheit (*ye shes lnga*). Seine Essenz, Leerheit, ist der Dharmakaya. Seine Natur, Klarheit, ist der Sambhogakaya. Sein selbstbefreites Mitgefühl ist der Nirmanakaya. Sein Durchdringen (*khyab pa*) und Ausdehnen (*brdal ba*) durch ganz Samsara und Nirvana hindurch ist der Svabhavikakaya.

Weil für alle Phänomene unbegrenzte Möglichkeiten vorhanden sind, ist es der grundlegende Raum der Phänomene (*chos dbyings*). Weil es makellose Klarheit, frei von befleckenden Faktoren ist, ist es ein Spiegel (*me long*). Weil Samsara und Nirvana der spielerische Ausdruck von Gleichheit und Reinheit sind, ist es Gleichheit (*mnyam nyid*). Weil der Zustand allwissender zeitloser Weisheit nicht aufhört, ist es Unterscheidungsvermögen (*sor rtog*). Weil alles, was getan werden muss, durch Freiheit und Reinheit schon sichergestellt ist, ist es spontane Erfüllung (*bya grub*).«

[b. Was den Pfad betrifft, wie die vier Kayas und die fünf Aspekte zeitloser Weisheit natürlicherweise auf ihm erscheinen]

»Auf diese Weise macht der in die selbst entstehende (*rang byung*) Buddhaschaft befreiende Pfad Gewahrsein offensichtlich – den Inbegriff der vier Kayas und fünf Aspekte zeitloser Weisheit. Die

རིག་པའི་ངོ་བོ་ཁྱབ་གདལ་ནམ་མཁའི་ཁོར་ཡུག་ཡུལ་མེད་ཟང་ཐལ་ཆེན་པོ་གཞི་མེད་རྩ་བྲལ་གྱི་རོལ་པ་དེ་ཉིད་སྤྲོས་པ་དང་བྲལ་བས་ཆོས་སྐུ། རང་བཞིན་རང་གསལ་གྱི་ཆ་ནས་ལོངས་སྐུ། ཡེ་ཤེས་ཀྱི་གསལ་སྣ་མ་འགགས་པའི་ཆ་ནས་སྤྲུལ་སྐུ། འཁོར་འདས་ཀྱི་སྤྱི་གཞིར་གྱུར་པའི་ཆ་ནས་ངོ་བོ་ཉིད་སྐུའོ། །གཞི་གཏན་ལ་ཕབ་ནས་འཁོར་འདས་ཆོས་ཉིད་ཀྱི་དབྱིངས་སུ་རོ་གཅིག་པའི་ངང་རྩལ་རྫོགས་པ་ཆོས་དབྱིངས་ཡེ་ཤེས། སྟོང་པ་བེམ་སྟོང་དུ་མ་སོང་བར་དྭངས་གསལ་སྙིག་མ་དང་བྲལ་ཞིང་ཅིར་ཡང་འཆར་དུ་རུང་བ་མེ་ལོང་གཡའ་བྲལ་ལྟ་བུ་ལ་མེ་ལོང་ཡེ་ཤེས། འཁོར་འདས་སྟོང་ཉིད་ཆེན་པོར་དག་མཉམ་དུ་ཡོད་པའི་ངང་རྩལ་ཤེས་པ་མཉམ་ཉིད་ཡེ་ཤེས། རིག་རྩལ་སོ་སོར་རྟོག་པའི་ཡེ་ཤེས་ཀྱི་གསལ་སྣ་མ་འགགས་པ་སོར་རྟོག་ཡེ་ཤེས། རིག་པ་ལ་རང་དབང་བསྒྱུར་བས་དག་གྲོལ་གཉིས་ལྡན་གྱི་བྱ་བ་རང་གྲུབ་པས་བྱ་གྲུབ་ཡེ་ཤེས་སོ། །

Essenz des Gewahrseins ist durchdringend und ausgedehnt, den Raum umschließend, als Objekt nicht-existent und in höchstem Maße ungehindert (*zang thal*). Angesichts der Tatsache, dass sein spielerischer Ausdruck ohne Grundlage oder Wurzel und Soheit frei von begrifflichen Ausschmückungen ist, ist es der Dharmakaya. Von der Perspektive aus, dass seine Natur von selbst klar ist, ist es der Sambhogakaya. Von der Perspektive aus, dass der Zustand der Klarheit zeitloser Weisheit nicht aufhört, ist es der Nirmanakaya. Und von der Perspektive aus, dass es der gemeinsame Grund von Samsara und Nirvana ist, ist es der Svabhavikakaya.

Wenn ein definitives Verständnis hinsichtlich des Seinsgrundes erlangt ist, ist dies die Verwirklichung des Bezugsrahmens, in dem Samsara und Nirvana im grundlegenden Raum der wahren Natur der Phänomene von einem Geschmack sind – dies ist zeitlose Weisheit als der grundlegende Raum der Phänomene (*chos dbyings ye shes*). Leerheit ist kein untätiges Nichts, sondern makellos klar und frei von befleckenden Faktoren wie ein polierter Spiegel, in dem sich alles zeigen kann – dies ist die spiegelgleiche zeitlose Weisheit (*me long ye shes*). Das Erkennen der Art und Weise, wie Samsara und Nirvana in der höchsten Leerheit gleichwertig und rein sind, ist die zeitlose Weisheit der Gleichheit (*mnyam nyid ye shes*). Die dynamische Energie des Gewahrseins als der unaufhörliche Zustand des klaren Ausdrucks zeitloser Weisheit, die jedes einzelne Ding versteht, ist die unterscheidende zeitlose Weisheit (*sor rtog ye shes*). Weil die Vollendung aller Aktivitäten in einem Zustand von Reinheit und Freiheit durch die Meisterschaft des Gewahrseins natürlich sichergestellt ist, ist dies die zeitlose Weisheit der spontanen Vollendung (*bya grub ye shes*).«

འདིའི་ཡིན་ལུགས་ཇི་ལྟ་བ་བཞིན་དུ་མི་ཤེས་ཤིང་སེམས་རིག་གི་དབྱེ་བ་མ་ཕྱེད་པའི་ཤེས་པ་བཟོ་མེད་ལམ་དུ་བྱེད་པ་མང་ཡང་། དེ་རྣམས་ནི་ཕྱི་སྣང་བ་ལ་ལུང་མ་བསྟན་དངོས་པོ་མཚན་མ་ཅན་དུ་བཟུང་། ནང་རང་ལུས་ལ་ལུང་མ་བསྟན་རྟག་པ་དངོས་འཛིན་གྱི་འཆིང་བས་དམ་དུ་འཁྲུད། དེ་གཉིས་ཀྱི་བར་ལྟ་བུར་ཤེས་པ་གསལ་རིག་གོ་མ་འགགས་པ་ཙམ་ལ་བརྟན་པ་ཐོབ་ཀྱང་ཁམས་གོང་མ་གཉིས་སུ་འཕེན་བྱེད་ཀྱི་དགེ་བར་འགྱུར་སྲིད་པ་ཙམ་ལས་ཐར་པ་དང་རྣམ་མཁྱེན་གྱི་གོ་འཕང་མི་འཐོབ་པས་སྐྱོན་དང་བཅས་པ་ཡིན།

འཁོར་འདས་ཀྱིས་བསྡུས་པའི་ཆོས་ཐམས་ཅད་ཆོས་ཉིད་དེ་བཞིན་ཉིད་ཀྱི་ངང་དུ་རོ་གཅིག་པའི་ངང་ཚུལ་ཇི་ལྟ་བ་བཞིན་དུ་ཤེས་པ་ལ་ཇི་ལྟ་བ་ཤེས་པའི་ཤེས་རབ། རིག་པའི་ངོ་བོ་དེའི་ངང་དུ་གནས་ཀྱང་ཀུན་ཤེས་ཀུན་རིག་གི་ཤེས་པ་གོ་མ་འགགས་པར་རང་བྱུང་བ་ནི་ཇི་སྙེད་པ་ཤེས་པའི་ཤེས་རབ་སྟེ།

[c. Den Punkt erklären, an dem man in die Irre geht, wenn man den Pfad mit einem passiven Bewusstseinszustand beschreitet, der solch eine Seinsweise nicht verwirklicht]

»Viele verstehen diese Seinsweise nicht so, wie sie ist, und verfolgen stattdessen einen passiven Bewusstseinszustand, der nicht zwischen gewöhnlichem Geist (*sems*) und Gewahrsein (*rig pa*) unterscheidet. Äußerlich nehmen sie Sinneserscheinungen wahr, als ob sie substanzielle Merkmale (*dngos po*) und karmische Neutralität (*lung ma bstan*) hätten. Innerlich sind sie vom Konzept gefesselt, dass ihr Körper Substanz hätte und karmisch neutral und dauerhaft wäre. Zwischen diesen beiden Polen mögen sie eine gewissermaßen stabile Erfahrung erlangen, was aber bloß ein Zustand unaufhörlichen, klaren und gewahren Bewusstseins ist. Es besteht eine geringe Chance, dass dies zu Heilsamem wird, welches sie in die beiden höheren Bereiche treibt. Allerdings werden sie keinen Zustand von Befreiung und Allwissenheit erlangen. Daher ist das ein fehlerhafter Ansatz.«

[d. Höchstes Erkennen als Gegensatz zum gewöhnlichen Geist und den geistigen Ereignissen identifizieren, um den Vorgang der Unterscheidung zwischen Verwirklichung und ihrem Nichtvorhandensein zu verstehen]

»Der Begriff ›höchstes Erkennen, das die Natur der Dinge erkennt, so wie sie ist‹, bezieht sich auf das Erkennen der grundlegenden Natur, einfach so wie sie ist – erkennend, dass alle in Samsara und Nirvana zusammengefassten Phänomene im Kontext der Soheit (*de bzhin nyid kyi ngang*), der wahren Natur der Phänomene, von einem Geschmack sind. Der Begriff ›höchstes Erkennen, das die Dinge in ihrer Vielfalt erkennt‹ bezieht sich auf die Tatsache, dass obwohl man im Kontext der Essenz des Gewahrseins verweilt,

དེ་ལྟར་གོ་མ་འགགས་ཀྱང་ཡུལ་ལ་མི་འཇུག་པ་ནི་དཔེར་ན་དངུལ་ཆུའི་ཐིག་པ་ས་ལ་ལྷུང་བ་ལྟ་བུའོ། །སེམས་ནི་འཁོར་འདས་རང་རྒྱུད་པར་བལྟ་ཞིང་སྣང་བ་ལ་དངོས་པོར་འཛིན་པ་གཞིའི་གནས་ལུགས་མ་རིག་པའོ། །དེ་ལས་སེམས་བྱུང་གི་རྟོག་པ་སྐྱེ་འགག་ཅན་ཡུལ་དང་འདྲེས་པར་བྱུང་བ་ནི་ས་སྐམ་དུ་ཆུ་ཐིག་བབས་པ་ལྟ་བུའོ། །

གཞི་ལ་རང་དབང་བསྒྱུར་བ་དག་པ་གཞིའི་སངས་རྒྱས་ཀྱི་རང་ཞལ་མ་རིག་པས་བསྒྲིབ་པ་ལས་གཞིའི་ངང་མདངས་གྱི་སྐུ་དང་ཡེ་ཤེས་ཐམས་ཅད་ནང་མདངས་སུ་ནུབ་སྟེ་ཕྱི་གདངས་ཕྱི་རུ་འཕོས་ཏེ་འོད་ལྔའི་རྣམ་པས་འབྱུང་ལྔའི་རོལ་པར་མཆེད་པའི་ཚུལ་ནི། ཆོས་དབྱིངས་ཡེ་ཤེས་མ་རིག་པས་བསྒྲིབ་པས་ཕྱི་གདངས་འོད་མཐིང་དུ་སྣང་བ་ནང་འབྱུང་དང་ནམ་མཁའི་དྭངས་མ་འབྱུང་ཆེན་ཞེས་བྱ་བ་ཡིན། འོད་ལ་བདེན་འཛིན་དངོས་ཞེན་སྐྱེས་པས

der unaufhörliche Zustand des Gewahrseins, das alles erkennt und allem gewahr ist, aus sich selbst heraus entsteht. Obwohl dieser Zugang unaufhörlich ist, verheddert er sich nicht in Sinnesobjekten. Dies ist wie ein Tropfen Quecksilber, der auf den Boden fällt.

Gewöhnlicher Geist sieht Samsara und Nirvana als aus sich selbst existent (*rang gyud*) an und nimmt Sinneserscheinungen als substanzhaft wahr. Das ist Nicht-Gewahrsein der Art und Weise, in der der Seinsgrund verweilt. Daraus entstehen und vergehen geistige Ereignisse, die sich in Sinnesobjekte verheddern. Dies ist wie ein Wassertropfen, der auf trockene Erde fällt.«

[2.2.2.2. Wie sich der spielerische Ausdruck getäuschter Wahrnehmungen in Samsara als flüchtig hinzukommend (glo bur) entfaltet

a. Wie sich außen die Erscheinungen der fünf Elemente entfalteten]

»Wenn das wahre Gesicht des Grundaspektes von Buddhaschaft – ein Zustand von Reinheit und Meisterschaft des Seinsgrundes – von Nicht-Gewahrsein (*ma rig pa*) verschleiert ist, dann verebben alle Kayas und zeitlose Weisheit, der Glanz (*mdangs*) des Seinsgrundes, in den inneren Glanz. Dessen nach außen gerichtetes Strahlen (*gdangs*) wird nach außen übertragen und entfaltet sich durch den Aspekt der fünf Lichter als der spielerische Ausdruck der fünf Elemente. Dies geht folgendermaßen vor sich:

Wenn die zeitlose Weisheit als der grundlegende Raum der Phänomene durch das Nicht-Erkennen des Gewahrseins verschleiert ist, erscheint das nach außen gerichtete Strahlen als dunkelblaues Licht. Das wird als ›inneres Element‹, ›Hauptelement‹ oder ›subtile Essenz des Raumes‹ bezeichnet. Wenn dieser Glanz als Substanz aufgefasst und für wahrhaft existent gehalten wird,

ནམ་མཁར་སྣང་སྟེ་དེ་ལ་ཕྱི་འབྱུང་དང་འབྱུང་ཕྲན་སྙིགས་མའི་སྣང་བ་ཞེས་བྱའོ། །མེ་ལོང་ཡེ་ཤེས་མ་རིག་པས་བསྒྲིབ་སྟེ་ནང་མདངས་སུ་ནུབ་པས་ཕྱི་གདངས་འོད་དཀར་པོའི་ཁ་དོག་ཏུ་སྣང་བ་ཆུའི་དྭངས་མ་དང་འབྱུང་ཆེན་ནང་འབྱུང་། དེ་ལ་དངོས་འཛིན་བདེན་ཞེན་སྐྱེས་པས་ཆུ་རུ་སྣང་བ་སྙིགས་མ་དང་འབྱུང་ཕྲན་ཕྱི་འབྱུང་། མཉམ་ཉིད་ཡེ་ཤེས་མ་རིག་པས་བསྒྲིབ་སྟེ་ནང་མདངས་སུ་ནུབ་པས་ཕྱི་གདངས་འོད་སེར་པོའི་ཁ་དོག་ཏུ་སྣང་བ་སའི་དྭངས་མ་དང་ནང་འབྱུང་འབྱུང་ཆེན། དེ་ལ་དངོས་འཛིན་བདེན་ཞེན་སྐྱེས་པས་ས་རུ་སྣང་བ་སྙིགས་མ་འབྱུང་ཕྲན་ཕྱི་འབྱུང་། སོར་རྟོག་ཡེ་ཤེས་མ་རིག་པས་བསྒྲིབ་སྟེ་ནང་མདངས་སུ་ནུབ་པས་ཕྱི་གདངས་འོད་དམར་པོའི་ཁ་དོག་དུ་སྣང་བ་མེའི་དྭངས་མ་དང་ནང་འབྱུང་འབྱུང་ཆེན། དེ་ལ་དངོས་འཛིན་བདེན་ཞེན་སྐྱེས་པས་མེ་རུ་སྣང་བ་སྙིགས་མ་འབྱུང་ཕྲན་ཕྱི་འབྱུང་། བྱ་གྲུབ་ཡེ་ཤེས་མ་རིག་པས་བསྒྲིབ་སྟེ་ནང་མདངས་སུ་ནུབ་པས་ཕྱི་གདངས་འོད་ལྗང་གུའི་ཁ་དོག་ཏུ་སྣང་བ་རླུང་གི་དྭངས་མ་དང་ནང་འབྱུང་འབྱུང་ཆེན། དེ་ལ་དངོས་འཛིན་བདེན་ཞེན་སྐྱེས་པས་རླུང་དུ་སྣང་བ་སྙིགས་མ་འབྱུང་ཕྲན་ཕྱི་འབྱུང་ཞེས་བྱའོ། །

manifestiert er sich als Raum. Das wird als ›äußeres Element‹, ›nebensächliches Element‹ oder als ›Bodensatz‹ bezeichnet.

Wenn die spiegelgleiche zeitlose Weisheit durch das Nicht-Gewahrsein verschleiert ist, verebbt sie in den inneren Glanz, dessen nach außen gerichtetes Strahlen als weißes Licht erscheint. Das ist die subtile Essenz des Wassers, das innere oder Hauptelement. Wenn dieser Glanz als Substanz aufgefasst und für wahrhaft existent gehalten wird, manifestiert er sich als Wasser. Das ist der Bodensatz, das nebensächliche oder äußere Element.

Wenn die zeitlose Weisheit der Gleichheit durch das Nicht-Gewahrsein verschleiert ist, verebbt sie in den innerer Glanz, dessen nach außen gerichtetes Strahlen als gelbes Licht erscheint. Das ist die subtile Essenz der Erde, das innere oder Hauptelement. Wenn dieser Glanz als Substanz aufgefasst und für wahrhaft existent gehalten wird, manifestiert er sich als Erde. Das ist der Bodensatz, das nebensächliche oder äußere Element.

Wenn die unterscheidende zeitlose Weisheit durch das Nicht-Gewahrsein verschleiert ist, verebbt sie in den innerer Glanz, dessen nach außen gerichtetes Strahlen als rotes Licht erscheint. Das ist die subtile Essenz des Feuers, das innere oder Hauptelement. Wenn dieser Glanz als Substanz aufgefasst und für wahrhaft existent gehalten wird, manifestiert er sich als Feuer. Das ist der Bodensatz, das nebensächliche oder äußere Element.

Wenn die zeitlose Weisheit der spontanen Vollendung durch das Nicht-Gewahrsein verschleiert ist, verebbt sie in den inneren Glanz, dessen nach außen gerichtetes Strahlen als grünes Licht erscheint. Das ist die subtile Essenz der Luft, das innere oder Hauptelement. Wenn dieser Glanz als Substanz aufgefasst und für wahrhaft existent gehalten wird, manifestiert er sich als Luft. Das ist der Bodensatz, das nebensächliche oder äußere Element.

འོད་གདངས་དེ་དག་ནང་ན་གནས་པའི་རྐྱེན་ལས་ཁ་དོག་སྣ་ཚོགས་དང་འབྱུང་བ་ལྔའི་སྣང་བ་རྒྱུན་མི་ཆད་པར་སྣང་བ་ཡིན་ནོ། །

འཁྲུལ་པའི་གཞི་ལྔ་དེ་དག་གི་རྩལ་དུ་ཤར་བ་ནི་འདི་ལྟ་སྟེ། གཞི་མ་རིག་པས་བསྒྲིབ་པ་ལས་ཀུན་གཞི་མཚན་ཉིད་པ་བེམ་སྟོང་ནམ་མཁའ་ལྟ་བུ་ཅི་ཡང་མི་སེམས་ཤིང་མི་སྣང་བ་སྟེ། དཔེར་ན་གཉིད་འཐུག་པོ་དང་བརྒྱལ་བའི་གནས་སྐབས་ལྟ་བུའོ། །དེའི་ངང་དུ་འབྱུམས་གླས་པ་ནི་གཏི་མུག་གི་ངོ་བོ་སྟེ་མ་རིག་པའི་ཡོ་ལངས་ཆེན་པོའོ། །དེ་ལས་བསྐལ་པ་ལས་ཀྱི་རླུང་འགྱུལ་བ་ནི་ཕྲག་དོག་གི་ངོ་བོ་ཡིན། དེའི་བྱེད་ལས་ཀྱིས་སྟོང་པ་ལས་གསལ་ཆ་ཐོན་པ་ཀུན་གཞིའི་རྣམ་ཤེས་ཏེ་ཞེ་སྡང་གི་ངོ་བོར་གནས་པ་ཡིན། དེ་ལས་བདག་སྣང་ཙམ་ལ་ངར་འཛིན་སྐྱེས་པ་ཉོན་ཡིད་དེ་ང་རྒྱལ་གྱི་ངོ་བོར་གནས། །དེ་ལས་ཡིད་ལངས་ཏེ་གཞི་བེམ་སྟོང་ལ་སྣང་བ་མཆེད་ཙུང་གི་ནུས་པ་བཞག་ཅིང་གསལ་ཆ་བརྟོན་པ་འདོད་ཆགས་ཀྱི་ངོ་བོར་གནས་པ་ཡིན། དེ་དག་ཐམས་ཅད་ནང་མདངས་ལས་ངོ་བོ་ལྔ་ཕྱི་རྩལ་དུ་ཤར་བ་ཡིན། དུག་ལྔའི་ངོ་བོ་མི་ལྟ་བུ་ལས

Dadurch, dass die Lichter und die Strahlungen (*'od gdangs*) innen verweilen, manifestieren sich ununterbrochen die Erscheinung der verschiedener Farben und fünf Elemente.«

[b. Wie sich innen die acht Bewusstseinsarten und die daraus folgenden manifestierten Objekte entfalten]

»Das Folgende ist eine Erörterung des sich Erhebens der dynamischen Energie dieser fünffachen Grundlage der Verwirrung. Die Verschleierung des Seinsgrundes durch Nicht-Gewahrsein ist unbestritten die Grundlage aller gewöhnlichen Erfahrungen (*kun gzhi*), ein untätiges Nichts, wie leerer Raum, in dem es überhaupt keine Gedanken gibt und sich keine Sinneserscheinungen manifestieren. Das ist wie z.B. Tiefschlaf oder Bewusstlosigkeit. Gänzlich in diesen Zustand versunken zu sein, ist die Essenz von Dumpfheit (*gti mug*) – das große, sich ständig wandelnde Feld des Nicht-Gewahrseins. Aus diesem Zustand heraus wird der uns eigene Anteil der subtilen karmischen Energie (*bskal pa las kyi rlung*) geweckt; das ist die Essenz von Neid. Ihr In-Aktion-Treten bewirkt, dass ein Aspekt der Klarheit – das ›sich aus der Grundlage aller gewöhnlichen Erfahrung erhebende Bewusstsein‹ (*kun gzhi rnam shes*) – aus der Leerheit hervorkommt; dies ist das Verweilen in der Essenz von Abneigung-Hass. Daraus entsteht Ich-Anhaftung zum bloßen Erscheinen eines Selbst, das emotional behaftete Bewusstsein (*nyon yid*); dies ist das Verweilen in der Essenz des Stolzes. Daraus entsteht der begriffliche Geist (*yid*), der das Potenzial für die Sinneserscheinungen darstellt, im Seinsgrund dieses untätigen Nichts zu wuchern, was einen Aspekt von Klarheit abscheidet; das ist das Verweilen in der Essenz von Begierde-Anhaftung. Alle diese fünf Essenzen erscheinen als äußere dynamische Energie aus dem inneren Glanz. Diese Essenzen der fünf emotionalen Gifte sind wie

ཉོན་མོངས་པའི་རྟོག་ཚོགས་མི་སྣག་མཆེད་པ་ལྟ་བུའོ། །དེ་ལྟར་ཀུན་གཞི་དང་ཡིད་མཉམ་པར་བརྡལ་བའི་སྟོང་གསལ་གྱི་ཆ་ལ་སྣང་བ་མཆེད་པའི་ཡུལ་གོ་མ་འགག་པར་ཡོད་པ་ལས། ལས་རླུང་གཡོ་བའི་རྐྱེན་དང་རྒྱུ་གཞི་འཆར་རུང་གི་ནུས་པ་ཅན་གཉིས་ཀ་རྒྱུ་རྐྱེན་དུས་འཛོམ་པ་ལས་གཞི་ལ་བརྟེན་ཅིང་གཞི་རང་ལས་མི་གཞན་པར་འབྲེལ་བའི་ཚུལ་གྱིས་གཟུགས་སུ་སྣང་བ་སྣ་ཚོགས་མཆེད་པ་སྟེ། གཟུགས་སྣང་མཆེད་པའི་ཡུལ་གང་ཡིན་པ་དེ་ལ་མིག་གི་རྣམ་པར་ཤེས་པ་ཞེས་ཐ་སྙད་ཙམ་དུ་བརྗོད་པའོ། །དེས་ན་སྣང་ཡུལ་རྒྱ་མཚོ་ལྟ་བུ་ཡུལ་དང་། གཟུགས་སྣང་གཟའ་སྐར་ལྟ་བུ་ལ་གཟུང་བ་ཞེས་བྱའོ། །དེ་ལས་འཛིན་པ་ཡིད་ཀྱི་རྣམ་ཤེས་ཕྲ་མོས་གཟུགས་དེ་ལ་མིང་བཏགས་དོན་བཟུང་དངོས་པོར་བལྟས་ཏེ་བདེ་སྡུག་བར་མ་གསུམ་ཉེ་བར་ལེན་པའི་རྣམ་པར་རྟོག་པ་ཤར་བ་ནི་མིག་གི་འཛིན་པ་སེམས་ཞེས་བྱའོ། །དེ་བཞིན་དུ་སྒྲ་མཆེད་པའི་ཡུལ་གོ་མ་འགག་པ་ལ་ཡུལ་དང་།

ein Feuer, aus dem die emotional behafteten Gedankenmuster wie Feuerfunken herausfliegen.

In dieser Weise stellt der sich gleichmäßig ausbreitende Aspekt von Leerheit und Klarheit – die Grundlage aller gewöhnlichen Erfahrungen (*kun gzhi*) und der begriffliche Geiste (*yid*) – ein Feld für die Verdinglichung bereit, das ein unaufhörlicher Zustand des Wucherns von Sinneserscheinungen ist. Mit der Gleichzeitigkeit dieser beiden Faktoren von Ursache und Bedingung – wobei die Ursache der mit dem Potential für das Entstehen der Dinge ausgestattete Seinsgrund und die Bedingung die Bewegung der subtilen karmischen Energie ist – wuchern unzählige Manifestationen sichtbarer Formen in der Art und Weise, dass sie von diesem Seinsgrund abhängen und mit ihm verbunden sind, ohne etwas anderes als der Grund selbst zu sein. Der Bezugsrahmen, in dem Sinneserscheinungen als visuelle Formen wuchern, wird herkömmlich als ›Sehbewusstsein‹ beschrieben.

Dahingehend bezieht sich der Begriff ›Feld der Verdinglichung‹ (*yul*) auf das Feld, in dem sich sinnliche Erscheinungen manifestieren; dies kann mit einem Ozean verglichen werden. Die ›Wahrnehmung von Objekten‹ (*gzung ba*) bezieht sich auf die Manifestation der Sinneserscheinungen als sichtbare Formen; dies kann mit dem Widerspiegeln von Sternen und Planeten verglichen werden. Da ferner die auf dem begrifflichen Geist basierende subtile verdinglichende Funktion des Bewusstseins (*yid kyi rnam shes*) diese Formen benennt, sie mit Bedeutung ausstattet und sie als substanzhaft ansieht, entsteht Begrifflichkeit, die drei Erfahrungsweisen – angenehm, leidvoll und neutral – fortsetzt. Dies wird als der ›durch Sehen verdinglichende gewöhnliche Geist‹ (*mig gi 'dzin pa sems*) bezeichnet.

In gleicher Weise ist das Feld, das der unaufhörliche Zustand des Wucherns des Klangs ist, das ›Feld der Verdinglichung‹. Das

སྒྲ་རུ་སྣང་བ་མཆེད་པ་ལ་གཟུང་བ་དང་། ཉེར་ལེན་ཡིད་ཤེས་ལ་འཛིན་པ་སེམས་ཞེས་བྱ་སྟེ། གོང་ལྟར་རྒྱ་རྐྱེན་ཚོགས་པའི་རྟེན་འབྲེལ་ལོ། །དེ་བཞིན་དུ་དྲི་རུ་སྣང་བ་མཆེད་པ་ལ་སྣའི་རྣམ་པར་ཤེས་པ་དང་། རོ་རུ་སྣང་བ་མཆེད་པ་ལ་ལྕེའི་རྣམ་པར་ཤེས་པ་དང་། རེག་བྱའི་སྣང་བ་མཆེད་པ་ལ་ལུས་ཀྱི་རྣམ་པར་ཤེས་པ་རྣམས་མིང་ཐ་སྙད་ཙམ་དུ་བརྗོད་པ་ལས་བུག་སྒོ་ཐ་དད་པར་སྣང་བ་མ་ཡིན་པར་རྨི་ལམ་དང་བར་སྲིད་ཀྱི་སྣང་བས་སྟོན་ཏོ། །

འགའ་ཞིག་གིས་སྣང་བ་སེམས་སུ་འདོད་ཅིང་ཕྱི་རོལ་གྱི་སྣང་བ་ཐམས་ཅད་རྣམ་རྟོག་དང་རང་སེམས་དངོས་ཡིན་ནམ་སྙམ་དུ་སེམས་ཀྱང་དེ་ལྟར་མ་ཡིན་ཏེ། སྣང་བ་རྣམས་སྣང་ཙམ་ཉིད་ནས་གནས་འགྱུར་ཏེ་སྐད་ཅིག་སྔ་ཕྱིའི་རིམ་པས་འགག་ནས་འགྲོ་བ་ལ། སེམས་ནི་དེ་དང་དེའི་ངོ་བོར་འཕོས་ཏེ་རང་ཉིད་སེམས་མེད་དུ་མ་སོང་བ་དེས་སྟོན་ཏོ། །དེ་ལྟར་ཚོགས་བརྒྱད་ཀྱི་སྣང་བ་ལུགས་སུ་འབྱུང་བས་འཁོར་བ་ཡོངས་སུ་མཆེད།

Wuchern der Sinneserscheinungen, die sich als Klang manifestieren, ist die ›Wahrnehmung von Objekten‹. Das Bewusstsein, das auf dem begrifflichen Geist basiert, der diese Vorstellungen fortsetzt, ist der ›verdinglichende gewöhnliche Geist‹. Wie zuvor besteht eine wechselseitige Beziehung, bei der Ursache und Bedingung gemeinsam auftreten.

Das kann in gleicher Weise auf das ›Riechbewusstsein‹ angewendet werden, innerhalb dessen sich die Ausbreitung der Sinneserscheinungen als Gerüche manifestieren; auf das ›Geschmacksbewusstsein‹, bei dem sich die Ausbreitung der Sinneserscheinungen als Geschmack manifestieren; und auf das ›Tastbewusstsein‹, bei dem sich die Ausbreitung der Sinneserscheinungen als Tasterlebnisse manifestieren. Obwohl wir dies in herkömmlichen Begriffen beschreiben, manifestiert Bewusstsein sich nicht wirklich durch verschiedene Öffnungen, was durch das Auftreten von Sinneserscheinungen im Traum und Bardo bewiesen wird.«

[c. Eine Zusammenfassung der Schlüsselpunkte dieser Themenbereiche]

»Einige Leute meinen, Sinneserscheinungen seien Geist, und denken, dass alle äußeren Sinneserscheinungen eigentlich Gedankenketten und daher ihr eigener Geist seien, aber das ist nicht der Fall. Dies wird durch die Tatsache bewiesen, dass sich Sinneserscheinungen vom Moment ihres Erscheinens an wandeln, indem frühere Momente einer nach dem anderen vergehen und für spätere Momente Platz machen. Hingegen ist es nicht so, dass der gewöhnliche Geist (*sems*) die Essenz jedes flüchtigen Phänomens annähme und so selbst als Geist nicht-existent würde.

In dieser Weise kommen die Erscheinungen der acht Zugänge des Bewusstseins (*tshogs brgyad*) nacheinander in natürlicher Reihenfolge hervor, und Samsara wuchert weiter. Wenn sie sich dann

ཡང་ཀུན་གཞིའི་རྣམ་ཤེས་ཀྱི་བར་ལུགས་སུ་ལྡོག་པས་སྲིད་པའི་རྩེ་རྟུ་དུབ་པ་ཡིན་ནོ།

དེ་ལྟར་སྣང་སྲིད་འཁོར་འདས་ཐམས་ཅད་གཞི་རང་ལས་མི་གཞན་པར་གཞི་ཉིད་དུ་རོ་གཅིག་པ་དཔེར་ན་རྒྱ་མཚོར་གཟའ་དང་རྒྱུ་སྐར་གྱི་གཟུགས་བརྙན་སྣ་ཚོགས་སྣང་ཡང་དོན་ལ་ཆུ་ཉིད་དུ་རོ་གཅིག་པ་ལྟ་བུར་ཤེས་པར་གྱིས་ཤིག ། སྣང་བ་ཐམས་ཅད་རང་སྣང་དུ་སྟོན་པ་རྡོ་རྗེ་འཆང་གི་མན་ངག་གོ ། ཞེས་གསུངས་ཤིང་མི་སྣང་བར་ཡལ་ལོ། །

ins Bewusstsein, das sich aus der Grundlage aller gewöhnlichen Erfahrung erhebt (*kun gzhi'i rnam shes*), zurückziehen, erschöpfen sie sich am Gipfel der bedingten Existenz.«

[2.3. Eine Zusammenfassung der Schlüsselpunkte dieser Untergruppe]

»Zusammenfassend ist die Welt aller Erscheinungen und Möglichkeiten, ob Samsara oder Nirvana, nichts anderes als der Seinsgrund selbst und von einem Geschmack mit genau diesem Seinsgrund. Um eine Metapher zu gebrauchen: Obwohl unzählige Widerspiegelungen der Planeten und Sterne im Ozean erscheinen, sind sie in Wirklichkeit von einem Geschmack mit dem Wasser selbst. Begreife, dass die Dinge so sind! Alle Sinneserscheinungen als die Manifestationen des eigenen Gewahrseins (*rang snang*) zu offenbaren, ist der Herzensrat Vajradharas.«

Dies sagend, verschwand er.

Humchenkara

༄༅། །ཡང་དུས་རེ་ཞིག་གི་ཚེ་རིག་འཛིན་ཆེན་པོ་ཧཱུྃ་ཆེན་ཀཱ་རའི་ཞལ་མཇལ་བའི་ཚེ། བདག་གིས་སྣང་བའི་བཀོད་པ་འདི་ཇི་ལྟ་བུ་ལགས་ཞེས་ཞུས་པས། བཀའ་སྩལ་པ། ཀྱཻ་སྐྱེས་བུ་ཆེན་པོ་སྒོ་ལྔའི་རྣམ་ཤེས་ནམ་མཁའ་ལྟ་བུ་ཅིར་ཡང་མཆེད་དུ་རུང་བ་དང་། རྣམ་པར་རྟོག་པ་སྒྱུ་མའི་རྫས་སྔགས་ལྟ་བུ་གཉིས་དུས་འཛོམ་པ་ལས་སྣང་བའི་བཀོད་པ་སྒྱུ་འཕྲུལ་ལྟ་བུར་འབྱུང་བ་ཡིན་ལ། ཉེར་ལེན་གྱི་ཤེས་པ་ནི་ལྟད་མོ་མཁན་ལྟ་བུའོ། །དེས་ན་མཆོད་རྫས་དང་སྦྱིན་པའི་རྫས་ཐམས་ཅད་སྒྱུ་མའི་རྫས་ལྟ་བུ་དང་། སྦྱང་སྔགས་ཀྱིས་སྟོང་ཉིད་དུ་སྦྱངས་ནས་སྤེལ་སྔགས་ཀྱིས་མཆོད་སྦྱིན་གྱི་ཡུལ་གང་ཡིན་པ་དེའི་དབང་པོ་དྲུག་གི་ཡུལ་དུ་འདོད་ཡོན་གྱི་སྣང་བ་དཔག་ཏུ་མེད་པ་མཆེད་པར་བྱས་ཏེ་མཉེས་པར་བྱེད་པ་སྒྱུ་མ་ལྟ་བུའི་རྣལ་འབྱོར་གྱི་སྒོ་དང་།

[3. Samsara und Nirvana in einem Prinzip der Offenheit umfassen, das ununterbrochen und frei von Einschränkungen oder Extremen ist

3.1. Aus der Perspektive der Sinneserscheinungen, Offenheit als bloße Erscheinung, vergleichbar mit Illusionen, aufzeigen]

ALS ICH BEI EINER WEITEREN GELEGENHEIT nochmals in einer Vision den großen Rigdzin Humchenkara traf, fragte ich: »Wie ist dieses Spektrum der Sinneserscheinungen?«

Er gewährte folgende Antwort: »Ah, großes spirituelles Wesen, die fünf Sinnesbewusstseine sind wie Raum, in dem sich alles ereignen kann, während Begrifflichkeit wie die Substanzen und Beschwörungsformeln eines Zauberers ist. Das Spektrum der Erscheinungen, das aus der Gleichzeitigkeit dieser beiden entspringt, ist wie eine magische Illusion. Das Bewusstsein (*shes pa*), das dies aufrechterhält, ist wie ein Zuschauer.

Angesichts dessen sind alle als Opfergabe und Großzügigkeit dargebrachten Substanzen wie Substanzen, die in der Zauberei verwendet werden. Der yogische Ansatz in Bezug auf die illusionsgleiche Natur der Dinge verwendet Reinigungsmantras, die diese Substanzen in die Leerheit läutern, und danach Vermehrungsmantras, die bewirken, dass sich unzählige Erscheinungen von Sinnesgenüssen ausbreiten und so zu Objekten der sechs Sinne werden, die alle Empfänger dieser Opfergaben und Geschenke erfreuen.

ཡང་སྒྱུ་མ་ལྟ་བུའི་རྣལ་འབྱོར་གྱིས་སྤྲུལ་པ་ལྟ་བུའི་སེམས་ཅན་ལ་དྲི་ཟའི་གྲོང་ཁྱེར་ལྟ་བུའི་སྣང་ཡུལ་བཀོད་དེ་རྨི་ལམ་ལྟ་བུའི་དམིགས་བསྒྱུར་གྱིས་བསྒྲལ་འདྲེན་སོགས་བྱེད་པས་སྒྱུ་མའི་རྣལ་འབྱོར་ཆེན་པོར་དབང་བསྒྱུར་བའོ།

མཚོ་ལ་གཟའ་སྐར་ཇི་ལྟར་མང་ཡང་ཆུ་ཉིད་ཀྱིས་ཆེངས་པ་དང་། སྣོད་བཅུད་ཇི་ལྟར་མང་ཡང་ནམ་མཁའ་གཅིག་གིས་ཆེངས་པ་དང་། འཁོར་འདས་ཀྱི་སྣང་བ་ཇི་ལྟར་རྒྱ་ཆེ་ལ་གྲངས་མང་ཡང་སེམས་ཉིད་གཅིག་གིས་ཆེངས་པའི་ཚུལ་ལ་ལྟོས་ཤིག །

སེམས་ཉིད་བདེ་གཤེགས་སྙིང་པོ་ཞེས་བྱ་བ་ནི་ཕྱལ་བ་སྐྱོན་གྱིས་མ་གོས་པ། དཔེར་ན་སངས་རྒྱས་ནམ་མཁའ་གང་བ་ཞིག་ཡོད་སྲིད་ནའང་

Ferner arrangiert man durch den Yoga der illusionsgleichen Natur zum Nutzen aller Wesen, die wie Phantom-Ausstrahlungen sind, die sichtbare Umgebung wie eine Stadt der Gandharvas. Als ob man den Inhalt eines Traumes ändern würde, führt man die Aktivitäten des Befreiens und Führens von Wesen aus, wodurch man Meisterschaft im höchsten Yoga der Illusion erlangt.«

[3.2. Aus der Perspektive der Leerheit, Offenheit als das Fehlen einer unabhängigen Natur aufzeigen

3.2.1. Kurz aufzeigen, wie alles von der einen Natur der Phänomene umspannt ist]

»Bedenke die Tatsache, dass wie viele Planeten und Sterne sich auch in einem See spiegeln mögen, diese Spiegelungen im Wasser selbst enthalten sind; dass wie viele Universen es auch geben mag, sie in einem einzigen Raum enthalten sind; und dass wie groß und wie zahlreich die Sinneserscheinungen in Samsara und Nirvana auch sein mögen, sie alle in der einen Natur des Geistes (*sems nyid*) enthalten sind.«

[3.2.2. Dies ausführlich erklären, indem man klar die zahlreichen Verästelungen von Offenheit aufzeigt]

a. Offenheit als Essenz (ngo bo), jenseits der Charakteristika von Nutzen oder Schaden, aufzeigen]

»Die Natur des Geistes, die als ›Buddha-Natur‹ (*bde gshegs snying po*) bezeichnet wird, ist von Fehlern unbefleckte Offenheit (*phyal ba*). Selbst wenn Buddhas beispielsweise den Raum ausfüllen würden, gibt es Offenheit, da es nichts und niemand gibt, der durch

དེའི་ཡེ་ཤེས་ཡོན་ཏན་གྱིས་ཕན་བཏགས་པའི་ཡུལ་མེད་པས་ཕྱལ་བ་དང་། སེམས་ཅན་རང་རྒྱུད་པ་ནམ་མཁའི་མཐའ་དང་མཉམ་པ་ཙམ་ཡོད་སྲིད་ནའང་གནོད་པ་བྱེད་པའི་ཡུལ་མེད་པས་ཕྱལ་བའོ། །

གཞིའི་ཆོས་སྐུ་བདེ་བར་གཤེགས་པའི་སྙིང་པོ་དེ་སྐྱེ་བའི་གནས་ཡུལ་བདག་པོ་ཐམས་ཅད་དང་བྲལ་བས་སྐྱེ་བའི་མཐའ་དང་བྲལ་བ། འགག་པའི་དུས་དང་བདག་པོ་ལས་འདས་པས་འགག་པའི་མཐའ་དང་བྲལ་བ། ཡོད་པ་དངོས་པོའི་ཕྱོགས་སུ་མ་ལྷུང་བར་རྒྱལ་བའི་སྤྱན་གྱིས་ཀྱང་མི་གཟིགས་པའི་ཕྱིར་རྟག་པའི་མཐའ་དང་བྲལ་བ། མེད་པ་ཅང་མེད་དུ་མ་སོང་བར་འཁོར་འདས་ཀྱི་སྤྱི་གཞིར་གྱུར་པས་ཆད་པའི་མཐའ་དང་བྲལ་བ། འགྲོ་བའི་གནས་ཡུལ་བདག་པོ་ཐམས་ཅད་ལས་འདས་པས་འགྲོ་བའི་མཐའ་དང་བྲལ་བ། འོང་བའི་གནས་ཡུལ་བདག་པོ་མ་གྲུབ་པའི་ཕྱིར་འོང་བའི་མཐའ་དང་བྲལ་བ། གཞི་བདེ་གཤེགས་སྙིང་པོའི་ཀློང་དུ་འཁོར་འདས་ཀྱི་ཆོས་ཐམས་ཅད་རྒྱ་མཚོའི་ནང་གི་གཟའ་སྐར་ལྟར་མ་འདྲེས་སོ་སོར་ཤར་བའི་ཕྱིར་དོན་གཅིག་པའི་མཐའ་དང་བྲལ་བ། འཁོར་འདས་ཀྱི་རྣམ་པ་ཇི་ལྟར་ཤར་ཡང་རྒྱ་མཚོའི་གཟའ་སྐར་རྒྱ་མཚོ་ལས་མི་གཞན་པ་ལྟར་གཞི་བདེ་གཤེགས་སྙིང་པོ་ཉིད་དུ་རོ་གཅིག་པའི་ཕྱིར་

ihre zeitlose Weisheit und erleuchteten Qualitäten Nutzen erfahren würde. Obwohl es gewöhnliche Wesen gleich den Grenzen des Raumes geben mag, jedes mit einem individuellen Geistesstrom, gibt es Offenheit, da es nichts und niemanden gibt, der Schaden nehmen könnte.«

[b. Offenheit als Natur (rang bzhin), frei von den Ausschmückungen der acht Begrenzungen, aufzeigen]

»Der Grundaspekt des Dharmakaya, die Buddha-Natur, ist frei von allem, was sich auf Entstehen bezieht – jeglichem Ort, Objekt oder Schöpfer – und ist daher auch frei von der Begrenzung (*mtha'*) des Entstehens. Er ist jenseits jeglichen Zeitpunktes, an dem er vergeht, oder allem, das sein Vergehen bewirkt, und ist daher frei von den Begrenzungen des Vergehens. Weil er nicht in das Extrem der Existenz als etwas fällt, das Substanz besitzen würde, da ihn selbst die Augen eines Siegreichen nicht sehen können, ist er frei von den Begrenzungen der Beständigkeit. Da er nicht-existent ist, ohne ein völliges Nichts zu sein, und den gemeinsamen Grund von Samsara und Nirvana bildet, ist er frei von den Begrenzungen völliger Nichtexistenz. Da er jenseits jeglichen Gehens ist – jeglichem Ort, Objekt oder Handelndem – ist er frei von den Begrenzungen des Gehens. Weil nichts, was sich auf das Kommen bezieht, jemals bestanden hat – kein Ort, Objekt oder Handelnder – ist er frei von den Begrenzungen des Kommens. Da alle Phänomene von Samsara und Nirvana in der Weite des Seinsgrundes oder der Buddha-Natur unvermischt und individuell erscheinen, so wie sich Planeten und Sterne in einem See spiegeln, ist er frei von den Begrenzungen, mit ihnen identisch zu sein. Da die Ausdrucksformen von Samsara und Nirvana, wie auch immer sie erscheinen, von einem Geschmack mit der Buddha-Natur, genau diesem

ཐ་དད་པའི་མཐའ་དང་བྲལ་བ་སྟེ། སྤྲོས་པའི་མཐའ་བརྒྱད་པོ་གང་དུའང་མ་ལྷུང་བའི་ཕྱིར་ཕྱལ་བ་སྐྱོན་གྱིས་མ་གོས་པའོ། །

ཡང་སྟེང་འོག་ཕྱོགས་མཚམས་བར་དང་དུས་ལས་འདས་པས་སྟོང་པ་དང་། ཡོངས་ལ་ཁྱབ་ཅིང་ཡོངས་སུ་བརྡལ་བས་སྟོང་པ་དང་། ཕྱི་སྣང་བ་ཐམས་ཅད་དངོས་མཚན་བདེན་གྲུབ་ཏུ་མ་མཆིས་པས་ཕྱི་སྟོང་པ་དང་། ནང་རང་སེམས་གཞི་རྩ་ཐམས་ཅད་ལས་འདས་པས་ནང་སྟོང་པ་ཉིད་དང་། བར་གཟུང་འཛིན་གཉིས་སུ་མི་ཕྱེད་པས་བརྡལ་ཁྱབ་ཆེན་པོ་དོར་བ་མེད་པའི་སྟོང་པ་ཉིད་དེ་རྣམ་པར་ཐར་པའི་སྒོ་སྟོང་པ་ཉིད་དང་། གཞིའི་ཆོས་སྐུ་བདེ་གཤེགས་སྙིང་པོ་ཅིག་ཏུ་བརྗོད་བྱའི་མཚན་མ་དང་བྲལ་བ། དཔེའི་མཚུངས་ཟླ་ལས་འདས་པ། དོན་གྱིས་སྟོན་བྱའི་དངོས་པོས་སྟོང་པ་སྟེ་རྣམ་པར་ཐར་བའི་སྒོ་མཚན་མ་མེད་པ་དང་། ཆོས་ཉིད་བདེ་གཤེགས་སྙིང་པོ་དུས་གསུམ་དུ་བདེ་བར་གཤེགས་པ་དེ་ལ་

Seinsgrund sind – so wie die sich im Ozean spiegelnden Planeten und Sterne nichts anderes als der Ozean sind – ist er frei von den Begrenzungen, von ihnen getrennt zu sein. Da er in keine dieser acht Begrenzungen begrifflicher Ausschmückung (*spros pa*) fällt, ist er von Fehlern unbefleckte Offenheit.«

[c. Offenheit als Inbegriff der drei Tore der Befreiung aufzeigen]

»Ferner ist er insofern leer, als dass er jenseits von oben, unten, Haupt- oder Nebenrichtungen, dem Dazwischen oder der Zeit ist. Er ist insofern leer, als dass er völlig durchdringend und umfassend ist. Es gibt die äußere Leerheit insofern, als dass äußerlich alle Sinneserscheinungen so sind, dass sie niemals wirklich als etwas existiert haben, das als substanzhaft charakterisiert werden könnte. Es gibt die innere Leerheit insofern, als dass innerlich der eigene Geist jenseits aller Grundlage oder Wurzel ist. Es gibt die dazwischenliegende, nicht-ausschließende Leerheit – äußerst ausgedehnt und durchdringend – insofern, als dass keine Unterscheidung aufgrund dualistischer Wahrnehmung besteht. Dies ist Leerheit (*stong pa nyid*), welche ein Tor zur vollständigen Befreiung ist.

Der Grundaspekt des Dharmakaya, Buddha-Natur, ist frei von Merkmalen, die mit Worten ausgedrückt werden könnte, jenseits metaphorischer Herangehensweise und leer von irgendetwas, das wirklich gezeigt werden könnte. Dies ist die Abwesenheit von Merkmalen (*mtshan ma med pa*), die ein weiteres Tor zur vollständigen Befreiung ist.

Denkt man in Bezug auf diese Natur der Phänomene oder die Buddha-Natur – dieses ›Erreichen eines Zustandes von Glückseligkeit durch die drei Zeiten hindurch‹ – dass es das Ziel wäre, Freiheit an einem anderen Platz oder in einem anderen Bereich

ལུས་དང་ངག་གི་དགེ་སྦྱོར་ཙམ་གྱིས་འབྲས་བུ་ཡུལ་ཞིང་ཁམས་གཞན་དུ་འགྲོ་ཞིང་གྲོལ་བར་སེམས་ན་ཁྱབ་བརྡལ་ནམ་མཁའི་ཁོར་ཡུག་འགྲོ་འོང་གི་ཡུལ་དང་བདག་པོར་སེམས་པ་ནི་ཤིན་ཏུ་མགོ་འཁོར་ཞིང་བློ་རྨོངས་པར་གྱུར་ཏོ། །ལམ་གང་ཡིན་ན་རང་ཐོག་ཏུ་རང་ས་བཟུང་བ་ཉིད་དང་། རྟོགས་པ་གང་ལགས་ན་རང་ངོ་གནས་ལུགས་ཚུལ་བཞིན་ཤེས་པ་ཉིད་དང་། གྲོལ་བ་གང་ལགས་ན་རང་ངོར་རང་སངས་རྒྱས་པ་ཉིད་ལས། གྲོལ་ས་དང་གྲོལ་ཡུལ་གཞན་དུ་འཛིན་ཅིང་འབད་རྩོལ་བྱེད་པ་ནི་ཤིན་ཏུ་འཁྲུལ་པ་ཡིན་པས། དོན་དམ་པར་འབྲས་བུ་ལ་ཡིད་སྨོན་ཙམ་ཡང་འཆའ་བའི་གནས་མེད་པས་ན་རྣམ་པར་ཐར་པའི་སྒོ་སྨོན་པ་མེད་པའོ། །ཀྱེ་ཁྱེའུ་ཆུང་རིག་པའི་དབང་པོ་ཁྱོད་ཀྱིས་འདི་ལྟར་བཤད་པ་དང་ཐོས་པ་ཙམ་གྱིས་གྲོལ་བར་མི་འགྱུར་ཏེ། བཤད་ཟིན་པ་དེ་དག་གི་ངང་ཚུལ་ལ་བརྟག་ཅིང་དཔྱོད་ལ་སྦྱོང་བ་གཏིང་ནས་ཐོན་ཞིང་ཤེས་རིག་རྒྱུད་བརྟན་པ་ཞིག་མཛོད་ལ་སྟོད་དང་ལྡན་པའི་སྐལ་ལྡན་རྣམས་ལ་སྟོན་ཅིག །ཀྱེ་གཅིག་ཉམས་སུ་ལེན་པའི་སྐྱེས་བུ་རྣམས་ལ་ངའི་དགོངས་རྒྱུད་འཕོས་ཏེ་རིང་པོར་མི་ཐོགས་པར་གྲོལ་བ་འཐོབ་པར་གདོན་མི་ཟའོ། །ཞེས་གསུངས་ཤིང་མི་སྣང་བར་ཡལ་ལོ། །

zu erlangen, und dass man dorthin käme, indem man lediglich mit Körper und Rede heilsam handelte, hieße zu denken, dass das durchdringende und ausgedehnte Panorama des Raumes ein Objekt oder ein Akteur wäre, der kommt oder geht. Welch ein äußerst verwirrter und verblendeter Geisteszustand!

Was begründet nun den Pfad (*lam*)? Es ist einfach das Einnehmen des eigenen Platzes in der Unmittelbarkeit der eigenen Situation. Was begründet Verwirklichung (*rtogs pa*)? Es ist einfach das richtige Verständnis der eigenen wahren Natur als die Art und Weise des Verweilens (*gnas lugs*). Was begründet Befreiung (*sgrol ba*)? Es ist der natürlich erwachte Zustand der Buddhaschaft als unsere eigentliche Essenz (*rang ngo*). Jemand, der sich anstrengt und diese Ebene der Freiheit und ihren Bezugsrahmen als etwas anderes auffasst, ist zutiefst verwirrt. Da es in der letztendlichen Realität keinen Bezugsrahmen gibt, auf dem die geringste Erwartung hinsichtlich eines Zieles gründen könnte, begründet das die Abwesenheit von Erwartung (*smon pa med pa*), die ein weiteres Tor zur Befreiung ist.

Ah mein junger Bursche, machtvoller Herr des Gewahrseins, du wirst nicht einfach durch mein Erklären solcher Dinge und dein Zuhören befreit. Untersuche und analysiere die grundlegende Natur (*ngang tshul*), die ich dargelegt habe, sodass direkte Erfahrung aus den Tiefen deines Seins aufsteigt und sich dein fortlaufendes Verstehen und Gewahrsein festigen. Lehre dies jenen Glücklichen, die würdige Empfänger sind. Mein erleuchteter Geistesstrom wird auf jene übertragen werden, die dies einsgerichtet in die Praxis umsetzen und sie werden in Bälde Befreiung erlangen. Habe darüber keine Zweifel.«

Dies sagend, löste er sich auf.

Manjushri, der Löwe der Rede

༄༅། །ཡང་འོད་གསལ་ཉམས་ཀྱི་སྣང་ངོར་འཇམ་དཔལ་སྨྲ་བའི་སེང་གེའི་ཞལ་མཇལ་བའི་ཚེ། བདག་གིས་འདི་སྐད་ཞུས། ཀྱཻ་སྟོན་པ་འཇིག་རྟེན་མགོན་པོ་ལགས། །སྣོད་བཅུད་ཀྱི་སྣང་བ་ཐམས་ཅད་རང་སྣང་ལས་མི་གཞན་པའི་ངང་ཚུལ་ཇི་ལྟ་བ་བཞིན་དུ་ཐག་ཆོད་ཀྱང་། །སངས་རྒྱས་ཐམས་ཅད་ཀྱི་མིང་དང་ཞིང་ཁམས་ཐ་དད་དུ་ཡོད་པ་རྣམས་ཡུལ་རང་རྒྱུད་པར་གྲུབ་དང་མ་གྲུབ་པའི་ཚུལ་བདག་ལ་བསྟན་དུ་གསོལ། ཅེས་ཞུས་པས་སྟོན་པ་ཉིད་ཀྱིས་བཀའ་སྩལ་པ། ཀྱཻ་སྐྱེས་བུ་ཆེན་པ་ཁྱོད་ཉོན་ཅིག །གཞིའི་ཆོས་སྐུ་བདེ་གཤེགས་སྙིང་པོའི་རང་མདངས་ལྷུན་གྲུབ་རིན་པོ་ཆེའི་ཡོན་ཏན་ལ་གཞི་བྱས་ཏེ་སངས་རྒྱས་ཀྱི་ཞིང་དང་ལྷ་ཡབ་ཡུམ་གཞལ་ཡས་ཁང་དང་བཅས་པར་བསྟན་པ་རྣམས་གཞི་རང་ལ་རང་ཆས་སུ་རྫོགས་པ་ནི་

[4. Zu einer eindeutigen Erfahrung in einem überragenden Zustand der spontanen Präsenz kommen, in dem die erleuchteten Qualitäten uranfänglich mühelos und natürlich klar sind

4.1. Allgemein durch vorläufige geschickte Mittel und letztendliches höchstes Erkennen aufzeigen]

Bei einer weiteren Gelegenheit, während einer meditativen Erfahrung äußerster Klarheit, traf ich Manjushri, den Löwen der Rede, und stellte ihm folgende Frage: »Ah Lehrer, Führer der Welt, ich bin zu einem Entschluss über die grundlegende Natur gekommen, so wie sie ist – nämlich dass alle Sinneserscheinungen des Universums nichts anderes als eigene Erscheinungen (*rang snang*) sind. Aber ich bitte Euch, zeigt mir, ob die Existenz der unterschiedlichen Namen und reinen Bereiche aller Buddhas als Objekte auffindbar sind, die aus eigener Kraft existieren oder nicht.«

Nachdem ich diese Bitte ausgesprochen hatte, gewährte der Lehrer die folgende Antwort: »Ah höre, großer Spiritueller! Die Qualitäten der kostbaren spontanen Präsenz (*lhun grub*) begründen den inneren Glanz des Grundaspektes des Dharmakaya, der Buddha-Natur. Auf dieser Basis sind die reinen Bereiche der Buddhas, die männlichen und weiblichen Gottheiten und die unzähligen Paläste, die dir gelehrt wurden, vollkommen als natürliche Attri-

ཤེས་རབ་དང་། ཡུལ་གཞན་དུ་གྲུབ་པར་བསྟན་པ་ནི་ཐབས་སོ། །གཞི་རང་ལ་ཡོན་ཏན་རྫོགས་པ་ནི་དོན་དམ་པ། གཞན་དུ་ཡུལ་སྣོད་བཅུད་ཅན་ཡོད་པར་འཆད་པ་ཀུན་རྫོབ་བོ། །ཡང་གཞི་རང་གི་ལྷུན་གྲུབ་སྐུ་དང་ཡེ་ཤེས་ཀྱི་རོལ་པ་ནི་ངེས་དོན་དང་། ཡུལ་གཞན་དུ་སངས་རྒྱས་ཀྱི་ཞིང་དང་ལྷ་པོ་མོའི་མིང་སོགས་དངོས་པོ་མཚན་མ་ཅན་དུ་འཆད་པ་ཐམས་ཅད་དྲང་དོན་ཡིན་ནོ། །

འཁོར་བའི་སྐོར་བསྟུན་ནས་དོན་དམ་ཀུན་རྫོབ་ཏུ་བསྟན་པ་ནི་འདི་ལྟ་སྟེ། རྒྱལ་བ་ཐམས་ཅད་སྐུ་ལྔའི་ཆིངས་ཀྱིས་བཅིང་རྩལ་ནི། སྣང་སྲིད་འཁོར་འདས་ཀྱིས་བསྡུས་པའི་ཆོས་ཐམས་ཅད་གཞི་དབྱིངས་སྟོང་ཉིད་ཆེན་པོར་མ་བཅོས་རང་ཆས་སུ་ཡོད་པའི་ཆོས་ཉིད་ཆེན་པོ་ལ་ཆོས།

bute des Seinsgrundes. Dies ist höchstes Erkennen (*shes rab*). Zu lehren, dass sie Objekte sind, die als etwas anderes als der Grund existieren, sind geschickte Mittel (*thabs*).

Die Vollkommenheit der Qualitäten innerhalb dieses Seinsgrundes selbst ist die letztendliche Wirklichkeit (*don dam*). Die Erklärung, dass diese als etwas anderes existieren – als die Objekte, aus denen das Universum besteht – ist die relative Wirklichkeit (*kun rdzob*).

Wiederum, die letztendliche Bedeutung (*nges don*) ist der spielerische Ausdruck der Kayas und der zeitlosen Weisheit als die spontane Präsenz des Seinsgrundes selbst. Die vorläufige Bedeutung (*drang don*) beinhaltet alle Erklärungen der reinen Bereiche der Buddhas, die Namen der männlichen und weiblichen Gottheiten usw. als Objekte, die etwas anderes als der Seinsgrund sind – das heißt als Dinge, die dadurch charakterisiert werden können, dass sie Substanz hätten.«

[4.2. Im Detail die Kategorien dieser spontan präsenten Qualitäten erklären

a. Wie die fünf Kayas spontan präsent sind]

»Das Folgende ist eine Beweisführung der letztendlichen Wirklichkeit auf der relativen Ebene, in Übereinstimmung mit der samsarischen Erfahrung. Überlegen wir einmal die Art, wie alle Siegreichen im Model der fünf Kayas umfasst sind. Alle Phänomene, die in der Welt der Erscheinungen und Möglichkeiten zusammengefasst sind, ob nun in Samsara oder in Nirvana, sind als nicht-fabrizierte, natürliche Attribute der höchsten Leerheit des Seinsgrundes, des grundlegenden Raumes, präsent. Diese höchste Natur der Phänomene ist ›Dharma‹ (*chos*). Aufgrund des unvor-

ཁམས་དང་དབང་པོའི་བྱེ་བྲག་བསམ་གྱིས་མི་ཁྱབ་པ་ལས་ལམ་གྱི་འཇུག་སྒོ་དང་ཉམས་ཀྱི་མྱོང་བ་དང་། འབྲས་བུའི་ཐོབ་བྱ་བསམ་གྱིས་མི་ཁྱབ་པ་རང་ཆས་སུ་ཡོད་པ་ལ་སྐུ་ཞེས་བྱའོ། །ལྷུན་གྲུབ་སྐུ་དང་ཡེ་ཤེས་ཀྱི་རོལ་པ་ལོངས་སྤྱོད་དུ་རང་ཆས་སུ་རྫོགས་པ་ལ་ལོངས་སྐུ། ངང་ལས་སྤྲུལ་པ་འགྱེད་ སླམ་གྱི་བློ་ཡིད་མ་གཡོས་ཤིང་། གཞི་རང་ལས་མི་གཞན་པའི་རྒྱལ་དུ་སྟོན་པ་སྤྲུལ་སྐུ་དང་། བཟོ་སྤྲུལ་སྐུ་དང་། སྐྱེ་བ་སྤྲུལ་སྐུ་དང་། ཐམ་པོ་སྤྲུལ་སྐུ་རྣམས་ངར་འཛིན་གྱི་ཤེས་པ་རྒྱུ་སྣོད་ལྟ་བུ་དང་བདེ་གཤེགས་སྙིང་པོའི་དབྱིངས་ཀྱི་ཡོན་ཏན་ནམ་མཁའི་གཟའ་སྐར་ལྟ་བུ་དུས་འཛོམ་པའི་ཚེ་ཏེན་འབྲེལ་སྤྲུལ་པ་རྣམ་བཞིར་སྣང་བ་ཡིན་ནོ། །དོན་ལ་སྣོད་བཅུད་སྐུ་གསུམ་གྱི་རོལ་པ་ལས་མ་འདས་པ་སྟེ། ངོ་བོ་སྟོང་པའི་ཆ་ལ་ཆོས་སྐུ། རང་བཞིན་ལྷུན་གྲུབ་ཀྱི་ཆ་ལ་ལོངས་སྐུ། སོ་སོར་སྣང་བའི་ཆ་ལ་སྤྲུལ་སྐུ་ཞེས་བྱའོ། །ཡང་གཞི་ཉིད་འཁོར་འདས་ཐམས་ཅད་ཀྱི་ངོ་བོར་གྱུར་ཅིང་ངོ་བོ་ཉིད་དུ་ཐམས་ཅད་རོ་གཅིག་པས་ངོ་བོ་ཉིད་ཅེས་བྱའོ། །ཡེ་ཤེས་ཡོན་ཏན་ཐམས་ཅད་བསགས་ནས་སྤྱངས་པ་ལྟ་བུ་ལ་སྐུ་ཞེས་བྱའོ། །

stellbaren Umfangs der verschiedenen Temperamente und Fähigkeiten gibt es eine unvorstellbare Zahl an Herangehensweisen an den spirituellen Pfad, die meditativen Erfahrungen und die Ziele, die erlangt werden. Deren Vorhandensein als natürliche Attribute ist ›Kaya‹ (*sku*).

Der spontan präsente spielerische Ausdruck der Kayas und der zeitlosen Weisheiten ist vollkommen als die natürlichen Attribute, an denen man sich erfreut. Dies ist Sambhogakaya (*long sku*).

Ohne jegliche bewusste Absicht, aus der grundlegenden Natur heraus Ausstrahlungen hervorzubringen, erscheinen höchste Lehrer-Nirmanakayas (*sprul sku*), Handwerksmeister-Nirmanakayas, wiedergeborene Nirmanakayas und Gegenstände-Nirmanakayas in einer Weise, dass sie nichts anderes als der Seinsgrund selbst sind. Diese vier verschiedenen Arten von Ausstrahlungen erscheinen durch die wechselseitige Verbindung des gleichzeitigen Vorhandenseins eines ein ›Ich‹ ersinnenden Bewusstseins, das wie ein mit Wasser gefülltes Gefäß ist, und der Qualitäten des grundlegenden Raumes der Buddha-Natur, die wie die Planeten und Sterne am Himmel sind.

Tatsächlich geht das Universum nicht über den spielerischen Ausdruck der drei Kayas hinaus. Der Begriff ›Dharmakaya‹ bezieht sich auf den Aspekt seiner Essenz als Leerheit, ›Sambhogakaya‹ bezieht sich auf den Aspekt seiner Natur als spontane Präsenz und ›Nirmanakaya‹ bezieht sich auf den Aspekt seiner sich unterscheidenden Erscheinungen.

Darüber hinaus bedeutet ›Svabhavika‹ (*ngo bo nyid*), dass der Seinsgrund selbst die Essenz von Samsara und Nirvana ist, und dass alles in dieser Essenz von einem Geschmack ist. ›Kaya‹ (*sku*) bezeichnet gewissermaßen das Zusammenkommen und Ansammeln aller Aspekte von zeitloser Weisheit und erleuchteten Qualitäten.

དུས་གསུམ་འཕོ་བ་མེད་ཅིང་ངོ་བོ་གཞན་དུ་མི་འགྱུར་བས་མི་འགྱུར། གཞན་གང་གིས་ཛྲ་མི་འབྱུང་བས་མི་ཚོད་པ། རང་དང་གཞན་གྱིས་མི་ཤིགས་པ། འཁོར་འདས་ཀྱི་སྤྱི་གཞིར་གནས་པས་བདེན་པ། བཟང་ངན་གྱི་བསླད་མི་འཛུག་པས་སྲ་བ། གཡོ་འགྱུལ་དང་བྲལ་བས་བརྟན་པ། ཤེས་སྒྲིབ་ཕྲ་བ་ཡན་ཆད་འབིག་ནུས་པས་ཐམས་ཅད་དུ་ཐོགས་པ་མེད་པ། ཡུལ་རྐྱེན་གང་གིས་མི་ཐུབ་པས་ཐམས་ཅད་དུ་མ་ཕམ་པའོ། །དེ་ལྟར་དོན་དམ་མི་ཤིགས་པའི་རྡོ་རྗེའི་གནས་ལུགས་ལས་དང་སྐལ་བར་ལྡན་པའི་སྐྱེས་བུ་མ་གཏོགས་སེམས་ཅན་གང་རུང་གིས་རྟོགས་མི་སྲིད་པ། རྟོགས་ནས་ཉམས་སུ་བླངས་པས་གདིང་མི་ཐོབ་མི་སྲིད་པ། གདིང་ཐོབ་ཆེ་མི་གྲོལ་མི་སྲིད་པ། གྲོལ་ཚད་འཚང་མི་རྒྱ་མི་སྲིད་པས་ན་དམ་བཅའ་བཞི་དང་ལྡན་པའོ། །སྐུ་ལྔ་པོ་དེ་དག་གཞི་རང་ལ་རང་ཆས་སུ་ཡོད་པ་དོན་དམ་པ་ཡིན་ཏེ། དེ་ལས་ཐ་དད་པར་འཆད་པ་ནི་ཀུན་རྫོབ་ཐབས་ཀྱི་ལམ་ཞེས་བྱའོ། །

Ohne irgendeinen Wandel durch die drei Zeiten hindurch, ist die Essenz des Seins ›unveränderlich‹ (*mi 'gyur*), weil sie sich in nichts anderes wandelt. Sie ist unverletzlich, weil sie von nichts beschädigt werden kann. Sie ist unzerstörbar, da sie durch sich selbst oder andere nicht zerstört werden kann. Sie ist wahr, weil sie als der gemeinsame Grund von Samsara und Nirvana verweilt. Sie ist beständig, weil sie von guten oder schlechten Qualitäten nicht beeinflusst ist. Sie ist stabil, weil sie frei von Schwankung ist. Sie ist in jeder Weise ungehindert, weil sie fähig ist, selbst feine Wissensschleier (*shes sgrib*) zu durchdringen. Sie ist in jeder Weise unbesiegbar, weil kein Objekt oder keine Bedingung ihr gleich ist.

So bedingt die Art und Weise, wie Dinge verweilen – die letztendliche und unzerstörbare Vajra-(*rdo rje*)[7]-Art-und-Weise des Verweilens – vier Zusicherungen: Außer für spirituelle Menschen mit dem entsprechenden Karma und Glück ist es für gewöhnliche Wesen unmöglich, dies zu erkennen. Sobald es erkannt und in der Praxis umgesetzt worden ist, ist es unmöglich, nicht ein innewohnendes Vertrauen darin zu erlangen. Sobald Vertrauen darin erlangt wurde, ist es unmöglich, dass Befreiung nicht zustande kommt. Und es ist unmöglich für all jene, die Befreiung erlangt haben, nicht zur Buddhaschaft zu erwachen.

Die Anwesenheit dieser fünf Kayas als natürliche Attribute des Seinsgrundes selbst ist die letztendliche Wirklichkeit. Die Erklärung, dass sie unterscheidbar von diesem Grund seien, wird als ›relative Wirklichkeit‹ und ›Pfad der geschickten Mittel‹ (*thabs kyi lam*) bezeichnet.«

---

7 Der im Gegensatz zu den anderen vier im Text nicht so klar hervorgehobene fünfte Kaya ist der »unwandelbarer Vajrakaya« (*mi 'gyur rdo rje sku*). Seine Wortherkunft wird hier und im Absatz davor erklärt.

འགྲོ་བ་རྣམས་རིགས་ལ་མངོན་པར་ཞེན་པ་དེ་དང་བསྟུན་ཏེ་ལྷ་ལ་རིགས་བརྗོད་པའི་གཞི་ནི། གཞི་ཉིད་བག་ཆགས་ཀྱི་དྲི་མ་དབྱིངས་སུ་སངས་པས་སངས། ཡེ་ཤེས་དང་ཡོན་ཏན་གྱི་ངང་རྒྱས་པས་རྒྱས་ཞེས་བྱའོ། མི་ཤིགས་པ་རྡོ་རྗེའི་ཆོས་བདུན་དང་ལྡན་པས་རྡོ་རྗེ། སྐུ་དང་ཡེ་ཤེས་ཐམས་ཅད་ཀྱི་འབྱུང་ཁུངས་སུ་གྱུར་པས་རིན་པོ་ཆེ། སྐྱོན་དང་དྲི་མས་མ་གོས་པས་པདྨ། ཕྲིན་ལས་ཡོངས་སུ་གྲུབ་པས་ལས་ཀྱི་རིགས་སོ། །རིགས་ཞེས་བྱ་བ་ནི་ཆིངས་དེས་བཅིངས་པའི་རང་རང་གི་ཁྱབ་པ་ལ་བརྗོད་པའོ། །

མི་རྣམས་ཡུལ་ལ་མངོན་པར་ཞེན་པའི་ཡུལ་དང་བསྟུན་པའི་ཞིང་ཁམས་ལྔ་རུ་བསྟན་པ་ནི། གཞི་དབྱིངས་ཡོན་ཏན་ལྷུན་སྡུག་པའི་ཆ་ལ་སྡུག་པོ་བཀོད་པ། ཡུལ་རྐྱེན་བདག་པོས་མ་བསྐྱེད་པའི་དགའ་བ་ཆེན་པོ་དང་ལྡན་པས་

[b. Wie die fünf Familien spontan präsent sind]

»Das Folgende ist die Grundlage, auf der Gottheiten, bezogen auf die Familien, beschrieben werden, was der Identifikation der Wesen mit ihrer Familie entspricht. Da der Seinsgrund selbst so beschaffen ist, dass die Verzerrungen durch Gewohnheitsmuster in den grundlegenden Raum gereinigt werden, wird hierfür der Begriff ›gereinigt‹ (*sangs*) verwendet. Da sich der Zustand zeitloser Weisheiten und erleuchteter Qualitäten entfaltet, wird der Begriff ›entfaltet‹ (*rgyas*) verwendet.[8] Da der Grund mit den sieben unzerstörbaren Vajra-Attributen ausgestattet ist, ist das die Vajra-Familie (*rdo rje*). Weil er als Quelle aller Kayas und zeitloser Weisheiten fungiert, ist das die Ratna- oder Juwelen-Familie (*rin chen*). Weil er weder von Fehlern noch Verzerrungen befleckt ist, ist das die Lotus-Familie (*pad ma*). Weil erleuchtete Aktivitäten vollkommen verwirklicht sind, ist das die Karma- oder Handlungsfamilie (*las*). Der Begriff ›Familie‹ (*rigs*) beschreibt die jeweiligen Zuordnungen, die von diesem Model umfasst werden.«

[c. Wie die fünf reinen Bereiche spontan präsent sind]

»Das Folgende ist eine Darlegung der reinen Bereiche als fünffach, was der Identifikation der Wesen mit ihrem Land entspricht: Aus der Perspektive der Dichte der erleuchteten Qualitäten (*yon tan*), die im Seinsgrund als grundlegender Raum spontan präsent sind, ist das der Bereich ›Dichte Anordnung‹ (Ghanavyuha). Da der Seinsgrund mit der höchsten Freude versehen ist, die durch kein Objekt, keine Bedingung oder keinen Akteur erschaffen wurde,

---

8 Der tibetische Begriff für Buddha ist sang-gye (*sangs rgyas*), was von seiner Wortherkunft als Reinigen (*sangs*) von negativen und Entfalten (*rgyes*) von positiven Faktoren erklärt wird.

མངོན་པར་དགའ་བ། ཡེ་ཤེས་ཡོན་ཏན་གྱི་དཔལ་ཕུན་སུམ་ཚོགས་པ་དང་ལྡན་པས་དཔལ་ལྡན། བདེ་སྟོང་ཟག་པ་མེད་པའི་ཡེ་ཤེས་ནང་ལྡན་པས་བདེ་བ་ཅན། དག་པ་དང་གྲོལ་བའི་ལས་ཐམས་ཅད་རབ་ཏུ་རྫོགས་པས་ལས་རབ་རྫོགས་པའོ། །ཞིང་ཞེས་བྱ་བ་དབྱིངས་ལ་བརྗོད་པ་དང་། ཁམས་ཞེས་བྱ་བ་ཁམས་དེ་ལས་མི་གཞན་པ་ལ་བྱའོ། །གཞིའི་ཡོན་ཏན་གཞལ་དུ་མེད་པས་གཞལ་ཡས། འཁོར་འདས་ཡོངས་སུ་གང་བས་ཁང་པའོ། །

གཞི་དབྱིངས་ཁྱབ་བརྡལ་གྱི་རང་མདངས་ཁྱབ་བྱེད་ཀྱི་ཤེས་རབ་ཆེན་པོས་མངོན་དུ་གྱུར་པའི་ཚེ་གཞི་བདེ་གཤེགས་སྙིང་པོའི་ཁམས་ཀྱི་ཡེ་ཤེས་ཡོན་ཏན་ཐམས་ཅད་རྣམ་པར་སྣང་བར་མཛད་པ་དང་། མི་ཤིགས་པ་རྡོ་རྗེའི་ཆོས་བདུན་དང་ལྡན་ཅིང་དུས་གསུམ་གཡོ་འགྱུར་བྲལ་བས་མི་བསྐྱོད་རྡོ་རྗེ། ལམ་དང་འབྲས་བུའི་ཆོས་ཐམས་ཅད་ཀྱི་འབྱུང་གནས་དང་ཡོན་ཏན་ཕུན་སུམ་ཚོགས་པ་དང་ལྡན་པས་

ist das der Bereich ›Manifeste Freude‹ (Abhirati). Weil er mit der reichhaltigen Glorie zeitloser Weisheiten und erleuchteter Qualitäten geschmückt ist, ist das der Bereich ›Geschmückt mit Glorie‹ (Shrimat). Da er mit der zeitlosen Weisheit unerschöpflicher Wonne und Leerheit geschmückt ist, ist das der Bereich ›Geschmückt mit Wonne‹ (Sukhavati). Und da dies die höchste Vollendung aller Aktivitäten von Reinigung und Freiheit ist, ist das der Bereich ›Höchst vollkommene Aktivitäten‹ (Sukarmapurna). Der Begriff ›Feld‹ (*zhing*) bezeichnet den grundlegenden Raum; der Begriff ›Bereich‹ (*khams*) bezeichnet das, was nichts anderes als die grundlegende Seinsnatur ist.[9] Weil die erleuchteten Qualitäten des Seinsgrundes nicht gemessen werden können, wird dafür der Begriff ›unermesslich‹ (*zhal yas*) verwendet. Da sie Samsara und Nirvana zur Gänze ausfüllen, wird der Begriff ›Palast‹ (*khang*) verwendet.«

[d. Wie die fünf Buddhas spontan präsent sind]

»Wenn der natürliche Glanz des durchdringenden und ausgedehnten Seinsgrundes als grundlegender Raum durch das große und durchdringende höchste Erkennen offensichtlich wird, ist das die ›Deutliche Manifestation‹ (Vairocana) aller Aspekte von zeitloser Weisheit und erleuchteten Qualitäten des Seinsgrundes – das heißt, der Buddha-Natur als der grundlegenden Seinsnatur (*khams*). Da der Grund mit den sieben unzerstörbaren Vajra-Attributen versehen und frei von Veränderung durch die drei Zeiten ist, ist das der ›Unerschütterliche Vajra‹ (Akshobhyavajra). Da er die Quelle aller Elemente auf dem Pfad und sein Ergebnis ist, und da er mit einer Fülle an erleuchteten Qualitäten versehen ist, ist das die

9 Der tibetische Begriff, der hier als »reiner Bereich« übersetzt wurde, ist zhing-kham (*zhing khams*), dessen Wortherkunft entsprechend seiner Bestandteile »Feld« (*zhing*) und »Bereich« (*khams*) erklärt wird.

རིན་ཆེན་འབྱུང་ལྡན། གཞི་སྣང་མཐའ་ཡས་པ་ལ་སྣང་བ་མཐའ་ཡས། ཡང་དག་པའི་དོན་ཐམས་ཅད་རང་བྱུང་དུ་ཡོད་པ་ལས་དོན་ཡོད་གྲུབ་པ་ཞེས་བྱའོ། །

དོན་གྱི་རྡོ་རྗེ་སྟོང་པ་ཉིད་ཀྱི་མཁའ་ལ་འཁོར་འདས་ཀྱི་ཆོས་ཐམས་ཅད་འགྲོ་འོང་གི་རྣམ་པར་སྣང་བས་རྡོ་རྗེ་མཁའ་འགྲོ། རིན་པོ་ཆེའི་མཛོད་ཁང་ལྟ་བུར་ཡེ་ཤེས་ཡོན་ཏན་ཐམས་ཅད་རང་བྱུང་བའི་ཆ་ལ་རིན་ཆེན་མཁའ་འགྲོ། ཆགས་པ་ཐམས་ཅད་དང་བྲལ་བའི་ཆ་ལ་པདྨ་མཁའ་འགྲོ། ལྷུན་གྲུབ་སྐུ་དང་ཡེ་ཤེས་ཀྱི་ལས་ཐམས་ཅད་བྱ་བས་མ་བྱས་རྩོལ་བས་མ་བསྒྲུབ་པར་རང་བྱུང་བའི་ཆ་ལ་ལས་ཀྱི་མཁའ་འགྲོ། ཉོན་ཤེས་ཀྱི་དྲི་མ་དབྱིངས་སུ་སངས་ཤིང་ཡེ་ཤེས་ཡོན་ཏན་གྱི་ངང་རྒྱས་པས་སངས་རྒྱས། སྟོང་ཉིད་ཆེན་པོའི་མཁའ་ཀློང་དུ་འཁོར་འདས་ཀྱི་སྣང་བ་ཐམས་ཅད་འགྲོ་འོང་གི་རྣམ་པར་སྣང་བས་མཁའ་འགྲོ་ཞེས་བྱའོ། །

›Quelle der Kostbarkeit‹ (Ratnasambhava). ›Grenzenlose Erhellung‹ (Amitabha) bezieht sich auf die unbegrenzte Manifestation des Grundes. Da alles, was authentische Bedeutung hat, natürlich auftritt, ist das die ›Vollendung der Bedeutung‹ (Amoghasiddhi).«

[e. Wie die fünf Dakinis spontan präsent sind]

»Letztendliche Vajra-Leerheit ist der Raum, in dem sich alle Phänomene von Samsara und Nirvana als spezifische Formen manifestieren, die kommen und gehen, deshalb ist das Vajradakini. Ratnadakini bezieht sich auf das Selbst-Entstehen aller zeitlosen Weisheiten und erleuchteten Qualitäten, vergleichbar mit einem kostbaren Juwelenschatzhaus. Padmadakini bezieht sich auf den Aspekt der Freiheit von aller Anhaftung. Karmadakini bezieht sich auf den aus sich selbst entstehenden Aspekt aller Aktivitäten der spontan präsenten Kayas und zeitlosen Weisheiten, die durch Anstrengung weder erschaffen noch verwirklicht werden. Da Verzerrungen (*dri ma*) durch Emotionen und Wissen in den grundlegenden Raum hinein gereinigt sind und der Zustand der zeitloser Weisheiten und erleuchteter Qualitäten sich entfaltet, ist das ›Buddha‹. Und ›Dakini‹ bezieht sich auf die Art, in der sich alle Sinneserscheinungen von Samsara und Nirvana als spezifische Formen manifestieren, die in der Weite des Raumes (*mkha'*) der höchsten Leerheit kommen und gehen (*'gro*).[10]«

10 Der tibetische Begriff für das Sanskrit-Wort »Dakini« ist khan dro (*mkha 'dro*), die Wortbedeutung, die hier erklärt wird, ist entsprechend der Bestandteile als »Raum« (*mkha*) und »Geh(er)« (*'dro*).

དེ་ལྟར་གཞིའི་ཆོས་སྐུ་བདེ་གཤེགས་སྙིང་པོ་འཁོར་འདས་ཀུན་ཁྱབ་ཀྱི་བདག་ཉིད་ཆེན་པོའི་ངང་མངོན་དུ་བྱེད་པ་ཉིད་ནི་གཞིའི་རིག་པ་མཐའ་གྲོལ་ཆེན་པོ་ཡིན་ལ། དོན་དམ་པའི་སྒྲུབ་པ་ཐམས་ཅད་འདིར་འདུས་པ་ནི། གཞིའི་རིག་པ་དགོན་མཆོག་ཀུན་འདུས་ཀྱི་ངོ་བོར་རང་དམ་བཅས་ནས་རང་དབང་བསྒྱུར་པ་ནི་གནས་ལུགས་དོན་གྱི་སྐྱབས་འགྲོ་བླ་ན་མེད་པ་ཡིན། ཆོ་རབས་ཐོག་མ་མེད་པའི་དུས་ནས་རང་ཉིད་བདེན་པར་བཟུང་ཞིང་ཡུལ་ལ་མངོན་པར་ཞེན་པས་བློ་རྒྱུ་ཤིན་ཏུ་ཆུང་བ་ལ། ད་ནི་འཁོར་འདས་རིག་པ་གཅིག་གི་ཡོ་ལང་དུ་ཐག་བཅད་ནས་སེམས་ཀྱི་རྒྱུ་བསྐྱེད་པ་ནི་སེམས་བསྐྱེད་ཐམས་ཅད་ཀྱི་དམ་པར་གྱུར་པའོ། །གཟུང་འཛིན་གྱི་སེམས་ནི་ཁམས་གསུམ་འཁོར་བར་འཁྲུམས་པའི་སྲིད་པའི་འདྲེ་བོ་ཆེ་ཡིན་ལ།

[4.3. Zeigen, wie bestimmte Arten von Qualitäten in solch einer Verwirklichungsweise vollkommen sind

4.3.1. Wie die Bestandteile der Rituale aus der Perspektive der letztendlichen Wirklichkeit vollkommen sind

a. Die tatsächliche Art, in der diese Bestandteile vollkommen sind]

»Der Seinsgrund-Dharmakaya, Buddha-Natur, wird als das höchste Prinzip augenscheinlich, das ganz Samsara und Nirvana durchdringt. Dies ist das Seinsgrund-Gewahrsein als höchste Freiheit von Begrenzungen. Jede Sadhana-Praxis, die die letztendliche Wirklichkeit betrifft, ist darin folgendermaßen zusammengefasst:

Das wahre Erlangen von Unabhängigkeit (*rang dbang bsgyur pa*) – durch die natürliche Voraussetzung, dass das Seinsgrund-Gewahrsein die Essenz ist, in der alle höchsten spirituellen Prinzipien (*dkon mchog*) sich vereinen – ist, die Art und Weise des Verweilens als unübertreffliche, letztendliche Zuflucht (*skyabs 'gro*) zu nehmen.

Durch eine anfangslose Abfolge von Leben hindurch hat sich der Bereich deines Verstandes dadurch massiv begrenzt, dass du dich selbst als wirklich existent wahrgenommen und dich auf Sinnesobjekte fixiert hast. Da du nun zu einem Entschluss gekommen bist, dass Samsara und Nirvana die sich ständig verändernden Trugbilder eines einzigen Gewahrseins sind, ist der Bereich deines gewöhnlichen Geistes (*sems*) gewachsen (*bskyed*). Dies ist das allerheiligste aller Mittel zum Erwecken des Erleuchtungsgeistes (*sems bskyed*).

Der gewöhnliche Geist der dualistischen Wahrnehmung ist der große Dämon der bedingten Existenz, der einen dazu bringt, in den drei Bereichen Samsaras umherzuwandern. Die unterschei-

དེ་སོ་སོར་རྟོག་པའི་ཤེས་རབ་ཀྱིས་ཡུལ་མེད་སྟོང་པ་ཉིད་དུ་བསྒྲུད་ཅིང་། བདག་མེད་རྟོགས་པའི་ཤེས་རབ་མངོན་དུ་བྱེད་པ་བྱང་ཆུབ་སེམས་ཀྱི་སྤྱོད་འཁོར་གཉོམ་གཞིག་དང་བྲལ་བ་ཡིན། མ་རིག་པའི་མུན་ཁམས་སུ་རིག་པ་ཡེ་ཤེས་ཀྱི་བྱིན་ཆེན་དབབ་པ་བྱིན་འབེབས་ཉིད་དང་། སྣང་བ་རིག་པའི་རྒྱན་དུ་ཤར་བའི་ངང་རྩལ་རྟོགས་པས་རང་བྱུང་འདོད་ཡོན་གྱི་བཀོད་པ་མཆོད་པ་ཉིད་ཀྱང་ཡིན། ཀུན་གཞི་ཆོས་སྐུར་འཕོ་བ་གདོད་མ་གཞིའི་སངས་རྒྱས་ཏེ། དེའི་གནས་ལུགས་ཇི་ལྟ་བ་བཞིན་དུ་མཁྱེན་པའི་ཤེས་རབ་དང་། ཀུན་ཤེས་ཀུན་གསལ་གྱི་བདག་ཉིད་ཇེ་སྙིད་པ་གཟིགས་པའི་ཤེས་རབ་མངོན་དུ་གྱུར་པ་ནི་རྒྱལ་དང་རྒྱལ་སྲས་ཐམས་ཅད་ཀྱི་གསང་བ་འདུས་པ་ཉིད་ཡིན་ལ། དང་པོ་རྟོགས་པའི་ཆ་ལ་བཀའ་སྲུང་དྲེགས་ཚོགས། ས་བརྒྱད་ཡན་ཆད་དུ་དབང་བསྒྱུར་བ་ལ་བྱང་ཆུབ་སེམས་དཔའ། མངོན་སངས་རྒྱས་པའི་ཆ་ལ་སངས་རྒྱས་དང་སངས་རྒྱས་ཀྱི་ཞིང་ཁམས་བཀོད་པ་ཐབས་ཀྱི་ལམ་ཡིན་ནོ། །ཀུན་གཞི་མ་རིག་པ་དབང་ཕྱུག་ཆེན་པོ། དེ་ལས་ལྡང་བའི་རྟོག་ཚོགས་ཐམས་ཅད་བཀའ་སྲུང་ཆོས་སྐྱོང་སྡེ་བརྒྱད་ལྷ་འདྲེར

dende Eigenschaft des höchsten Erkennens (*so sor rtog pa'i shes rab*) verbannt diesen Dämon (*bgegs bskrad*) in die Leerheit, in der nichts als ein Objekt existiert. Das höchste Erkennen, das die ichlose Natur der Dinge erkennt (*bdag med rtogs pa'i shes rab*), ist der Schutzkreis (*srung 'khor*) des Erleuchtungsgeistes (*byang chub sems*), der frei von Niederlage und Zerstörung ist.

Den höchsten Segen des Gewahrseins zeitloser Weisheit in die Dunkelheit des Nicht-Gewahrseins herabzubringen, ist der eigentliche Abschnitt des Herabbringens des Segens (*byin 'bebs*).

Mit der Verwirklichung der Art und Weise, wie Sinneserscheinungen als der Schmuck des Gewahrseins erscheinen, ist das aus sich selbst entstehende Spektrum der Sinneserfahrungen die eigentliche Opfergabe (*mchod pa*).

Der Wechsel von der Grundlage aller gewöhnlichen Erfahrung (*kun gzhi*) hin zum Dharmakaya bringt einen zur Buddhaschaft als dem uranfänglichen Seinsgrund. Das ist höchstes Erkennen, das die Art und Weise seines Verweilens versteht, so wie sie ist, und das höchste Erkennen, das die Dinge in ihrer Vielfalt wahrnimmt und der Gipfel von Allwissenheit und völliger Klarheit ist. Das Offensichtlichwerden dieser beiden Aspekte von höchstem Erkennen ist die Zusammenfassung der Geheimnisse (*gsang ba 'dus pa*) aller Siegreichen und ihrer Söhne.

Darin ist der erste Eindruck der Verwirklichung die räumliche Anordnung der Schar der stolzen Wächter der Lehren; die Meisterschaft über die achte und die höheren Stufen der Verwirklichung ist die räumliche Anordnung der Bodhisattvas; und die tatsächlichen Buddhaschaft ist die räumliche Anordnung der Buddhas und der reinen Bereiche – sie sind der Pfad der geschickten Mittel. Die Grundlage aller gewöhnlichen Erfahrung – Nicht-Gewahrsein – wird als Maheshvara und alle daraus entstehenden Gedankenmuster werden als die Wächter der Lehren – die Dharmapalas, die die

བཤད་པ་ཐབས་ཀྱི་སྒོ་སྟེ། གདོད་མ་གཞིའི་ཆོས་སྐུ་མངོན་དུ་གྱུར་པ་ལས་རང་བྱུང་གི་ཡེ་ཤེས་ཆེན་པོ་རྩལ་དུ་ཤར་བ་རྣམས་དུམ་བུར་བཅད་དེ་ཐབས་ཀྱི་ལམ་དུ་བཅོས་པ་ཡིན་ནོ། །དོན་དམ་པའི་སངས་རྒྱས་མངོན་དུ་བྱེད་པ་སྒྲུབ་པ་ཡིན་ཏེ། སྒྲུབ་དང་དཀྱིལ་འཁོར་ཐམས་ཅད་འདིར་འདུས་ཤིང་རྫོགས་པའོ། །ཁམས་གསུམ་འཁོར་བའི་ཆོས་ཐམས་ཅད་ཆོས་ཉིད་ཆེན་པོ་གཅིག་གི་རོལ་པར་འཕོས་ཏེ་ངང་མངོན་དུ་བྱེད་པ་སྤྱན་འདྲེན། དུས་གསུམ་འཕོ་འགྱུར་དང་བྲལ་བར་རང་ཐོག་ཏུ་རང་ས་འཛིན་པ་བཞུགས་གསོལ། ལྟ་བའི་རྒྱལ་པོ་གདོད་མ་གཞིའི་ཆོས་སྐུའི་རང་ཞལ་མཇལ་བའི་ཆོ་ངོ་མཚར་ཆེན་པོ་ཐོབ་པ་ལྟ་བ་མཇལ་བའི་ཕྱག །ཆོས་ཅན་ཆོས་ཉིད་དུ་རོལ་པའི་མཆོད་པ་ཆེན་པོ། འཁོར་འདས་རྫོགས་པ་ཆེན་པོའི་གནས་ལུགས་ཇི་བཞིན་མཐོང་ནས་ངོ་མཚར་ཞིང་ཡིད་ཆེས་པ་དོན་གྱི་བསྟོད་པ་ཉིད་དོ། །སྣ་ཚོགས་སྣང་བ་མ་འདྲེས་སོ་སོར་སྣང་བ་སྐུའི་བཀོད་པ། ལྷུན་གྱིས་རྫོགས་ཤིང་གྲུབ་པ་གསུང་གི་རོལ་པ། ཀ་དག་སྤྲོས་མཐའ་བྲལ་བའི་དབྱིངས་ཉིད་ཐུགས་ཀྱི་རོལ་པ་སྟེ། སྐུ་དང་ཡེ་ཤེས་ཀྱི་རོལ་པ་མ་བཅལ་ལྷུན་གྱིས་གྲུབ་པའི་ངང་ཚུལ་

acht Klassen der Götter und Dämonen erklärt. Das ist der Zugang der geschickten Mittel. Diese Ausdrucksformen der aus sich selbst entstehenden, höchsten zeitlosen Weisheit – die durch das Offensichtlichwerden des uranfänglichen Seinsgrund-Dharmakaya als deren dynamische Energie erscheinen – sind im Pfad der geschickten Mittel aufgeteilt und angeordnet. Das Offensichtlichmachen des letztendlichen erwachten Zustands ist das Sadhana, alle Sadhanas und Mandalas sind darin zusammengefasst und vollendet.

Der Perspektivenwechsel von allen Phänomenen der drei Bereiche Samsaras zum spielerischen Ausdruck der einzigen höchsten Natur der Phänomene macht die grundlegende Natur vollständig offensichtlich. Dies ist die Stufe der Einladung (*spyan 'dren*).

Den natürlichen Zustand (*rang sa*), der die drei Zeiten hindurch frei von Übergang oder Wandel ist, in seiner ganzen Unmittelbarkeit zu halten, ist die Bitte zu verweilen (*bzhugs gsol*).

Große Verwunderung über die Begegnung mit seinem eigenen wahren Gesicht, dem uranfänglichen Seinsgrund-Dharmakaya, der majestätischsten aller Sichtweisen zu erfahren, ist das Darbringen von Verehrung (*phyag 'tshal*) durch das Treffen der Sichtweise.

Dieser spielerische Ausdruck der Phänomene innerhalb des Kontexts ihrer wahren Natur ist die höchste Opfergabe (*chos pa*).

Ein Gefühl von Staunen und Überzeugung beim Sehen der Art und Weise, so wie sie ist, zu verspüren, in der Samsara und Nirvana als Große Vollkommenheit verweilen, ist der letztendliche Lobpreis (*bstod pa*).

Das Spektrum des erleuchteten Körpers (*sku*) ist, dass Dinge in all ihrer Vielzahl unvermischt und eigenständig erscheinen. Der spielerische Ausdruck der erleuchteten Rede (*gsung*) ist deren spontane Präsenz (*lhun grub*) und Vollkommenheit. Der spielerische Ausdruck des erleuchteten Geistes (*thugs*) ist der grundlegende Raum selbst – ursprünglich rein (*ka dag*) und frei von den

རྟོགས་པའི་ཡོན་ཏན་རྣམ་བཞིའི་ཕྲིན་ལས་ལ་དབང་བསྒྱུར་བ་རྣམས་རྫོགས་ཆེན་རིག་པའི་མཚན་ཉིད་ཡིན་ནོ། །དབང་བཞི་ཡང་དེ་བཞིན་དུ་སྐུ་གསུང་ཐུགས་ཡོན་ཏན་ཕྲིན་ལས་རང་བྱུང་ཉིད་ལ་གཅིག་ཆར་དུ་རྫོགས་པ་ཡིན་པར་ཤེས་པར་གྱིས་ཤིག དེ་ལྟར་རྫོགས་པའི་ངང་ཚུལ་ཇི་ལྟ་བ་བཞིན་དུ་ཤེས་ཤིང་རྟོགས་པ་ནི་རྫོགས་པ་ཆེན་པོར་ངེས་པའོ། །དེ་མ་ཤེས་པའི་དབང་གིས་སྟོན་ཡང་འཁོར་བར་འཁྲུམས་པ་ཡིན། གདོད་ནས་རྫོགས་ཀྱང་མ་རིག་པས་བསྒྲིབས་ཏེ་རྒྱུ་རང་གྲོལ་དུ་ཡོད་པ་འཁྲུག་པས་བསྡུམ་པ་དང་། གསེར་དང་ནོར་བུ་ངོ་མ་ཤེས་པས་རྒྱུད་པ་མི་སེལ་བ་ལྟ་བུར་གྱུར་པའོ། །དོན་དམ་པར་གཞི་བདེ་གཤེགས་སྙིང་པོའི་ཡེ་ཤེས་ནང་ཡོན་ཏན་རྩལ་དུ་རྫོགས་པ་རྟེན་དང་བརྟེན་པའི་འཁོར་ལོ་སོ་སོར་བཤད་པ་རྣམས་ནི་གདུལ་བྱ་རྟག་འཛིན་ཅན་རྣམས་ཀུན་རྫོབ་རྩོལ་བཅས་ཀྱི་ལམ་ལ་བརྟེན་ནས་དོན་དམ་རྩོལ་མེད་ཀྱི་དབྱིངས་སུ་ཁ་དྲང་བའི་ཐབས་སུ་བསྟན་པ་ཡིན། དེས་ན་གསལ་དག་སྟོང་པ་གསུམ་གྱི་གནད་དང་ལྡན་པས་འབྲས་བུ་བླ་ན་མེད་པའི་དབྱིངས་སུ་ཁ་དྲང་བ་ཡིན་ནོ། །ཞེས་གསུངས་ཤིང་མི་སྣང་བར་ཡལ་ལོ། །

Begrenzungen begrifflicher Ausschmückung. Die Qualitäten der Verwirklichung zeigen sich aufgrund der Verwirklichung der natürlichen Art und Weise, in der der spielerische Ausdruck der Kayas und zeitlosen Weisheiten spontan präsent ist, ohne dass man ihn suchen müsste – Qualitäten, die Meisterschaft über die vier Arten von erleuchteter Aktivität (*las*) bedeuten. Sie sind das eigentliche Zeichen des Gewahrseins als Große Vollkommenheit. In ähnlicher Weise verstehe, dass mit dem natürlichen Erscheinen des erleuchteten Körpers, der Rede, des Geistes, der Eigenschaften und der Aktivitäten die vier Ermächtigungen gleichzeitig vollständig sind.

Die grundlegende Natur einer solchen Vollkommenheit, so wie sie ist, zu verstehen und zu realisieren, ist gewiss die Große Vollkommenheit. Davor bist du aufgrund des Mangels eines solchen Verständnisses in Samsara umhergewandert. Obwohl uranfänglich vollkommen, ist es durch das Nicht-Gewahrsein verschleiert. Es ist wie das natürlich frei fließende Wasser, das zu Eis gefriert und eingeschnürt wird; oder wie Gold und Juwelen, die als solche nicht erkannt werden und daher Armut nicht mildern.

Letztendlich sind die zeitlosen Weisheiten und Qualitäten des Seinsgrundes – Buddha-Natur – vollkommen als die dynamische Energie dieses Grundes. Die Erklärungen, die sie als unterschiedliche Mandalas der unterstützten und unterstützenden Faktoren darstellen, sind geschickte Mittel. Sie werden erklärt, um jene, die gezähmt werden müssen – jene, die Dinge als beständig ansehen – entlang des relativen Pfades der Anstrengungen zu führen, hin zum letztendlichen grundlegenden Raum, der keiner Bemühung bedarf. Daher wird man durch drei Schlüsselfaktoren – Klarheit, Reinheit und Leerheit – zum grundlegenden Raum des unübertrefflichen Zieles geleitet.«

Dies sagend, löste er sich auf.

Orgyen Tsokye Dorje

༄༅། །སྔར་ཡང་བར་སྐབས་ཤིག་ཏུ་དཔལ་ཨོ་རྒྱན་མཚོ་སྐྱེས་རྡོ་རྗེའི་ཞལ་མཇལ་བའི་དུས་སུ་བདག་གིས། ཀྱཻ་ཁྱབ་བདག་གདོད་མའི་མགོན་པོ་ཞིང་ཁམས་དང་གཞལ་ཡས་ཁང་དང་ལྷར་བསྐྱེད་ཅིང་བསྒྲུབ་པ་རྣམས་ཅིའི་ཕྱིར་བསྟན་པ་ཡིན་ལགས། ཞེས་ཞུས་པས་བཀའ་སྩལ་པ། ནམ་མཁས་གར་ཁྱབ་ཀྱི་འཇིག་རྟེན་འདི་དག་ཕྱི་བདག་ལྟའི་རྟ་དྲ་སྟེ། དེའི་གཉེན་པོར་སྤྲུལ་པའི་འོད་ལས་གྲུབ་པའི་ཞིང་ཁམས་སྦྱོང་བ་དང་། ནང་གནས་ཁང་ཡོངས་སྤྱོད་ལུས་དང་བཅས་པར་འཛིན་པ་ནང་བདག་ལྟའི་རྟ་དྲ་སྟེ། དེའི་གཉེན་པོར་གཞལ་ཡས་ཁང་དང་ལྷ་བསྒོམ་པ་དང་། དུས་དང་རྣམ་པ་ཀུན་ཏུ་ང་ཞེས་བདག་ཏུ་སྣང་བའི་ཤེས་པ་བག་ལ་ཉལ་བ་རྒྱུ་དང་རྒྱུན་མ་ཆད་པ་ནི་གསང་བ་བདག་ལྟའི་རྟ་དྲ་སྟེ་འཁོར་བའི་སྣང་སེམས་ཐམས་ཅད་ཀྱི་སྣུན་ཐག་གོ །དེའི་གཉེན་པོར་ལྷའི་ང་རྒྱལ་བརྟན་པོ་བཟུང་བ་ཡིན་ནོ། །

[b. Der Wert des Lehrens der Erzeugungsstufe als einen Zugang für geschickte Mittel auf relativer Ebene]

Bei einer weiteren Gelegenheit traf ich den glorreichen Orgyen Tsokye Dorje in einer Vision und stellte die folgende Frage: »Ah herrschaftlicher Gebieter, uranfänglicher Führer, warum werden Entstehungs- und Verwirklichungspraxis von reinen Bereichen, unermesslichen Palästen und Gottheiten gelehrt?«

Er gab folgende Antwort: »Die Universen, die sich durch den ganzen Raum ausbreiten, sind der äußere Rudra der Sichtweise eines Selbst. Das Gegenmittel dazu ist, sie in ausgestrahlte, aus Licht gemachte reine Bereiche zu läutern.

Auf einer inneren Ebene ist das Greifen nach Behausung, Reichtum und den eigenen Körper der innere Rudra der Sichtweise eines Selbst. Das Gegenmittel dazu ist die Meditation auf unermessliche Paläste und Gottheiten.

Zu allen Zeiten und bei allen Gelegenheiten ist da das zusammenhaltende und ununterbrochene latente Bewusstsein, das ein Selbst – ein ›Ich‹ – wahrnimmt. Das ist der geheime Rudra der Sichtweise eines Selbst – der gemeinsame Faden, der sich durch alle Sinneserscheinungen und Geisteszustände in Samsara zieht. Das Gegenmittel dazu ist das stabile Aufrechterhalten des Stolzes der Gottheit.

འདིའི་གནད་མ་ཤེས་ན་ལ་ལས་ནི་བསྐྱེད་གསལ་ང་རྒྱལ་བཟུང་བ་དང་བཅས་པ་དོར་ནས་ངག་གི་བཟླས་པ་ཁོ་ན་ལ་འབད། ལ་ལས་ནི་ལྷ་དང་ཞིང་ཁམས་རང་རྒྱུད་པར་བཟུང་ནས་བསྒྲུབ་ཀྱང་འཚང་མི་རྒྱ་བས་ན་གནད་འདི་ཤེས་པར་གྱིས་ཤིག །ཅེས་གསུངས་ཤིང་མི་སྣང་བར་ཡལ་ལོ། །

Versteht man diese Schlüsselpunkte nicht, dann werden einige Leute klare Visualisation und das Halten des Vajra-Stolzes vernachlässigen und sich einzig auf die Mantra-Wiederholung konzentrieren. Einige werden behaupten, dass die Gottheiten und reinen Bereiche aus sich selbst heraus existieren, und werden, obwohl sie sich in der Sadhana-Praxis bemühen, dadurch nicht zur Buddhaschaft erwachen. Daher musst du diese Schlüsselpunkte verstehen!«

Dies sagend, löste er sich auf.

Ekajati

༄༅། །ཡང་རེ་ཞིག་གི་ཚེ་དབྱིངས་ཀྱི་རྡོ་རྗེ་མོ་ཨེ་ཀ་ཛ་ཏིའི་ཞལ་མཇལ་བའི་ཚེ། བདག་གིས། ཀྱཻ་འཁོར་འདས་ཀུན་གྱི་ཨ་ཕྱི་གཅིག་མ་ལགས། འཁོར་འདས་སྟོང་ཆེན་དབྱིངས་ཀྱི་རྡོ་རྗེ་མོའི་མཁའ་གསང་དུ་རོལ་པའི་ཐིག་པ་འདི་ལ་མིང་གང་ཞེས་བྱ། ཞེས་ཞུས་པས་བཀའ་སྩལ་པ། ཀྱཻ་ཨ་མའི་བུ་ཆུང་ཁྱོད་ལ་དགོངས་བརྒྱུད་ལུས་ཀྱི་ཚུལ་དུ་རྫོགས་པར་བྱས། བརྡ་བརྒྱུད་ནུ་ཞོའི་ཚུལ་དུ་བསྟུན་ནས་ནར་སོན་པར་བྱས། སྙན་བརྒྱུད་སྙིང་གཏམ་ལྷ་བུར་གདམས་ནས་བློ་དང་ལྡན་པར་བྱས་ཡོད། གདུལ་བྱ་ལས་སྨོན་གྱིས་འབྲེལ་བའི་སྐལ་ལྡན་རྣམས་ལ་སྟོན་དང་འབྲེལ་ཚད་དོན་དང་ལྡན་པ་ཡིན་ནོ། །ཐིག་པ་ཐམས་ཅད་ཀྱི་རྒྱལ་པོ་ངའི་མིང་ནི་སྒྲ་གྲགས་ཚད་ཐམས་ཅད་ངའི་མིང་ཡིན་ཅིང་ངེས་གསང་བླ་ན་མེད་པ་མཁའ་སྤྱོད་ཨ་མའི་མཁའ་རུ་འུབ་ཆུབ་པའི་རོལ་པ་འདི་ལ་མིང་གི་རྣམ་གྲངས་དུ་མ་ཡོད་ཀྱང་

[4.3.2. Wie die Vollkommenheit dieser Herangehensweise in denen ihr eigenen, erhabenen Begriffen ausgedrückt wird]

Bei einer anderen Gelegenheit, als ich die Königin des grundlegenden Raumes, Ekajati, in einer Vision traf, brachte ich folgende Bitte vor: »Ah, einzige Großmutter von Samsara und Nirvana, was bezeichnet ihr als das Fahrzeug des sich Erfreuens am geheimen Himmel der Königin des grundlegenden Raumes, an der höchsten Leerheit von Samsara und Nirvana?«

Sie gab die folgende Antwort: »Ah kleines Kind der Mutter, ich habe dir die Linie der Geist-zu-Geist-Übertragung der erleuchteten Absicht (*dgongs brgyud*) in ihrer Gesamtheit gegeben, ganz so, als ob ich dir einen Körper gegeben hätte. Ich habe dich aufgezogen, indem ich dich mit der Linie der Übertragung durch Symbole (*brda brgyud*) gestillt habe, ganz so, als ob ich dich mit Muttermilch gesäugt hätte. Ich habe deine Intelligenz genährt, indem ich dir die Linie der mündlichen Übertragung (*snyan brgyud*) als tiefempfundenen Rat gewährt habe. Lehre es den zu zähmenden vom Glück Begünstigten, die durch Karma und Streben mit dir verbunden sind. Alle mit dir Verbundenen werden darin Bedeutung finden.

Diesem majestätischsten aller spirituellen Fahrzeuge wird mein Name gegeben. Alle hörbaren Klänge sind mein Name. Dieser allesumfassende spielerische Ausdruck des Himmels der sich am Raum erfreuenden Mutter, das unübertreffliche und definitive

མིང་བདུན་དུ་ངས་སྨྲའོ། །ཆོས་འདི་གསང་ཆེན་གཉིས་དང་ལྡན་པའི་གསང་། བདག་རྟོག་མཚན་མ་ཡིད་བྱེད་ཀྱི་འཇིགས་པ་ལས་སྐྱོབས་པར་བྱེད་པས་སྔགས། དོན་དམ་མི་ཤིགས་པའི་རྡོ་རྗེ། ལམ་ཐམས་ཅད་ཀྱི་ཡོན་ཏན་བཅུད་དུ་འདུས་པས་ཐེག་པའོ། །ཆོས་ཐམས་ཅད་ཀྱི་ཡིན་ལུགས་མཐར་ཐུག་ཏུ་གནས་པས་དོན། རྟོགས་བྱ་རྣམས་ཀྱི་གཙོ་བོར་གྱུར་པས་དམ་པ། སྐྱོན་དང་དྲི་མ་ཐམས་ཅད་བྱང་བ། སྐུ་དང་ཡེ་ཤེས་ལམ་དང་འབྲས་བུའི་ཆོས་ཐམས་ཅད་ཁོང་དུ་ཨུབ་ཆུབ་པ། ཐམས་ཅད་དག་མཉམ་གྱི་རོལ་པ་སྣ་ཚོགས་པའི་འཆར་གཞི་རྡོ་རྗེ་གསུམ་གྱི་སྲོག་གཅིག་པུར་བཞུགས་པས་ཙིཏྟའམ་སྙིང་སྟེ་སེམས་སོ། །འཁོར་འདས་ལམ་གསུམ་རྫོགས་པ། ཐེག་པ་ཐམས་ཅད་དོན་གཅིག་ཏུ་དྲིལ་མདོ་གཅིག་ཏུ་བསྡུས་པས་ཐེག་པ་ཐམས་ཅད་ཀྱི་སྤྱི་གཞིར་གྱུར་པས་ཆེན་པོའོ། །རྟོག་པའི་གྲྭ་ཟུར་ཐམས་ཅད་ལས་འདས་པས་ཐིག་ལེ། འཁོར་འདས་བྱང་ཆུབ་ཀྱི་སེམས་སུ་རོ་གཅིག་པས་ཉག་གཅིག་གོ །

Geheimnis, wird mit vielen Namen bezeichnet. Hier werde ich aber nur von sieben sprechen.

Da diese Lehre zwei große Arten der Geheimhaltung beinhaltet, ist sie ›geheim‹ (*gsang*).[11] Da sie einen vor den fürchterlichen Auswirkungen des Ersinnens eines Selbst und der Vorstellung, dass es Merkmale hätte, beschützt, ist sie ›Mantra‹ (*sngags*). Sie ist der unzerstörbare ›Vajra‹ (*rdo rje*) der letztendlichen Realität. Da die Qualitäten aller Pfade zu ihrer Essenz verdichtet sind, ist sie Fahrzeug (*theg pa, yana*).

Da sie in der vollkommenen Seinsweise aller Phänomene verweilt, hat sie letztendliche ›Bedeutung‹ (*don*). Da sie die Spitze dessen ist, was verwirklicht wird, ist sie ›heilig‹ (*dam*). Sie ist die ›Läuterung‹ (*byang*) aller Fehler und Verzerrungen. Sie ist der allesumfassende und vollkommene Zustand (*chub*) aller Qualitäten der Kayas, der zeitlosen Weisheit, des Pfades und des Zieles. Und sie ist ›chitta‹ oder ›Herz‹ – das heißt ›Geist‹ (*sems*) – das als die eine Lebenskraft der drei Vajras verbleibt, der Grund für das Erscheinen des spielerischen Ausdrucks der vielfältigen Dinge in ihrer Gleichheit und Reinheit.

Sie ist die ›Vollkommenheit‹ (*rdzogs pa*) von Samsara, Nirvana und Pfad. Sie ist ›groß‹ (*chen po*), da sie zur gemeinsamen Grundlage aller Fahrzeuge wird, indem sie alle zu einem einzigen gemeinsamen Nutzen zusammenfasst und zu einem einzigen Punkt des Zusammenfließens bringt.

Da sie jenseits all der scharfen Ecken von Konzepten ist, ist sie ›Tropfen‹ (*thig le*). Da im erleuchteten Geist Samsara und Nirvana von einem Geschmack sind, ist sie ›einzigartig‹ (*nyag gcig*).

---

11 In diesem und den folgenden Absätzen werden wichtige Schlüsselworte der Tradition gemäß der tibetischen Auslegungsmethode anhand ihrer einzelnen Wortbestandteile erklärt.

རིག་པ་བདེ་གཤེགས་སྙིང་པོའི་ངང་དྭངས་གསལ་རྐྱོགས་མ་དང་བྲལ་བས་འོད་གསལ། མི་ཤིགས་པ་རྡོ་རྗེའི་ཆོས་བདུན་དང་ལྡན་པས་རྡོ་རྗེ། འཁོར་འདས་ཀྱི་ཆོས་ཐམས་ཅད་ཀྱི་བཅུད་དུ་གནས་པས་སྙིང་པོའོ། །འཁོར་འདས་ཀྱི་ཆོས་ཐམས་ཅད་བདེ་གཤེགས་སྙིང་པོའི་ངང་དུ་ཁྱབ་ཀྱིས་འདུས་ཤིང་ཡོངས་སུ་རྫུབ་པས་འཁོར་འདས་ཁྱབ་རྫུབ་བོ། སྐྱེ་འཆི་བསྒྲིས་རྒྱུད་ཐམས་ཅད་དང་བྲལ་བས་གཞོན་ནུ། ལྷུན་གྲུབ་ཀྱི་ཕྱི་རྒྱ་མ་རལ་བས་བུམ་པ། ཡེ་ཤེས་ཡོན་ཏན་ཐམས་ཅད་བསགས་ནས་སྦྱངས་པ་ལྟ་བུས་སྐུ་ཞེས་བྱའོ། །ཞེས་གསུངས་ཤིང་མི་སྣང་བར་ཡལ་ལོ། །

དེ་ལྟར་སྤྱིར་བཤད་ནས་བྱེ་བྲག་རིམ་དགུའི་ཐེག་པའི་ལམ་གྱི་ཡོན་ཏན་ཐམས་ཅད་རྫོགས་ཚུལ་གྱིས་མཚོན་ནས་བཤད་ན། ང་དང་བདག་ཏུ་འཛིན་པའི་གཞི་གང་ཟག་ཏུ་སྣང་བ་ཐམས་ཅད་རང་བཞིན་མེད་པར་མཐོང་བས་ཉན་ཐོས། ཕྱི་ནང་གི་དངོས་པོ་རྟེན་འབྲེལ་སྒྱུ་མའི་སྣང་བ་ཉག་གཅིག་ཏུ་རྟོགས་པ་རང་བྱང་རྒྱབ།

Da die grundlegende Natur des Gewahrseins, Buddha-Natur, makellos, klar und frei von befleckenden Faktoren ist, ist sie ›völlige Klarheit‹ (*'od gsal*). Da sie mit den sieben unzerstörbaren Vajra-Merkmalen geschmückt ist, ist sie ›Vajra‹ (*rdo rje*). Und da sie als die Lebensessenz aller Phänomene in Samsara und Nirvana verweilt, ist sie ›Herzessenz‹ (*snying po*).

Da alle Phänomene in Samsara und Nirvana (*'khor 'das*) in der Umarmung (*'ub*) der Buddha-Natur zusammengefasst und darin vollständig vollendet (*chub*) sind, ist sie die ›allesumfassende Vollendung von Samsara und Nirvana‹.

Da sie frei von Geburt, Tod, Verfall und Altersschwäche ist, ist sie ›jugendlich‹ (*gzhon nu*). Da es keine Verletzung ihrer umfassenden spontanen Präsenz gibt, ist sie ›Vase‹ (*bum pa*). Und da sie gewissermaßen eine Masse oder Zusammenkunft aller erleuchteten Qualitäten und Aspekte der zeitlosen Weisheit ist, ist sie ›Körper‹ (*sku*).«

Dies sagend, verschwand sie.

[4.3.3. Wie die Qualitäten der neun stufenweisen Fahrzeuge vollkommen sind, indem die höheren die niedrigeren einschließen]

Ich werde ihre allgemeinen Erklärungen weiter ausführen, indem ich die Art und Weise aufzeige, in der alle Qualitäten der Pfade der neun stufenweisen Fahrzeuge (*theg pa rim pa dgu*) vollkommen sind.

Im Ansatz der Shravaka erkennt man, dass keine der Manifestationen persönlicher Identität – d.h. keine der Grundlagen für die Vorstellung eines ›Ich‹ oder Selbst – eine unabhängige Natur (*rang bzhin med pa*) haben. Der Ansatz der Pratyekabuddha ist die Verwirklichung, dass alle äußeren und inneren Dinge einzig die illusorischen Erscheinungen der wechselseitigen Verbindung (*rten*

སྟོང་ཉིད་རྟོགས་པའི་རྩལ་སྙིང་རྗེའི་ངོ་བོར་ཤར་ནས་ཐབས་དང་ཤེས་རབ་ཀྱི་ཕྱོགས་ཐམས་ཅད་འབད་རྩོལ་མེད་པར་ངང་གིས་འདུ་བས་ན་བྱང་སེམས་ཏེ། ཀུན་འབྱུང་འདྲེན་པའི་ཐེག་པ་གསུམ་གྱི་ཡོན་ཏན་ཡར་ལྡན་དུ་རྫོགས་ཤིང་། བྱ་བའི་རྒྱུད་ཀྱི་དཀའ་ཐུབ་དང་གཙང་སྦྲས་ལྷ་མཉེས་པར་བྱ་བ་དང་།   ཨུ་པ་ཡའི་རྒྱུད་ཀྱི་བཟླས་བརྗོད་དང་ཏིང་ངེ་འཛིན་གྱིས་དངོས་གྲུབ་སྒྲུབ་པ་དང་། རྣལ་འབྱོར་གྱི་རྒྱུད་དུ་མཚན་མ་མེད་པ་དབྱིངས་ཀྱི་བྱིན་རླབས་རྡོ་རྗེ་དབྱིངས་ཀྱི་དཀྱིལ་འཁོར་ཆེན་པོར་ལྷ་བའི་ཞི་གནས་དང་ལྷག་མཐོང་གི་རྣལ་འབྱོར་ཏེ།   དཀའ་ཐུབ་རིག་བྱེད་ཀྱི་ཐེག་པའི་ཡོན་ཏན་དང་བྱེད་ལས་ཐམས་ཅད་ཀྱང་དངོས་གྲུབ་ཀྱི་སྙིང་པོ་བརྗོད་དུ་མེད་པའི་རང་སེམས་ལྷན་ཅིག་སྐྱེས་པའི་དབྱིངས་གཅིག་པུ་འདིར་རྫོགས་ཤིང་།   ཕ་རྒྱུད་མ་ཧཱ་ཡོ་གའི་ཆོས་ཐམས་ཅད་གཟོད་མ་ཉིད་ནས་དོན་དམ་དཀོར་བདུན་ནམ་ལྷག་པའི་བདེན་གཉིས་དབྱེར་མེད་ཀྱི་ཆོས་སྐུ་ཆེན་པོར་དག་པ་དང་།   ལུང་ཨ་ནུ་ཡོ་གའི་ཡེ་ཇི་བཞིན་པ་དང་ཡེ་ཤེས་ལྷུན་གྱིས་གྲུབ་པའི་དཀྱིལ་འཁོར་གཉིས་ཟུང་དུ་འཇུག་པའི་སྲས་བདེ་བ་ཆེན་པོ་བྱང་ཆུབ་སེམས་ཀྱི་དཀྱིལ་འཁོར་དུ་སྣང་སྲིད་དག་མཉམ་ཆེན་པོར་རྫོགས་པའི་དོན་རྣམས་ཀྱང་།

'brel) sind. Im Ansatz der Bodhisattvas erscheint die dynamische Energie der Verwirklichung von Leerheit als die Essenz, die Mitgefühl (*snying rje*) ist, und daher sind alle Aspekte von geschickten Mitteln und höchstem Erkennen ganz selbstverständlich und mühelos versammelt. Die Qualitäten dieser drei Ansätze, die einen vom Ursprung des Leidens fortführen, sind vollkommen, da jeder höhere Ansatz die niedrigeren in sich vereinigt.

Im Ansatz des Kriyatantra erfreut man die Gottheit durch asketische Praktiken und rituelle Reinigung. Im Ansatz des Upayatantra wird die spirituelle Verwirklichung (*siddhi*) durch Mantra-Wiederholung und meditative Versenkung (*ting nge 'dzin*) erreicht. Der Ansatz des Yogatantra ist der Yoga des ruhigen Verweilens (*gzhi gnas*) und der tiefgründigen Einsicht (*lhag mthong*) – die Sichtweise des Segens des grundlegenden Raumes, der nicht charakterisiert werden kann, im höchsten Mandala des grundlegenden Vajra-Raumes. Alle Qualitäten und Funktionen dieser drei Ansätze, die Gewahrsein durch asketische Praktiken hervorrufen, sind im einen, grundlegenden Raum vollendet, der zugleich mit dem unbeschreibbaren natürlichen Geist (*rang sems*), der eigentlichen Essenz spiritueller Verwirklichung, entsteht.

Im Ansatz des Mahayoga oder des Vater-Tantra sind im höchsten Dharmakaya alle Phänomene von Anbeginn an rein als die mit den sieben Attributen geschmückte letztendliche Wirklichkeit oder die Untrennbarkeit der beiden Ebenen tiefgründiger Wahrheit. Im Ansatz des auf erklärenden Kommentaren basierenden Anuyoga ist das äußerst glückselige Mandala des Erleuchtungsgeistes das Kind, das aus der Vereinigung zweier Mandalas – das der zeitlosen Wirklichkeit, so wie sie ist (*ye ji bzhin pa*), und das der spontanen Präsenz zeitloser Weisheit – geboren wird. In diesem Mandala des Erleuchtungsgeistes ist die Welt der Erscheinungen und Möglichkeiten vollkommen als höchster Zustand der Reinheit

རང་བཞིན་རྫོགས་པ་ཆེན་པོ་འོད་གསལ་མཐའ་དབུས་ལས་འདས་པའི་དབྱིངས་གཅིག་ཏུ་གཞི་སྣང་ལྷུན་གྲུབ་རིན་པོ་ཆེའི་སྣང་བ་རྒྱ་ཆད་ཕྱོགས་ལྷུང་དང་བྲལ་བར་རང་ཤར་བ་ཐམས་ཅད་གསེར་དང་དེའི་མདངས་བཞིན་དུ་སོ་སོ་མ་ཡིན་པའི་ཆོས་སྐུ་འཕོ་འགྱུར་མེད་པ་རིག་པ་མཐའ་གྲོལ་ཆེན་པོ་གཞི་དབྱིངས་བདེ་གཤེགས་སྙིང་པོའི་དོན་ཉིད་ལ་གཅིག་ཆར་དུ་འདུས་པ་སྟེ། སོ་སོར་བསྟན་པ་རྣམས་ནི། གདུལ་བྱ་རིམ་གྱིས་དཀྲི་བའི་ཆེད་དུ་བསྟན་པར་ཟད་དོ། །

und Gleichheit. Im Ansatz der natürlichen Großen Vollkommenheit – völlige Klarheit, ein einziger, Zentrum und Begrenzungen übersteigender, grundlegender Raum – ist der sich als Sinneserscheinungen manifestierende Seinsgrund die Manifestation der kostbaren spontanen Präsenz, in der alles natürlich erscheint, ohne Beschränkungen oder Extremen unterworfen zu sein, und in der es keine Trennung gibt, so wie man auch nicht zwischen Gold und seinem Glanz trennen kann. Daher ist die eigentliche Bedeutung von Buddhanatur – Dharmakaya ohne Veränderung oder Wandel, Gewahrsein in höchstem Maße frei von Begrenzungen, der Seinsgrund als grundlegender Raum – gleichzeitig zusammengefasst.

Diese Ansätze einzeln zu präsentieren, ist einfach eine Belehrung, die es erlaubt jene, die gezähmt werden müssen, in aufeinander folgenden Stufen zu führen.

Shri Simha

༄༅། །སྤྱིར་ཡང་རིག་འཛིན་གྱི་རྒྱལ་པོ་ཤྲཱི་སིང་ཧའི་ཞལ་མཛལ་བའི་ཚོ། ཀྱཻ་སྟོན་པ་ལགས། རྫོགས་པ་ཆེན་པོའི་ལམ་གང་ལགས་བདག་ལ་བསྟན་དུ་གསོལ། ཞུས་པས་བཀའ་སྩལ་པ། རྫོགས་པ་ཆེན་པོ་ནི་འཁོར་འདས་ཀྱི་སྤྱི་གཞི་ཆེན་པོ་འཁོར་འདས་ལམ་གསུམ་རྫོགས་པའི་དབྱིངས་ཆེན་པོ་ཡིན་ཏེ། དེའི་ངང་ཚུལ་ཡིན་ལུགས་ཤེས་པ་ནི་ལྟ་བ་ཡིན་ནོ། །གདོད་མའི་ཡེ་གཞི་ཆེན་པོར་རང་དབང་བསྒྱུར་ཏེ་རང་ཐོག་ཏུ་རང་སད་ཅིང་བརྟལ་བ་ནི་བསྒོམ་པ་དམིགས་གཏད་དང་བྲལ་བ་ཉིད་ཡིན་ནོ། །དེ་ནི་དཔེར་ན་ཆུ་ཐིག་རྒྱ་མཚོ་དང་འདྲེས་ཚེ་རྒྱ་མཚོ་བཅོས་སུ་མེད་པར་རྒྱ་མཚོར་འགྱུར་པའམ། བུམ་ནང་གི་ནམ་མཁའ་ཕྱིའི་ནམ་མཁའ་དང་འདྲེས་ཚེ་ནམ་མཁའ་བཅོས་སུ་མེད་པར་ནམ་མཁར་འབྱམས་ཀླས་པ་ལྟ་བུའོ། །

[II. Durch Meditation zur Anwendung bringen

1. Allgemein aufzeigen, wie Meditation ohne irgendeinen fixen Bezugsrahmen ist]

ALS ICH SPÄTER IN EINER VISION SHRI SIMHA, den König der Gewahrseinshalter traf, stellte ich folgende Frage: »Ah, verehrter Lehrer, ich bitte, offenbart mir den Pfad der Großen Vollkommenheit!«

Nachdem ich diese meine Bitte ausgesprochen hatte, gewährte er folgende Antwort: »Die Große Vollkommenheit ist die höchste gemeinsame Grundlage von Samsara und Nirvana, der höchste grundlegende Raum, in dem Samsara, Nirvana und Pfad vollkommen sind.

Die grundlegende Natur so zu kennen, wie sie ist, ist die Sichtweise.

Meisterschaft in diesem höchsten und zeitlos uranfänglichen Seinsgrund zu erlangen – durch das darin Erwachen und dem sich ihm in all seiner Unmittelbarkeit Öffnen – ist Meditation frei von jeglichem fixierenden Bezugsrahmen. Es ist wie ein Tropfen Wasser, der sich mit dem Ozean vermischt und zum Ozean wird, ohne ihn zu verändern, oder wie der Raum in einer Vase, der sich mit dem Raum außerhalb vermischt und sich frei durch den gesamten Raum hindurch ausbreitet, ohne ihn zu verändern. Obwohl es für

གཞི་དང་སེམས་ལ་ཕྱི་ནང་མེད་ཀྱང་བདག་འཛིན་གྱིས་ཕྱི་ནང་དུ་བཅད་པ་ཙམ་དུ་ཟད་དེ། ཆུ་རང་གྲོལ་དུ་ཡོད་པ་གྲང་ལྷག་གི་སྐྱུན་ཐག་གིས་འཁྱུག་པར་བསྡམས་པ་ལྟར་གཞི་རང་གྲོལ་དུ་ཡོད་པ་ལ་བདག་འཛིན་གྱི་སྐྱུན་ཐག་གཅིག་པུས་འཁོར་བ་ཡོངས་སུ་གྲུབ་པའོ། །

དེའི་ངང་རྩལ་ཤེས་ཏེ་ལུས་ཀྱི་སྒོ་ནས་བཟང་ངན་བར་གསུམ་གྱི་བྱ་བ་བཏང་སྟེ་བྱར་མེད་དུ་དུར་ཁྲོད་ཀྱི་མི་རོ་ལྟར་སྡོད་པ་དང་། ངག་གི་བྱ་བ་གསུམ་པོ་ཡང་དེ་བཞིན་དུ་བཏང་སྟེ་ལྐུགས་པ་ལྟར་སྡོད་པ་དང་། སེམས་ཀྱི་བྱ་བ་གསུམ་པོ་ཡང་བཏང་ནས་སྟོན་ནམ་བསླད་བྱེད་ཀྱི་རྐྱེན་གསུམ་དང་བྲལ་བ་ལྟ་བུ་མི་འཆོས་པར་བཞག་པ་ནི་མཉམ་པར་བཞག་པ་ཞེས་བྱའོ། །བྱ་བ་དགུ་ཕྱུགས་སུ་བཏང་བས་བྱ་བཏང་དང་བྱར་མེད་བློས་མ་བཅོས་པས་བློ་འདས་ཞེས་ཀྱང་བྱའོ། །གནད་དེ་ཉིད་ཀྱི་ངང་དུ་རང་གདིང་ཆེན་པོ་འཐོབ་པར་འགྱུར་རོ། །གཞན་ཡང་འགྲོ་འདུག་འགྱུལ་བསྐྱོད་བཟླས་བརྗོད་བསམ་སྤྱོད་ཐམས་ཅད་ཀྱི་དུས་ཀུན་ཏུ་ལྟ་བའི་སྣང་མ་ཤོར་བར

den gewöhnlichen Geist und den Seinsgrund kein Innen und Außen gibt, führt das Ergreifen einer Selbstnatur (*bdag 'dzin*) zu einer Trennung in Innen und Außen. So wie Wasser, das sich in einem natürlich frei fließenden Zustand befindet, unter dem Einfluss eines kalten Windes zu Eis gefriert, befindet sich der Seinsgrund in einem natürlich freien Zustand, und das gesamte Spektrum von Samsara wird einzig durch das Ergreifen einer Selbstnatur erschaffen.«

[2. Im Detail die Stufen der formalen Meditation und postmeditativen Erfahrung erklären]

»Wenn du diese fundamentale Natur verstehst, gibst du die drei Aktivitäten des Körpers – gute, schlechte und neutrale – auf und verweilst wie ein Leichnam auf dem Leichenplatz, ohne noch irgendetwas erledigen zu müssen. Gleichfalls gibst du die drei Arten der sprachlichen Aktivität auf und verweile wie ein Stummer. Ebenso gibst du die drei Arten der geistigen Aktivität auf und ruhst ohne Veränderungen, wie ein Herbsthimmel frei von den drei verunreinigenden Bedingungen[12]. Dies wird ›meditative Ausgeglichenheit‹ (*mnyam par bzhag pa*) genannt. Es wird auch als ›alles Tun loslassen‹ oder ›nichts zu tun haben‹ (*byar med*) bezeichnet, da alle Handlungsgewohnheiten aufgegeben wurden; und als ›jenseits von Denken‹ (*blo 'das*), da es keine Veränderungen durch den denkenden Geist gibt. Im Kontext dieses Schlüsselpunktes wirst du ein großes inneres Vertrauen finden.

Ohne die Perspektive der Sichtweise (*lta ba*) zu verlieren, bist du dir ferner zu allen Zeiten – während du herumgehst, sitzt, dich erhebst, bewegst, Mantras wiederholst, laut sprichst, denkst oder dich in anderen Weisen verhältst – gewahr, dass die Welt der Er-

[12] Wolken, Nebel und Dunstschleier

སྣང་སྲིད་སྒྱུ་མ་ལྟ་བུ། སྒོམ་པའི་གདིང་མ་ཤོར་བར་དང་མངོན་གྱུར་དུ་རིག་པ། སྤྱོད་པ་བག་མེད་དུ་མ་སོང་བར་སྤྱོད་ལམ་རྣམ་བཞི་ཚུལ་བཞིན་བསྟེན་པའོ། །གནད་དེ་ནི་ཤི་བའི་མཐར་མ་ཐུག་བར་དུ་བརྟེན་དགོས་པ་ཡིན། དེ་ནི་བསྒོམ་པ་རང་གྲོལ་བློ་འདས་སོ། །

སྤྱོད་པའི་གནད་ནི་ཐམས་ཅད་སྟོང་པ་ཉིད་ཡིན་པས་ཇི་ལྟར་སྤྱད་ཀྱང་ཉེས་པས་མི་གོས་སླམ་དུ་ལྟ་བའི་ཕྱོགས་སུ་སྤྱོད་པ་མི་འཚོལ་བར་ལུས་ངག་གི་མི་དགེ་བ་དུག་བཞིན་སྤངས་ཏེ་ཞི་དུལ་བག་ཡོད་དང་ལྡན་པ་ཁྲིམས་བདག་རྒྱལ་པོའི་མདུན་སར་སླེབ་པ་ལྟ་བུ་ཞིག་དགོས། ཡང་ལུས་ངག་ཡིད་གསུམ་གྱི་དགེ་བ་གཞན་ཟབ་ཟབ་འདྲ་བའི་ཡུལ་དུ་ཞེན་ནས་ཡང་དག་པའི་ལྟ་སྒོམ་ཟིལ་གྱིས་མནན་ཏེ་འཁོར་བར་བསོད་ནམས་བསགས་པ་ཙམ་ལ་མི་ཆེ་འདས་ན་གསེར་གྱི་སྒྲོག་གིས་བཅིངས་པ་ལྟ་བུ་སྤྱོད་པའི་ཕྱོགས་སུ་ལྟ་བ་མི་འཚོལ་བར་དཔེར་ན་སྡེར་ཆགས་གང་གིས་ཀྱང་ཟིལ་གྱིས་མི་ནོན་པ་སེང་གེ་གངས་ལ་འཁྱིལ་བ་ལྟ་བུ་ཞིག་དགོས་པ་ཡིན་ནོ། །

scheinungen und Möglichkeiten wie eine Illusion ist. Ohne das innewohnende Vertrauen deiner Meditation (*sgom pa*) zu verlieren, bist du dir deiner offensichtlich werdenden grundlegenden Natur (*ngang*) gewahr. Und ohne, dass dein Verhalten (*sphyod pa*) nachlässig wird, stützt du dich in der richtigen Weise auf die vier Arten des authentischen Verhaltens. Dies sind die Schlüsselpunkte, auf die du dich bis ans Ende deiner Tage verlassen kannst. Dies ist die Meditation, die natürlich befreit (*rang grol*) ist und über das Denken (*blo*) hinausgeht.«

[III. Durch Verhalten vertiefen

1. Üben, so dass weder auf Kosten der Sichtweise noch auf Kosten des Verhaltens Fehleinschätzungen auftreten]

»Der Schlüsselpunkt des Verhaltens ist, den unheilsamen Handlungen von Körper und Rede zu entsagen, als ob sie Gift wären, indem du die Sichtweise nicht auf Kosten des Verhaltens überbetonst und denkst, da alles Leerheit sei, würdest du von den Fehlern nicht befleckt werden, egal was du tust. Du musst ruhig, maßvoll und sorgsam sein, wie jemand, der vor das höchste Gericht gebracht worden ist.

Hängst du andererseits an den drei Arten beiläufiger heilsamer Handlungen – jenen von Körper, Rede und Geist – als ob sie tiefgründig wären, dann setzt du dich über die korrekte Sichtweise und Meditation hinweg. Wenn du dieses menschliche Leben lediglich damit zubringst, Verdienst in Samsara anzusammeln, ist es so, als ob du mit goldenen Ketten gefesselt wärst. Ohne das Verhalten auf Kosten der Sichtweise überzubetonen, musst du wie ein Schneelöwe sein, der majestätisch auf den Gletschern umherwandert und den kein anderes Raubtier überwältigen kann.

ཁྱད་པར་ལྟ་བ་སྟོང་ཉིད་རྟོགས་ཀྱང་སྙིང་རྗེ་གཞན་ནས་བསྒོམ་དགོས་ཟེར་བ་དག་ཡོད་པའི་རྗེས་སུ་འབྲངས་ན་རྒྱུ་རང་ལ་ཡོད་ཀྱང་རྐྱེན་གཞན་ནས་རྩོལ་དགོས་པར་སྨྲ་བ་དང་། མི་རང་ལ་ཡོད་ཀྱང་ཚ་དྲོད་གཞན་ནས་རྩོལ་བ་དང་། རླུང་རང་ཉིད་ཡིན་ཀྱང་བསིལ་གཞན་ནས་འབྱུང་དགོས་ཟེར་བ་ལྟ་བུའི་ཕྱོགས་སུ་ངེས་ཏེ། འཁོར་འདས་སྟོང་ཉིད་ཆེན་པོ་ཉིད་དུ་ངེས་པར་ཐག་ཆོད་པ་ནི་འཁོར་འདས་དག་མཉམ་དུ་རོལ་པའི་སྙིང་རྗེ་བྱང་ཆུབ་ཀྱི་སེམས་བླ་ན་མེད་པའོ། །ལྟ་སྒོམ་གྱི་གནད་དང་དང་ཚུལ་ཇི་ལྟ་བ་བཞིན་དུ་ངོ་འཕྲོད་ནས་ཤེས་ནའང་དེས་ཚིག་པ་ཙམ་དུ་ཐག་བཅད་དེ་འཁོར་བའི་བྱ་བ་ལ་ཞེན་ནས་ཆགས་སྡང་གི་སྤྱོད་པ་སྣ་ཚོགས་པས་མི་ཚེ་སྟུག་ཟད་དུ་གཏོང་བ་དག་ནི་ལྟ་སྒོམ་ཐམས་ཅད་འཁྲུལ་པ་འཁོར་བའི་བྱ་བྱེད་ཀྱིས་ཟིལ་གྱིས་མནན་པ་ཡིན།

ཉམས་ཀྱི་སྣང་བ་ནི་སེམས་དང་ཤེས་རྒྱུད་སྟེར་ལྟར་མ་ཡིན་པར་འདོད་ལྟར་འཕེན་པའི་བདེ་སྣང་འབོལ་ལེ་བ་དང་། གཟུགས་ཁམས་སུ་འཕེན་པའི་གསལ་ཉམས་གསལ་ཧྲིག་གེ་བ་དང་།

Besonders wenn du jenen folgst, die sagen, dass man, obwohl man Leerheit verwirklicht hat, Mitgefühl anderweitig kultivieren müsse, dann bist du wie einer, der fordert, dass man, obwohl man Wasser hat, Nässe woanders suchen müsse, oder dass man, obwohl man Feuer hat, Wärme woanders suchen müsse, oder dass, obwohl der Wind einen kühlt, man Kühle woanders suchen müsse. Das eindeutige Erleben der Gewissheit, dass Samsara und Nirvana höchste Leerheit selbst sind, ist der unübertreffliche Erleuchtungsgeist – Mitgefühl als der spielerische Ausdruck von Samsara und Nirvana in ihrer Gleichheit und Reinheit (*dag mnyam*).

Es gibt jene, die, wenn sie direkt in die Schlüsselpunkte und die Natur von Sichtweise und Meditation eingeführt wurden und sich ihrer gewahr sind, so wie sie sind, dann zum Entschluss gelangen, dass diese Einführung allein ausreicht. Weiterhin auf die Notwendigkeit fixiert, Dinge in Samsara zu erledigen, vergeuden sie ihr menschliches Leben, indem sie sich in den verschiedenen Verhaltensweisen engagieren, die auf Anhaftung und Abneigung gründen. Ihre gesamte Sichtweise und Meditation ist von den Plänen und Handlungen Samsaras überwältigt.«

[2. Wegpunkte möglicher Abweichung vom Pfad abschneiden

2.1. Wegpunkte möglicher Abweichung in Bezug auf flüchtige meditative Erfahrungen erkennen]

»Meditative Erfahrungen (*nyams*) entstehen, in denen dein gewöhnlicher Geist – das Kontinuum deines Bewusstseins – verschieden von dem ist, was er vorher war. Angenehme Erfahrungen der Wonne treiben dich zu einer Wiedergeburt als ein Gott des Begierdebereichs. Lebhafte Erfahrungen von Klarheit treiben dich zu einer Wiedergeburt im Formbereich. Erfahrungen von Leerheit

གཟུགས་མེད་སྐུ་བཞིར་འཕེན་པའི་སྟོང་ཉམས་མི་རྟོག་པ་ཁ་ནང་ལྟ་ཐོམ་ཡོ་རེ་བ་དྲན་མེད་ཤེས་མེད་གཉིད་འཐུག་ལྟ་བུ་དང་། ལྟ་བ་སྟོང་ཉིད་ལ་རྒྱུས་མེད་ཅིང་སེམས་སྟོང་པ་དངོས་པོར་མ་གྲུབ་པ་ཙམ་ལ་བློ་ཐག་བཅད་དེ་སྟོང་པའི་ངང་དུ་རྩེ་གཅིག་ཏུ་འཇོག་པ་ནི་སྲིད་པའི་རྩེ་དང་། འདུ་ཤེས་མེད་པའི་ལྷར་འཕེན་པའི་ལྟ་བ་ཡིན་ནོ། །

གཞན་ཡང་ཕྱི་སློང་ལྷ་འདྲེའི་ཆོ་འཕྲུལ་ཐན་དང་ལྟས་ངན་ལ་སོགས་པ་དབང་པོའི་ཡུལ་ལ་ཆོ་འཕྲུལ་སྣ་ཚོགས་འབྱུང་བ་དང་། ནང་སློང་ལུས་ལ་ན་ཚ་ཟུག་རྔུ་སྣ་ཚོགས་པ་འབྱུང་བ་དང་། གསང་སློང་སེམས་ཀྱི་བདེ་སྡུག་མ་ངེས་པར་འབྱུང་བ་ཐམས་ཅད་ཉམས་རྫུན་པོ་ཆེའི་མཚང་དུ་རིག་ཅིང་ཐག་བཅད་ན་རང་ཡལ་དུ་འགྲོ་བ་ཡིན། བདེན་ཞེན་རེ་དོགས་ཀྱི་ངང་བརྟན་པར་གྱུར་ན་སྨྱོ་འབོག་བརྒྱལ་བ་ལ་སོགས་པས་འཆི་བ་སྲོག་ལ་འབབ་པའི་རྐྱེན་དུ་འགྱུར་བ་དང་། ལྷར་སྣང་འདྲེར་སྣང་ལ་མངོན་པར་ཞེན་པའི་དབང་དུ་གྱུར་ན་བསྒོམ་ཆེན་ཐ་མལ་དུ་འཆོལ་བའི་རྒྱུར་འགྱུར་པ་ཡིན་ནོ། །ཞེས་གསུངས་ཤིང་མི་སྣང་བར་ཡལ་ལོ། །

– ausdruckslose, nach innen gerichtete, nicht-begriffliche Zustände wie der Tiefschlaf ohne Erinnerung oder Bewusstsein – treiben dich zu einer Wiedergeburt in einem der vier Zustände des formlosen Bereichs. Ohne die geringste Ahnung von der Sichtweise der Leerheit beschließt du vielleicht verstandesmäßig, dass der Geist einfach dahingehend leer ist, dass er niemals als etwas Substanzielles bestanden hat, und verweilst daher einsgerichtet in diesem leeren Zustand. Diese Sichtweise treibt dich auf den Gipfel der bedingten Existenz, der Wiedergeburt als Gott in einem Zustand frei von Wahrnehmungsvermögen.«

[2.2. Wegpunkte möglicher Abweichung in Bezug auf Prüfungen abschneiden]

»Genauso begegnen dir vielleicht Prüfungen (*slong*). Äußere Prüfungen bestehen aus vielfältigen Trugbildern, die unsere Sinne beeinflussen, wie etwa negative Anzeichen und Omen, welche die Machenschaften von Göttern und Dämonen sind. Innere Prüfungen umfassen verschiedene Krankheiten und körperliche Leiden. Geheime Prüfungen sind unvorhersehbare Gemütsschwankungen. Wenn du dir ihrer verborgenen Schwachstelle bewusst bist, dass sie nämlich alle immens falsche Erfahrungen sind, und zu einem Entschluss darüber kommst, dann werden sie ganz natürlich verschwinden. Wenn du sie aus Hoffnung und Furcht verstärkst und ihnen wahre Existenz verleihst, werden sie möglicherweise zu lebensbedrohlichen Umständen wie psychotische Schübe, Anfälle und Besessenheiten. Von Göttererscheinungen und Dämonenerscheinungen besessen zu sein, verwandelt einen großen Meditierenden in etwas sehr Gewöhnliches.«

Dies sagend, verschwand er.

Zurchung Sherab Dragpa

༄༅། །ཡང་རེ་ཞིག་གི་ཚེ་རང་སྣང་དོན་གྱི་འོག་མིན་དུར་ཁྲོད་མེ་རི་འབར་བའི་གནས་ནས་ཟུར་ཆུང་ཤེས་རབ་གྲགས་པ་དང་མཇལ་ཚེ། བདག་གིས། ཀྱཻ་བླ་མ་ལགས། གདམས་ངག་ཐུགས་ཀྱི་ཡང་བཅུད་ཚིག་ཉུང་ལ་དོན་འདུས་པ་ཞིག་བདག་ལ་གནང་བར་མཛད་དུ་གསོལ། ཅེས་ཞུས་པས་བཀའ་སྩལ་པ། ཀྱཻ་བསྐལ་པ་དཔག་ཏུ་མེད་པའི་གོང་རོལ་ནས་ཚོགས་སྔོན་ལས་འཕྲོ་དུས་འཛོམ་པའི་སྐྱེས་བུ་ཁྲོད་ཉོན་ཅིག རྣམ་པ་ཐམས་ཅད་མཁྱེན་པ་སངས་རྒྱས་ཀྱི་གོ་འཕང་ལ་བགྲོད་པར་འདོད་ན། བླ་མ་ལ་མོས་གུས་ཐང་ལྷོད་མེད་པའི་སྒོ་ནས་སྤྱོད་ལམ་ཀུན་ཏུ་བསྙེན་པ་དང་། མཆེད་གྲོགས་ལ་བརྩེ་གདུང་དང་དག་སྣང་སྦྱོང་བ་རྒྱུན་མི་ཆད་པ་དང་། སེམས་ཅན་ལ་སྙིང་རྗེ་དྲག་པོའི་སྒོ་ནས་ཐར་པ་དང་ཐམས་ཅད་མཁྱེན་པའི་གོ་འཕང་དོན་དུ་གཉེར་བ་དང་། འདུས་བྱས་ཐམས་ཅད་མི་རྟག་པའི་ངང་ཚུལ་ལ་རྟག་ཏུ་བསམ་ནས་འཁོར་བའི་བྱ་བ་བཏང་སྟེ་བྱར་མེད་ཀྱི་ངང་དུ་གནས་པར་བྱ་བ་རྣམས་ནི་དམ་པའི་ཆོས་ཐམས་ཅད་ཀྱི་ཡང་སྙིང་བླ་ན་མེད་པ་ཡིན་ནོ། །

[3. Andere Arten authentischen Verhaltens aufzeigen]

Bei einer anderen Gelegenheit traf ich in einer natürlich aufgetretenen Vision des letztendlich reinen Bereichs von Akanishtha (*og min*) als der Leichenplatz von Meri Barwa (*me ri 'bar ba,* ausbrechender Vulkan) Zurchung Sherab Dragpa. Ich sprach: »Ah verehrter Lehrer, gewährt mir, so bete ich, die innerste Essenz eures Erleuchtungsgeistes, eine Anweisung der zusammengefassten Bedeutung in wenigen Worten.«

Nachdem ich diese meine Bitte vorgetragen hatte, gewährte er folgende Antwort: »Ah so höre nun zu, du Edler! Die Ansammlungen, das Streben und die positiven karmischen Tendenzen, die sich über unzählige Zeitalter verstärkt haben, sind nun gleichzeitig in dir zusammengetroffen. Wenn du den allwissenden Zustand der Buddhaschaft erreichen willst, dann mache folgendes: Erfreue deinen Guru mit unermüdlicher Hingabe mit deinem ganzen Verhalten. Übe dich ohne Unterbrechung in warmherziger Liebe und reiner Sichtweise gegenüber deinen spirituellen Gefährten. Strebe durch intensives Mitgefühl nach dem Zustand der Befreiung und Allwissenheit für die Wesen. Und verweile in dem Zustand, in dem es nichts zu tun gibt, indem du immerfort an die unbeständige Natur alles Zusammengesetzten denkst und so die Notwendigkeit loslässt, etwas in Samsara zu tun. Dies ist die unübertreffliche innerste Essenz aller heiligen Lehren des Buddhas.

གདམས་ངག་ཆུད་ཟོས་སུ་མི་གཏོང་བ་བླ་མ་དམ་པའི་ཞབས་ཏོག དམ་ཚིག་ལ་ངོ་ལྐོག་མེད་པ་ལྷ་དང་སྲུང་མའི་བླ་རྡོ། མི་ཚེ་ཆོས་ལ་དྲིལ་བ་འཆི་དུས་བློ་ལྷག་མེད་པའི་གནད་གསུམ་ཡིན་ནོ། །དམ་ཚིག་དང་སྡོམ་པ་སྲོག་ལྟར་བསྲུང་བ་སྒོམ་ཆེན་ཐ་མལ་དུ་མི་འཆོལ་བའི་གནད་དང་། འདོད་ཡོན་ལ་ཆོག་ཤེས་བསྟེན་པ་ཡུལ་ངན་དུ་མགོ་མི་འཁོར་བའི་གདམས་པ་དང་། འཁོར་བ་ལ་སྙིང་པོ་མེད་པར་ཤེས་པ་ཆགས་སྡང་གི་ཞེན་པ་གཅོད་པའི་གདམས་པ་ཡིན་ནོ། །འཇིག་རྟེན་གྱི་བྱ་བ་ལ་ཟིན་དུས་མེད་པ་སྤྱོས་རྒྱའི་རི་མོ་ལྟ་བུར་ཤེས་པ་བྱ་བའི་མཐའ་སྐྱུད་པའི་མན་ངག་ཡིན་ནོ། །

དང་པོ་བསླབ་པ་ལ་བརྟེན་ནས་ཤེས་པ་དང་། བར་དུ་བརྟག་ཅིང་དཔྱད་པས་རང་རྒྱུད་ལ་སྦྱོང་བ་ཐོན་ནས་རྟོགས་པ་དང་། དེ་ལྟར་ཤེས་པ་དང་རྟོགས་པ་ཙམ་གྱིས་གྲོལ་བ་མི་འཐོབ་པའི་ཚུལ། དཔེར་ན་ཟས་ཡོད་ཀྱང་མ་ཟོས་ན་མི་འགྲང་བ་ལྟ་བུ་ཡིན་པས།

Das Folgende sind drei Schlüsselpunkte: Die spirituellen Anweisungen nicht zu verschwenden, ist Dienst am heiligen Guru; das Samaya ohne Scheinheiligkeit einzuhalten, ist der ›Geiststein‹[13] der Gottheiten und Wächter; und dieses menschliche Leben mit den Lehren des Buddhas zu vermischen, ist zu wissen, dass es zur Zeit deines Todes nichts Unerledigtes geben wird.

Behüte dein Samaya und deine Gelübde wie dein Leben – dies ist ein weiterer entscheidender Punkt, der sicherstellt, dass ein großer Meditierender nicht zu jemand äußerst Gewöhnlichem verkommt. Bewahre Genügsamkeit hinsichtlich der Sinnesgenüsse – dies ist ein Rat, um nicht durch niedrige Sinnesobjekte betrogen zu werden. Verstehe, dass Samsara keine wahre Essenz hat – dies ist der Rat, um Anhaftung und Ablehnung zu durchtrennen. Wisse, dass es wie bei beständig dahinbrennenden Räucherwerkuhren kein Ende der Dinge gibt, die in Samsara getan werden könnten – dies ist der Herzensrat (*man ngag*), der sie zum Ende bringt.«

[IV. Wie die Frucht offenkundig wird

1. Die tatsächliche Stufe der fortwährenden Freiheit als Verwirklichung]

»Zuerst entwickelst du Verständnis (*shes pa*), indem du dich auf die Übungen (*bslab pa*) stützt. Später entwickelst du Erkenntnis (*rtogs pa*), indem durch Untersuchung und Beobachtung eigene Erfahrung entsteht. Doch es ist so, dass Verstehen und Erkennen allein noch keine Freiheit bringen, wie beispielsweise der Besitz von Nahrung: Wenn du nicht davon isst, wirst du nicht satt werden.

---

13 Geiststeine oder Lebenssteine (*bla rdo*) sind besondere Steine, die man als Stütze und Wohnort für Schützer auf den Altar legt. (A.d.Ü.)

བྱ་བ་དགུ་ཕྲུགས་སུ་བཏང་ནས་བསྒོམ་པའི་སྟོབས་ཀྱིས་རང་ཐོག་ཏུ་བརྟན་པ་ཐོབ་པ་ནམ་ལངས་ཚེ་སྨུན་པ་མི་འབྱུང་བ་ལྟ་བུར་རིག་པའི་ཁོར་ཡུག་ཏུ་རྒྱུ་མ་ཆད་པའི་དུས་ནི་རིག་པ་རང་ཐོག་ཏུ་རང་གདིང་ཐོབ་པ་ཡིན།   ད་དུང་དེ་ཙམ་གྱིས་འཚང་རྒྱ་བར་མི་འགྱུར་བས་ཆོས་ཅན་གྱི་སྣང་བ་ཆོས་ཉིད་དུ་ཟད་ནས་འཁོར་བའི་སྣང་སེམས་ཀྱི་དྲི་ཙམ་ཡང་མེད་པའི་ཆོས་དབྱིངས་ཀུན་ནས་ཐྲུམ་པ་ཆེན་པོའི་ངང་དུ་འབྱམས་ཀླས་པ་ནི་གྲོལ་བའི་ས་རུ་ཕེབས་པ་ཡིན།   སྣང་བ་དེར་ཡང་ཞེན་སྒྲིབ་ཕྲ་བའི་ཕྲ་བ་ཡུལ་མེད་དུ་སངས་ནས་ཇི་ལྟ་ཇི་སྙེད་ཀྱི་ཡེ་ཤེས་ཆེན་པོར་དབང་བསྒྱུར་ནས་ཆོས་སྐུ་ནམ་མཁའ་ལྟ་བུ་སྐུ་གསུམ་མཉམ་བརྡལ་གྱི་རོལ་པར་སངས་རྒྱས་པ་ཡིན་ནོ།   །

རིགས་ཀྱི་བུ་གཞི་མ་རིག་པ་རྩལ་རྣམ་པར་རྟོག་པ་སྐྱེ་འགག་ཅན་ནི་

So wie es keine Dunkelheit mehr gibt, sobald der Morgen angebrochen ist, wirst du in deinen unmittelbaren Zustand Stabilität durch die Kraft deiner Meditation gewinnen, wenn du jegliche Art der Aktivität aufgegeben hast. An dem Punkt, an dem es keine Einschränkung für die panoramaartige Reichweite des Gewahrseins gibt, wirst du ein natürlich innewohnendes Vertrauen in deinen unmittelbaren Zustand entdecken. Aber sogar an diesem Punkt wirst du noch immer nicht zur Buddhaschaft erwacht sein.

Wenn Phänomene sich in ihre wahre Natur (*chos nyid*) auflösen, wirst du unendliche Weite im Kontext des grundlegenden Raumes der Phänomene (*chos dbyings*) erfahren, erhaben und alles beinhaltend, jenseits der allerfeinsten Verzerrungen des gewöhnlichen Geistes und der von ihm in Samsara wahrgenommenen Phänomene. Dann wirst du die Ebene der Freiheit erreicht haben. In diesem Zustand der Erfahrung sind darüber hinaus selbst die feinsten Wissensschleier (*shes sgrib*) gereinigt, ohne Rückstände zu hinterlassen, und durch die erhabene zeitlose Weisheit wird Meisterschaft erlangt, sowohl über die wahre Natur der Dinge, so wie sie ist, wie auch über die Dinge in ihrer Vielfältigkeit. So erwachst du zur Buddhaschaft im Dharmakaya, der wie der Raum ist – der gleichmäßig ausgedehnte spielerische Ausdruck der drei Kayas.«

[2. Der Herzensrat, der klare Unterscheidungen schafft, indem er zielsicher die Schlüsselpunkte festnagelt

2.1. Eine klare Unterscheidung zwischen gewöhnlichem Geist und Gewahrsein treffen]

»Ach Sohn des spirituellen Erbes, die dynamische Energie des nicht Gewahrseins (*ma rig pa*) des Seinsgrundes sind die dem Entstehen und Vergehen unterworfenen Gedanken – das ist das

སེམས་ཀྱི་མཚན་ཉིད་ཡིན་ནོ། །གཞི་མངོན་དུ་གྱུར་པ་རྩལ་ཡེ་བབ་ཆེན་པོ་ནི་རིག་པའི་མཚན་ཉིད་ཡིན་ནོ། །གཞིའི་གནས་ལུགས་ཤེས་པ་ནི་གཞིའི་རིག་པ་ཡིན། ཆོས་ཉིད་མངོན་བྱེད་ཀྱི་ཤེས་པ་དྭངས་གསལ་རྙོགས་མ་དང་བྲལ་བ་ནི་ལམ་རིག་པ་སྟེ། གཉིས་ཀ་དུས་འཛོམ་པ་ལ་ཁྱབ་བརྡལ་རིག་པ་རྫོགས་པ་ཆེན་པོ་ཡིན་ནོ། །

རྣམ་པར་རྟོག་པའི་ཆོ་འཕྲུལ་མཆེད་པའི་སྣང་བ་ཐམས་ཅད་མངོན་དུ་བྱེད་པའི་ཤེས་པ་ལ་ཡིད་ཅེས་བྱ་བ་དང་། སྣང་བ་མཆེད་པའི་ཡུལ་དྭག་གོ་མ་འགག་པ་ལ་ཡིད་ཀྱི་རྣམ་པར་ཤེས་པ་ཞེས་ཚིག་ཏུ་བརྗོད་པའོ། །འཁོར་འདས་སྟོང་ཉིད་ཆེན་པོའི་ངང་རྩལ་ཇི་ལྟ་བ་བཞིན་དུ་ཤེས་པ་གཞིའི་ཤེས་རབ། ཤེས་པ་ཟང་ཀ་རྒྱ་ཡན་གོ་མ་འགག་པ་ཉིད་ངོ་འཕྲོད་པ་ལམ་གྱི་ཤེས་རབ། དེ་གཉིས་ཀ་དུས་འཛོམ་པ་ལ་ཁྱབ་བྱེད་ཀྱི་ཤེས་རབ་ཞེས་བྱའོ། །

eigentliche Charakteristikum des gewöhnlichen Geistes (*sems*). Gewahrsein (*rig pa*) ist das Hervortreten des Seinsgrundes als große, zeitlose erscheinende dynamische Energie.

Der Grundaspekt des Gewahrseins ist, die Art und Weise des Verweilens des Seinsgrundes zu kennen. Der Pfadaspekt des Gewahrseins ist makelloses und klares Wissen frei von befleckenden Faktoren, das die Natur der Phänomene vollkommen offenbar werden lässt. Wenn diese beiden Aspekte gleichzeitig auftreten, ist dies die Große Vollkommenheit – durchdringendes und ausgedehntes Gewahrsein.«

[2.2. Eine klare Unterscheidung zwischen begrifflichem Geist und höchstem Erkennen treffen]

»Der Begriff ›begrifflicher Geist‹ (*yid*) bezieht sich auf ein Bewusstsein, das alle Sinneserscheinungen, die durch die verwickelte Aktivität der Begriffsbildung wuchern, offensichtlich werden lässt. Der Begriff ›auf dem begrifflichen Geist basierendes Bewusstsein‹ (*yid kyi rnam shes*) bezieht sich auf den unaufhörlichen Zustand, durch den die Erscheinungen als die sechs Arten von Sinnesobjekten wuchern.

Der Grundaspekt des höchsten Erkennens (*shes rab*) ist das Erkennen der grundlegenden Natur von Samsara und Nirvana, so wie sie ist – nämlich höchste Leerheit. Der Pfadaspekt des höchsten Erkennens ist die direkte Einführung in den unaufhörlichen Zustand des nackten, uneingeschränkten Erkennens. Das gleichzeitige Auftreten dieser beiden Aspekte wird ›durchdringendes höchstes Erkennen‹ genannt.«

འདོད་ཡོན་གྱི་སྣང་བ་མཆེད་པའི་སྣང་ཡུལ་གོ་མ་འགག་པ་ལ་རྣམ་པར་ཤེས་པ་དང་།   སྣང་བ་ལ་དངོས་པོར་འཛིན་པའི་རྣམ་པར་རྟོག་པ་ལ་ལས་རླུང་ཞེས་བྱའོ།   །ཡིད་ཀྱི་ཤེས་པ་ཕྲ་རགས་དུས་འཛོམ་པས་འཁོར་བ་ཡོངས་སུ་གྲུབ་པའོ།   །ཆོས་ཉིད་བདེ་གཤེགས་སྙིང་པོའི་ངང་ཚུལ་ཇི་ལྟ་བ་བཞིན་དུ་ཤེས་པ་ཇི་ལྟ་བ་མཁྱེན་པའི་ཡེ་ཤེས།   ཆོས་ཉིད་དེ་བཞིན་ཉིད་ཀྱི་གནས་ལུགས་མངོན་དུ་བྱེད་པའི་དུས་སུ་ཀུན་ཤེས་ཀུན་རིག་གི་གོ་མ་འགག་པ་ལ་ཇི་སྙེད་པ་གཟིགས་པའི་ཡེ་ཤེས།   དེ་མཉམ་དུ་བརྡལ་བ་ལ་ཀ་དག་མཉམ་པ་ཉིད་ཀྱི་ཡེ་ཤེས་ཞེས་བྱའོ།   །

གཞི་མ་རིག་པའི་དབང་གིས་ལུང་མ་བསྟན་དུ་སོང་བ་དཔེར་ན་གཉིད་ཀྱི་ངང་དུ་རྨི་ལམ་སྣ་ཚོགས་སྣང་བ་ལྟར་ཀུན་གཞིའི་མཁའ་ལ་ལས་རླུང་སྣ་ཚོགས་གཡོས་པ་

[2.3. Eine klare Unterscheidung zwischen Bewusstsein und zeitloser Weisheit treffen]

»Der Begriff ›Bewusstsein‹ (*rnam par shes pa*) bezieht sich auf den unaufhörlichen Zustand der erscheinenden Sinnesobjekte, die in der eigenen Wahrnehmung wuchern. Der Begriff ›subtile karmischen Energie‹ (*las kyi rlung*) bezieht sich auf die Gedankenketten, die diese Sinneserscheinungen mit Wirklichkeit ausstattet. Das gesamte Spektrum von Samsara wird gänzlich aus der Gleichzeitigkeit dieser subtilen und groben Aspekte des Bewusstseins, die auf dem begrifflichen Geist beruhen, errichtet.

Zeitlose Weisheit (*ye shes*), die die Dinge kennt, so wie sie sind (*ji lta ba mkhyen pa'i ye shes*), kennt den Zustand der wahren Natur der Phänomene – Buddha-Natur – so wie sie ist. Zeitlose Weisheit, die die Dinge in ihrer Vielfältigkeit sieht (*ji snyed pa gzigs pa'i ye shes*), ist der unaufhörlichen Zustand des alles wissenden, alles kennenden Gewahrseins, wenn die Art des Verweilens der wahren Natur der Phänomene – Soheit – offensichtlich wird. Die Übereinstimmung dieser beiden wird ›ursprünglich reine zeitlose Weisheit der Gleichheit‹ genannt.«

[2.4. Eine klare Unterscheidung zwischen der Grundlage aller gewöhnlichen Erfahrungen und dem Dharmakaya treffen

a. Die tatsächliche klare Unterscheidung]

»Durch das Nicht-Gewahrsein des Seinsgrundes entsteht ein karmisch neutraler Zustand. Vielfältige Aspekte der subtilen karmischen Energie bewegen sich im Raum, der Grundlage aller gewöhnlichen Erfahrung (*kun gzhi*), so wie sich vielfältige Traum-

འཁོར་བ་ཀུན་གྱི་གཞི་དང་རྩ་བའོ། །ཆོས་ཅན་གྱི་སྣང་བ་ཐམས་ཅད་ཆོས་ཉིད་སྤྲོས་མཐའ་བྲལ་བ་འཁོར་འདས་དག་མཉམ་ཆེན་པོ་ཧར་སངས་པའི་ངང་དུ་རྒྱུ་ཡན་པ་ཆོས་སྐུ་ཀུན་ཏུ་བཟང་པོའོ། །རིགས་ཀྱི་བུ་ཆུ་ཟླ་དང་ཆུའི་གཟུགས་བརྙན་ཐམས་ཅད་ཆུའི་རོལ་པ་ཆུ་ལས་མ་འདས་པ་དང་། སྣོད་བཅུད་བརྟན་གཡོ་ཐམས་ཅད་ནམ་མཁའི་རོལ་པ་ནམ་མཁའ་ཉིད་ལས་མ་འདས་པ་དང་། འཁོར་འདས་ཐམས་ཅད་ཆོས་ཉིད་གཅིག་གི་རོལ་པ་ཆོས་ཉིད་ལས་མ་འདས་པའོ། །དེ་ལྟར་གཞིའི་ཆོས་སྐུ་གཏིང་གསལ་ཆེན་པོ་མངོན་དུ་གྱུར་པའི་དུས་དེར་ངོ་བོ་འཁོར་འདས་དག་མཉམ་གྱི་ཆོས་སྐུ། རང་བཞིན་ཡེ་ཤེས་ཡོན་ཏན་གྱི་ལོངས་སྐུ། ཐུགས་རྗེ་རང་གསལ་སྒྲིབ་གཡོག་དང་བྲལ་བའི་སྤྲུལ་སྐུ། དེའི་རོལ་པ་དོན་དམ་པའོ། །གཞི་ཀ་དག་གི་ངོ་བོ་མ་རིག་པ་ལ་ཀུན་གཞི། དེའི་གདངས་ལས་སྣང་བ་རྩལ་སེམས་བྱུང་གི་རོལ་པ་ཀུན་རྫོབ་ཅེས་བྱ་བ་ཡིན་ནོ། །

bilder im Zustand des Schlafes manifestieren. Dies ist die Basis oder Wurzel von ganz Samsara.

Alle Erscheinungen von Phänomenen sind ungehindert im Zustand von weit-offener Klarheit, der höchsten, gleichen Reinheit von Samsara und Nirvana, der wahren Natur der Phänomene frei von Begrenzungen begrifflicher Ausschmückungen. Dies ist der allgute Dharmakaya (*chos sku kun tu bzang po*)[14].

Ach Sohn des spirituellen Erbes, alle Spiegelungen des Mondes und anderer Objekte im Wasser sind der spielerische Ausdruck des Wassers und gehen nicht über das Wasser hinaus. Das gesamte belebte und unbelebte Universum ist der spielerische Ausdruck des Raumes und geht nicht über den Raum hinaus. Ganz Samsara und Nirvana sind der spielerische Ausdruck der einen Natur der Phänomene und gehen nicht über diese Natur hinaus.

Wenn daher der Seinsgrund-Dharmakaya, äußerst tiefgründig und klar, offensichtlich wird, ist seine Essenz (*ngo bo*) der Dharmakaya als die Gleichheit und Reinheit von Samsara und Nirvana. Seine Natur (*rang bzhin*) ist der Sambhogakaya als zeitlose Weisheiten und erleuchtete Qualitäten. Und sein Mitgefühl (*thugs rje*) ist der Nirmanakaya, natürlich klar und frei von verschleiernden Überlagerungen. Der spielerische Ausdruck dieser drei ist die letztendliche Wirklichkeit.

Der Begriff ›Grundlage aller gewöhnlicher Erfahrung‹ (*kun gzhi*) bezieht sich auf das Nicht-Gewahrsein der ursprünglich reinen Essenz des Seinsgrundes. Der Begriff ›relative Wirklichkeit‹ (*kun rdzob*) bezieht sich auf die Sinneserscheinungen als dynamische Energie und die geistigen Ereignisse als den spielerischen Ausdruck, die aus dem Glanz dieses Nicht-Gewahrseins kommen.«

---

14 Dharmakaya Samantabhadra (A.d.Ü.)

འདི་ལྟར་རོལ་པ་དང་། ཆེངས་པ་དང་། ཁྲིབ་པ་དང་། བརྟུལ་བའི་ངང་ཚུལ་ཐམས་ཅད་ཤེས་པར་བྱས་ཏེ། ཆོས་ཉིད་རང་གར་འདུག་པ། ངང་བཞག་གློ་འདས་རྒྱ་ཡན་ཆོས་ཉིད་ཅི་ཡང་མ་ཡིན་པའི་བརྗོད་བྲལ་ཆེན་པོ་ཉིད་དུ་ལ་བཟླ་ཞིང་། རྣམ་པ་ཐམས་ཅད་མཁྱེན་པའི་ཡེ་ཤེས་ཆེན་པོ་མ་འཐོབ་ཀྱི་བར་དུ་ཐང་ལྷོད་མེད་པའི་བརྩོན་འགྲུས་དྲག་པོས་ཉམས་སུ་བླང་བ་ནི་གནད་མཆོག་ཏུ་ཟུངས་ཤིག །ཅེས་གསུངས་ཤིང་ཆོས་ཉིད་ཀྱི་དབྱིངས་སུ་འབྱམས་ཀླས་སོ། །

༄༅། །ཞེས་པ་འདི་ཡང་སྐྱེ་བ་དུ་མར་ལས་དང་སྨོན་ལམ་གྱིས་འབྲེལ་བའི་སྤྲུལ་སྐུ་པདྨ་ལུང་རྟོགས་རྒྱ་མཚོ་དང་མཁྱེན་རབ་རྒྱ་མཚོ་གཉིས་ཀྱིས་ནན་དུ་བསྐུལ་ངོར། ཁྲག་འཐུང་བདུད་འཇོམས་རྡོ་རྗེ་གྲོ་ལོད་རྩལ་གྱིས་སྒྱུ་འཕྲུལ་རོལ་པའི་གླིང་མཛོད་ལས་གཏན་ལ་ཕབ་པ། ཆོས་ཀྱི་བདག་པོ་སྐྱེས་མཆོག་དྲུག་ཅུ་རྩ་བརྒྱད་དུ་མཁའ་འགྲོས་ལུང་བསྟན་ནས་རྟེན་འབྲེལ་གྱི་དུས་ཚིགས་ཐོག་མ་ཡིན་ཅེས་ཨོ་རྒྱན་ཆེན་པོའི་བཀས་གནང་བ་ཕེབས་པའོ། །རང་གི་རིགས་སྲས་དམ་པ་མཁས་མཆོག་བསོད་ནམས་བསྟན་འཛིན་ རྡོ་གྲུབ་རིན་པོ་ཆེ་ གྱིས་ཞུས་དག་ནན་བགྱིས་པའོ། །

[b. Eine Zusammenfassung der Schlüsselpunkte]

»Nachdem du zu einem Verständnis aller Aspekte der grundlegenden Natur gekommen bist – ihres spielerischen Ausdrucks, ihrer umfassenden Qualität, Durchdringung und Ausdehnung – gelangst du zur eindeutigen Erfahrung der wahren Natur der Phänomene, die unmittelbar präsent ist, ein höchster und unbeschreibbarer Zustand, der nichts in und aus sich heraus ist, ein uneingeschränkter Zustand des Ruhens in der grundlegenden Natur jenseits des gewöhnlichen Bewusstseins. Bewahre dies als den ausgezeichnetsten Schlüsselpunkt. Praktiziere dies mit intensiver und unermüdlicher Anstrengung, bis du allwissende, höchste zeitlose Weisheit erlangst.«

Dies sagend, breitete er sich in den grundlegenden Raum der wahren Natur der Phänomene aus.

Dieser Text wurde auf die wiederholte Bitte von Padma Lungtog Gyatso und Khyenrab Gyatso – zwei inkarnierten Lehrern, die mit mir durch geteiltes Karma und Streben über viele Wiedergeburten verbunden waren – hin geschrieben. Ich, Thragthung Dudjom Dorje Drolö Tsal, übertrug dies aus dem Schatzhaus der Weite des spielerischen Ausdrucks der magischen Illusion. Die Dakinis prophezeiten, dass 68 erhabene spirituelle Individuen als Aufseher über diese Lehren wachen würden. Bei der ersten Gelegenheit, bei der günstige Umstände zusammentrafen, wurden diese Lehren mit Erlaubnis des großen Orgyen aufgeschrieben. Mein eigener heiliger Sohn, der ausgezeichnete Gelehrte Sönam Tenzin (Dodrub Rinpoche) bearbeitete sorgfältig dieses Manuskript.

༄༅། །དེ་ལྟར་ཀ་དག་རྫོགས་པ་ཆེན་པོ་ཁྲེགས་ཆོད་ཀྱི་གནས་ལུགས་ཆེན་པོར་སྟོན་པའི་ཁྲིད་རིམ་སྣང་སྲུང་དུ་གྲགས་པ་འདི་ལ། སྟོན་ཆད་རྗེ་རང་ཉིད་ཀྱི་སྐུའི་སྲས་ཀྱི་ཐུ་བོ་རྡོ་གྲུབ་རིན་པོ་ཆེ་ནས་ཞུས་དག་ཙུང་ཟད་གནང་བར་མཛོན་ཡང་ད་དུང་མ་ཕྱི་ནོར་བ་བརྒྱུན་འབྲུམས་སུ་སོང་བས་ཡིག་སྐྱོན་ཤིན་ཏུ་མང་བར་བརྟེན། དཔལ་མིའི་དབང་པོ་ཐའི་ཇི་ཆེ་དབང་རིག་འཛིན་ནམ་པར་རྒྱལ་བའི་ཐུགས་བསྐྱེད་ཕྲིན་ལས་ཀྱི་ཆ་ལས་ཆོས་སྐུའི་རིང་སྲེལ་ཆོས་སྦྱིན་མི་འཛད་པའི་གཏེར་དུ་བསྒྲུབས་པར་མཛད་དེ་ཡབ་གཞིས་བསམ་འགྲུབ་ཕོ་བྲང་གི་གཙྮོ་ལར་བཞུགས་སུ་གསོལ་བའི་སྐབས་སྤར་གྱི་ཕྱི་མོར་ལེགས་པར་དཔྱད་པའི་སྒོ་ནས་ཞུས་ཏེ་གཙང་དག་ཏུ་གཏན་ལ་འབེབས་པ་པོ་ནི་ཁྲག་འཐུང་རིག་འཛིན་ཆེན་པོའི་སྐྱེ་བའི་སྒྱུ་གར་དུ་རྐྱོམ་པ་འཇིགས་བྲལ་ཡེ་ཤེས་རྡོ་རྗེ་སྟེ། འདིས་ཀྱང་འོད་གསལ་རྫོགས་པ་ཆེན་པོའི་བསྟན་པ་ལ་བྱ་བ་རླབས་པོ་ཆེར་སྤྱོད་པས་

Nachwort

Von Seiner Heiligkeit Dudjom Rinpoche, Jigdrel Yeshe Dorje

Dieser Text, bekannt unter dem kurzen Titel »*Verfeinerung der eigenen Wahrnehmung* (*snang sbyang*)« ist eine stufenweise Lehre, die aufzeigt, dass die ursprünglich reine Große Vollkommenheit die höchste Weise ist, in der Dinge verweilen, und die durch das »Durchtrennen der Festigkeit« (*khregs chod*) erreicht wird. Es ist offensichtlich, dass er von Dodrub Rinpoche, dem ältesten Sohn des Herrn [Dudjom Lingpa], in der Vergangenheit ein wenig editiert wurde. Später allerdings nahmen die Fehler im Text überhand, sodass es heute viele fehlerhafte Manuskripte gibt. Aus diesem Grund wurde diese Ausgabe durch die Bestrebungen und Aktivitäten des glorreichen Herrschers Thaiji Tsewang Rigdzin Nampar Gyalwa als ein unerschöpfliches Schatzhaus der Gabe der Lehren Buddhas, der Reliquien des Dharmakaya, angefertigt.

Als die Druckstöcke des Textes in den Schreinraum des Samdrub Phodrang Palastes auf dem Familienanwesen des Vaters einer der Dalai Lamas gebracht worden waren, habe ich die jüngste Ausgabe dieses Textes mit großem Augenmerk auf Fehlerfreiheit editiert. Ich, Jigdrel Yeshe Dorje, der sich selbst anmaßt, sich als Tänzer in der Illusion und als eine Wiedergeburt des großen Heruka und Rigdzin zu sehen, habe diese kritische Ausgabe des Textes vorbereitet. Möge es für die Lehren der Großen Vollkommenheit der völligen Klarheit von großem Nutzen und Ursache für die unzähligen glücklichen Wesen – jene, die gezähmt werden – sein,

སྐལ་ལྡན་གྱི་གདུལ་བྱ་དཔག་ཏུ་མེད་པ་ནང་དབྱིངས་གདོད་མའི་གཞི་ཐོག་ཏུ་
མངོན་པར་གྲོལ་བའི་རྒྱུར་གྱུར་ཅིག། ཤུ་བྷཾ།། །།

um tatsächliche Freiheit in der Unmittelbarkeit des inneren grundlegenden Raumes, des uranfänglichen Seinsgrundes, zu finden. Glück!

༄། །རྫོགས་ཆེན་ཁྲེགས་ཆོད་སྣང་སྦྱང་གི་བསྡུས་དོན་ས་བཅད་བཞུགས།།

STRUKTURANALYSE UND GLIEDERUNG

zur »Verfeinerung der eigenen Wahrnehmung«
(Nang-jang), ein Text über
die Herangehensweise der Großen Vollkommenheit
des Durchtrennens der Festigkeit.

༄༅། །ན་མོ་གུ་རུ་ཡེ།

འདིར་རྫོགས་པ་ཆེན་པོ་ཀ་དག་ཁྲེགས་ཆོད་ཀྱི་གདམས་པ་མ་བསྒོམ་སངས་རྒྱས་ཀྱི་ཁྲིད་རིམ་འཆད་པ་ལ་དོན་གསུམ། ཁྲིད་ལ་འཇུག་པའི་རྒྱུ་བསྟན་པ། འཇུག་ཡུལ་གཞུང་གི་དོན་བཀྲལ་བ། མཐར་ཕྱིན་མཇུག་གི་དོན་སྨོས་པའོ། །

དང་པོ་ཁྲིད་ལ་འཇུག་པའི་རྒྱུ་བསྟན་པ་ལ་གསུམ།

མཚན་སྨོས་པ། མཆོད་པར་བརྗོད་པ། གླེང་སློང་བའོ། །

I. དང་པོ་མཚན་སྨོས་པ་ནི།

རང་བཞིན་རྫོགས་པ་ཆེན་པོའི་རང་ཞལ༔

II. གཉིས་པ་མཆོད་པར་བརྗོད་པ་ནི།

ཁྱབ་བདག་བདོད་མའི་མགོན་པོ༔

Namo Guruye – Verehrung dem Guru!

Dieser Text, »Buddhaschaft ohne Meditation«, enthält den Rat über die Herangehensweise der Großen Vollkommenheit des Durchtrennens der Festigkeit (Threkchö, *khregs chod*), um die ursprüngliche Reinheit (*ka dag*) zu realisieren. Um die Stufen der Anweisung zu erklären, werden drei Hauptüberschriften verwendet: Vorstellen der Anfangsbestandteile der Belehrung; Enthüllen der Bedeutung des Haupttextes als den Zweck des Unterfangens; und auf den Schluss, der den Text zu Ende bringt, Bezug nehmen.

TEIL EINS: VORSTELLEN DER ANFANGSBESTANDTEILE DER BELEHRUNG

Dieser Teil hat drei Abschnitte: Bezugnahme auf den Titel; Ehrerbietung erweisen; und den Hintergrund bereitstellen.

I. Bezugnahme auf den Titel

Buddhaschaft ohne Meditation … [S. 29][15]

II. Ehrerbietung erweisen

Mit unerschütterlichem Vertrauen bezeuge ich dem unumschränkten Meister, dem uranfänglichen Schützer, der erhabenen Zitadelle des magischen Ausdrucks zeitloser Weisheit meine Verehrung. [S. 31]

---

15 Kursiv geschriebene Teile kommen im Haupttext vor.

III. གསུམ་པ་གླིང་སློང་བ་ནི།

དུས་དེང་སང་སྙིགས་མ་ལྟ་བདོ་བའི༔

གཉིས་པ་འཇུག་ཡུལ་གཞུང་གི་དོན་བཀྲོལ་བ་དངོས་ལ་བཞི། ལྟ་བས་ཐག་བཅད་པ། སྒོམ་པས་ཉམས་སུ་ལེན་པ། སྤྱོད་པས་བོགས་དབྱུང་བ། འབྲས་བུ་མངོན་དུ་གྱུར་ཚུལ་ལོ། །

I. དང་པོ་ལྟ་བས་ཐག་བཅད་པ་ལ་བཞི། ཆོས་ཐམས་ཅད་སྟོང་ཉིད་བརྗོད་དུ་མེད་པར་གཏན་ལ་དབབ་པ། གཞི་དབྱིངས་རང་བྱུང་གི་ཡེ་ཤེས་གཅིག་པུར་འགག་བསྡམ་པ། འཁོར་འདས་ཕྱལ་བ་བར་མེད་རྒྱ་ཆད་ཕྱོགས་ལྷུང་དང་བྲལ་བར་ཆིངས་སུ་བཅིང་བ། ཡེ་ནས་རྩོལ་མེད་རང་གསལ་ལྷུན་གྲུབ་ཆེན་པོར་ལ་བཟླ་བའོ། །

1. དང་པོ་ཆོས་ཐམས་ཅད་སྟོང་ཉིད་བརྗོད་དུ་མེད་པར་གཏན་ལ་དབབ་པ་ལ་གཉིས། གང་ཟག་གི་བདག་མེད་གཏན་ལ་དབབ་པ་དང་། ཆོས་ཀྱི་བདག་མེད་གཏན་ལ་དབབ་པའོ། །

III. Den Hintergrund bereitstellen

In diesen Tagen, wenn die fünf Arten des Niedergangs zunehmen, … [S. 31]

TEIL ZWEI: ENTHÜLLEN DER BEDEUTUNG DES HAUPTTEXTES ALS ZWECK DES UNTERFANGENS

Dieser Hauptteil hat vier Abschnitte: durch die Sichtweise zu einem Entschluss gelangen; durch Meditation zur Anwendung bringen; durch Verhalten vertiefen; und wie die Frucht offenkundig wird.

I. Durch die Sichtweise zu einem Entschluss gelangen

Dieser erste Hauptabschnitt hat vier Untergruppen: Zum definitiven Verständnis gelangen, dass alle Phänomene nicht beschreibbare Leerheit sind; die Bedeutung des Seinsgrundes als grundlegender Raum als die eine, selbstentstandene zeitlose Weisheit erkennen; Samsara und Nirvana in einem Prinzip der Offenheit umfassen, das ununterbrochen und frei von Einschränkungen oder Extremen ist; und zu einer eindeutigen Erfahrung in einem überragenden Zustand der spontanen Präsenz kommen, in dem die erleuchteten Qualitäten uranfänglich mühelos und natürlich klar sind.

1. Zum definitiven Verständnis gelangen, dass alle Phänomene nicht beschreibbare Leerheit sind[16]

Diese Untergruppe hat zwei Abschnitte: zu einem definitiven Verständnis hinsichtlich der Nicht-Existenz von persönlicher Identität gelangen und zu einem definitiven Verständnis hinsichtlich der Nicht-Existenz der Identität von Phänomenen gelangen.

---

16 Zur besseren Übersicht wurde die Nummerierung der Gliederung der im deutschsprachigen Raum gängigen angepasst. (A.d.Ü.)

1. དང་པོ་གང་ཟག་གི་བདག་མེད་གཏན་ལ་དབབ་པ་ལ་གསུམ། ཐོག་མར་བྱུང་བའི་ཁུངས། བར་དུ་གནས་པའི་ས། ཐ་མར་འགྲོ་བའི་ཡུལ་གཏན་ལ་དབབ་པའོ། །
   - a. དང་པོ་བྱུང་བའི་ཁུངས་ལ་བརྟག་པ་ནི།
     དང་པོ་གང་ཟག་གི་བདག་ཅེས་བྱ་བ༔
   - b. གཉིས་པ་བར་དུ་གནས་པའི་ས་ལ་བརྟག་པ་ནི།
     བར་དུ་གནས་པའི་ས་བཙལ་བ༔
   - c. གསུམ་པ་ཐ་མ་འགྲོ་བའི་ཡུལ་ལ་བརྟག་པ་ནི།
     དེ་བཞིན་དུ་ཐ་མ་འགྲོ་བའི་ཡུལ་དང་བདག་པོ༔
2. གཉིས་པ་ཆོས་ཀྱི་བདག་མེད་གཏན་ལ་དབབ་པ་ལ་བཞི། མིང་གི་གདགས་གཞི་བཙལ་བ། བདེན་དངོས་ཀྱི་རྟག་འཛིན་བཤིག་པ། ཕན་གནོད་ཀྱི་མཚང་ལ་གྲོལ་བ། རི་དྭགས་ཀྱི་རྫུན་ཕུག་བརྫིབ་པའོ། །
   1. དང་པོ་མིང་གི་གདགས་གཞི་བཙལ་བ་ལ་གཉིས། ཆོས་ཐམས་ཅད་མིང་དུ་བཏགས་པའི་དོན་བཙལ་ཏེ་སྟོང་པར་གཏན་ལ་དབབ་པ་དང་།

1.1. Zum definitiven Verständnis hinsichtlich der Nicht-Existenz von persönlicher Identität gelangen

Dieser Abschnitt hat drei Untergruppen, die beinhalten, dass man zu einem definitiven Verständnis gelangt: hinsichtlich des Ursprungs, aus dem diese vorgebliche Identität anfänglich auftaucht; dem Aufenthaltsort, an dem sie sich zwischenzeitlich aufhält; und dem Ziel, zu dem sie schließlich geht.

a. Den anfänglichen Ursprung untersuchen

Beginnen wir mit dem Definieren von »persönlicher Identität«. … [S. 39]

b. Den zwischenzeitlichen Aufenthaltsort untersuchen

Auf der Suche nach dem Ort, an dem sich möglicherweise diese Identität zwischen ihrem Entstehen und Vergehen aufhält, … [S. 39]

c. Das letztendliche Ziel untersuchen

Genauso sollte man zum Entschluss kommen, dass alle letztendlichen Ziele … [S. 43]

1.2. Zum definitiven Verständnis hinsichtlich der Nicht-Existenz der Identität von Phänomene gelangen

Dieser Abschnitt hat vier Untergruppen: Nach einer Grundlage für die Zuschreibung von Namen suchen; die Vorstellung von der scheinbaren wahren Existenz und Dauerhaftigkeit der Dinge verwerfen; den verborgenen Fehlern von Nutzen und Schaden entgegentreten; und die falsche Höhle von Hoffnung und Furcht einstürzen lassen.

1.2.1. Nach einer Grundlage für die Zuschreibung von Namen suchen

Diese Untergruppe hat zwei Kategorien: Nach letztendlichen Objekten suchen, auf die die Namen aller Phänomene angewendet werden, um so zur endgültigen

སྟོང་པ་ལས་སྣང་ཕྱོགས་རྟེན་འབྲེལ་གྱི་རོལ་པར་འཆར་ཚུལ་
ལོ། །

a. དང་པོ་ཆོས་ཐམས་ཅད་མེད་དུ་བཏགས་པའི་དོན་བཙལ་ཏེ་
སྟོང་པར་གཏན་ལ་དབབ་པ་ནི།

མེད་ཐམས་ཅད་བཏགས་དོན་བཙལ་ན༔

b. གཉིས་པ་སྟོང་པ་ལས་སྣང་ཕྱོགས་རྟེན་འབྲེལ་གྱི་རོལ་པ་
འཆར་ཚུལ་ནི།

སླར་ཡང་ཨོ་རྒྱན་མཚོ་སྐྱེས་རྡོ་རྗེ༔

2. གཉིས་པ་བདེན་དངོས་ཀྱི་རྟག་འཛིན་བཞིག་པ་ལ་གསུམ།
ཀུན་ཁྱབ་འདུས་མ་བྱས་པའི་ནམ་མཁའ་ཆོས་བདུན་ལྡན་དུ་
བསྟན་པ། འདུས་བྱས་ཀྱི་ཆོས་རྣམས་འགྱུར་བ་མེད་པའི་
བདེན་དངོས་ཀྱིས་སྟོང་ཚུལ། སྟོང་པར་ཞེས་དགོས་པའི་རྒྱུ་
མཚན་དོགས་གཅོད་བསྟན་པའོ། །

Einsicht zu gelangen, dass sie leer sind; und zeigen, wie der manifeste Aspekt der Sinneserscheinungen als spielerischer Ausdruck der wechselseitigen Abhängigkeit aus der Leerheit entsteht.

a. **Nach einer letztendlichen Grundlage suchen, auf die die Namen aller Phänomene angewendet werden, um so zum definitiven Verständnis zu gelangen, dass sie leer sind**
   Um mit dem ersten Punkt zu beginnen, wenn man nach einer letztendlichen Grundlage sucht, die der Anwendung aller Namen zu Grunde liegt, … [S. 43]

b. **Zeigen, wie der manifeste Aspekt der Sinneserscheinungen als spielerischer Ausdruck der wechselseitigen Abhängigkeit aus der Leerheit entsteht**
   Als ich bei anderer Gelegenheit Orgyen Tsokye Dorje – der Verkörperung der magischen Illusion zeitloser Weisheit – begegnete, … [S. 57]

1.2.2. Die Vorstellung von der scheinbaren wahren Existenz und Dauerhaftigkeit der Dinge verwerfen

Diese Untergruppe hat drei Kategorien: erklären, dass der überall vorhandene, nicht zusammengesetzte Raum mit sieben Merkmalen ausgestattet ist; zeigen, wie zusammengesetzte Phänomene leer von unveränderlicher, wahrer Existenz und Substanzhaftigkeit sind; und zeigen, wie Zweifel hinsichtlich der Notwendigkeit des Verständnisses, dass Phänomene leer sind, zu beseitigen sind.

1. དང་པོ་ཀུན་ཁྱབ་འདུས་མ་བྱས་པའི་ནམ་མཁའ་ཆོས་བདུན་
ལྡན་དུ་བསྟན་པ་ནི།
ཡང་རིག་འཛིན་བདུད་འདུལ་རྡོ་རྗེས༔

2. གཉིས་པ་འདུས་བྱས་ཀྱི་ཆོས་རྣམས་འགྱུར་བ་མེད་པའི་
བདེན་དངོས་ཀྱིས་སྟོང་ཚུལ་ལ་གསུམ། སྟོང་ཚུལ་དངོས་
དང་། དེ་ལ་ངེས་ཤེས་བསྐྱེད་ཕྱིར་རྨི་སྣང་དང་སྐྱེ་འཆིའི་
འགྲོ་འོང་ལ་བརྟག་པ། གྲུབ་དོན་སྣང་ཙམ་དུ་ཐག་ཆོད་
ཀྱི་ས་འཛིན་པའོ། །

   a. དང་པོ་སྟོང་ཚུལ་དངོས་ནི།
   རྫས་གཞན་གང་ལའང་མཚོན་གྱིས༔

   b. གཉིས་པ་དེ་ལ་ངེས་ཤེས་བསྐྱེད་ཕྱིར་རྨི་སྣང་དང་སྐྱེ་
   འཆིའི་འགྲོ་འོང་ལ་བརྟག་པ་ནི།
   དེ་ལྟར་གཏན་ལ་ཕབ་པས་སྣང་བ༔

   c. གསུམ་པ་གྲུབ་དོན་སྣང་ཙམ་དུ་ཐག་ཆོད་ཀྱི་ས་འཛིན་པ་
   ནི།
   ཡང་བདག་གིས་བླ་མ་ལགས༔

1.2.2.1. Erklären, dass der überall vorhandene, nicht zusammengesetzte Raum mit sieben Merkmalen ausgestattet ist

Bei einer anderen Gelegenheit sagte Rigdzin Düdül Dorje zu mir: … [S. 57]

1.2.2.2. Zeigen, wie zusammengesetzte Phänomene leer von unveränderlicher, wahrer Existenz und Substanzhaftigkeit sind

Diese Kategorie hat drei Themenbereiche: zeigen, wie Phänomene tatsächlich leer sind; das Kommen und Gehen von Traumbildern und von Geburt und Tod untersuchen, damit dahingehend Gewissheit entsteht; und auf die Stufe der Einsicht gelangen, dass Objekte, die existieren zu scheinen, bloß Sinneserscheinungen sind.

a. **Zeigen, wie Phänomene tatsächlich leer sind**

»Weil alle materiellen Stoffe von Waffen beschädigt werden können, …« [S. 69]

b. **Das Kommen und Gehen von Traumbildern und von Geburt und Tod untersuchen, damit dahingehend Gewissheit entsteht**

Nachdem ich zu solch einem definitiven Verständnis gelangt war, verstand ich alle Sinneserscheinungen … [S. 77]

c. **Auf die Stufe der Einsicht gelangen, dass Objekte, die existieren zu scheinen, bloß Sinneserscheinungen sind.**

Darauf erwiderte ich: »Mein Guru, …« [S. 83]

3. གསུམ་པ་སྟོང་པར་ཞེས་དགོས་པའི་རྒྱུ་མཚན་དོགས་གཅོད་བསྟན་པ་ལ་གསུམ། དངོས་འཛིན་སྐྱེ་གཞིའི་གཙོ་བོ་ལུས་ལ་ཞེན་པའི་ཉེས་དམིགས། དེ་ལྟར་གཏན་ལ་འབེབས་པ་ལ་ལོག་རྟོག་བསལ་བ། རྟོགས་བྱེད་ཤེས་རབ་ཀྱི་རྣམ་དབྱེ་དང་འབྲེལ་བར་གནད་ཀྱི་འགག་བསྟུ་བའོ། །

a. དང་པོ་དངོས་འཛིན་སྐྱེ་གཞིའི་གཙོ་བོ་ལུས་ལ་ཞེན་པའི་ཉེས་དམིགས་ནི།

   ལུས་སུ་སྣང་བ་འདི་སྟོང་པར་མ་ཞེས༔

b. གཉིས་པ་དེ་ལྟར་གཏན་ལ་འབེབས་པ་ལ་ལོག་རྟོག་བསལ་བ་ནི།

   ཡང་འདི་ལྟར་སྟོང་པར་ཞེས་ཀྱང་༔

c. གསུམ་པ་རྟོགས་བྱེད་ཤེས་རབ་ཀྱི་རྣམ་དབྱེ་དང་འབྲེལ་བར་གནད་ཀྱི་འགག་བསྟུ་བ་ནི།

   དེ་ལྟར་སྣང་བ་ཐམས་ཅད་སྟོང་ཉིད་དུ༔

1.2.2.3. Zeigen, wie Zweifel hinsichtlich der Notwendigkeit des Verständnisses, dass Phänomene leer sind, zu beseitigen sind.

Diese Kategorie hast drei Themenbereiche: die Unzulänglichkeiten des Festhaltens an einem Körper, dem Hauptgrund für das Entstehen von Konzepten der Substanzhaftigkeit, zeigen; falsche Ideen in Bezug auf ein solches definitives Verständnis vertreiben; und sich auf den entscheidenden Punkt ausrichten, in Zusammenhang mit einer detaillierten Analyse von höchstem Erkennen, dem Mittel der Realisation.

a. **Die Unzulänglichkeiten des Festhaltens an einem Körper, dem Hauptgrund für das Entstehen von Konzepten der Substanzhaftigkeit, aufzeigen**
   »Es ist ein gewaltiger Fehler, nicht zu verstehen, dass das, was sich als Körper manifestiert, leer ist …« [S. 87]
b. **Falsche Ideen in Bezug auf ein solches definitives Verständnis vertreiben**
   »Außerdem, auch wenn du weißt, dass die Dinge auf diese Weise leer sind, …« [S. 89]
c. **Sich auf den entscheidenden Punkt ausrichten, in Zusammenhang mit einer detaillierten Analyse von höchstem Erkennen, dem Mittel der Verwirklichung.**
   »Dementsprechend bezieht sich der Begriff ›unterscheidendes höchstes Erkennen‹ (so sor rtog pa'i shes rab) auf das durch Analyse erworbene Erkennen, …« [S. 91]

3. གསུམ་པ་ཕན་གནོད་ཀྱི་མཚང་ལ་གྲོལ་བ་ལ་གསུམ། ཕན་གནོད་མཚན་འཛིན་གྱི་རྟོག་པ་འབྱུང་བའི་རྒྱུ་ངོས་བཟུང་བ། ཕན་གནོད་དུ་སྣང་བའི་ཡུལ་གྱི་རང་བཞིན་ལ་བརྟག་པ། དེ་ལྟར་རྟོགས་པའི་ཆེ་བ་བསྟན་པའོ། །

   1. དང་པོ་ཕན་གནོད་མཚན་འཛིན་གྱི་རྟོག་པ་འབྱུང་བའི་རྒྱུ་ངོས་བཟུང་བ་ནི།

      ཡང་རེ་ཞིག་གི་དུས་སུ་གྲུབ་ཆེན་ས་ར་ཧའི༔

   2. གཉིས་པ་ཕན་གནོད་དུ་སྣང་བའི་ཡུལ་གྱི་རང་བཞིན་ལ་བརྟག་པ་ལ་གཉིས། ཚ་ཕྱི་རང་ཕན་གནོད་དུ་སྣང་བ་དགེ་སྡིག་ལ་བརྟག་པ། ཚེ་འདིར་ཕན་གནོད་དུ་སྣང་བ་ལྷ་འདྲེ་ལ་བརྟག་པའོ།

      1. དང་པོ་ཚེ་ཕྱི་མར་ཕན་གནོད་དུ་སྣང་བ་དགེ་སྡིག་བརྟག་པ་ལ་གཉིས། བརྟག་ཚུལ་དངོས་དང་། བརྟག་དགོས་པའི་རྒྱུ་མཚན་ནོ། །

         a. དང་པོ་བརྟག་ཚུལ་དངོས་ནི།

            ཕན་བྱེད་ལུས་ངག་གི་དགེ་བ་ཐམས་ཅད༔

1.2.3. Den verborgenen Fehlern von Nutzen und Schaden entgegentreten

Diese Untergruppe hat drei Kategorien: die Ursachen identifizieren, die zur Vorstellung des Zuschreibens von Charakteristika des Nutzens und Schadens führen; die Natur der Objekte untersuchen, die als nützlich oder schädlich wahrgenommen werden; und die Bedeutung einer solchen Erkenntnis aufzeigen.

1.2.3.1. Die Ursachen identifizieren, die zur Vorstellung des Zuschreibens von Charakteristika des Nutzens und Schadens führen

Als ich bei anderer Gelegenheit in einer Vision den großen Siddha Saraha traf, … [S. 97]

1.2.3.2. Die Natur der Objekte untersuchen, die als nützlich oder schädlich wahrgenommen werden

Diese Kategorie hat zwei Themenbereiche: heilsame und schädliche Taten untersuchen, die sich in zukünftigen Leben als nützlich oder schädlich manifestieren; und Götter und Dämonen untersuchen, die sich in diesem Leben als nützlich oder schädlich manifestieren.

1.2.3.2.1. Heilsame und schädliche Taten untersuchen, die sich in zukünftigen Leben als nützlich oder schädlich manifestieren

Dieser Themenbereich hat zwei Punkte: die eigentliche Art und Weise der Untersuchung; und die Gründe, warum die Untersuchung notwendig ist.

a. Die eigentliche Art und Weise der Untersuchung

»Wo verweilt die ganze nutzbringende Tugend von Körper und Rede?…« [S. 99]

b. གཉིས་པ་བརྟག་དགོས་པའི་རྒྱུ་མཚན་ནི།

འདི་ལྟར་དགེ་བ་གཏན་ལ་མ་ཕབ་ན༔

2. གཉིས་པ་ཚེ་འདིར་ཕན་གནོད་དུ་སྣང་བ་ལྷ་འདྲེ་ལ་བརྟག་པ་ལ་གཉིས། བརྟག་ཚུལ་དངོས་དང་། འཁྲུལ་སྣང་ཉམས་ཀྱི་རྟེན་རིས་སུ་བསྟན་པའོ། །

a. དང་པོ་བརྟག་ཚུལ་དངོས་ནི།

ཡང་ཕན་སྐྱོབས་ཀྱི་ལྷ་ཞེས་བྱ་བ་རྣམས༔

b. གཉིས་པ་འཁྲུལ་སྣང་ཉམས་ཀྱི་རྟེན་རིས་སུ་བསྟན་པ་ནི།

མི་རྣམས་འཁྲུལ་པའི་དབང་གིས་རང་ལུས་སྟོད་སྨད་ལའང༔

3. གསུམ་པ་དེ་ལྟར་རྟོགས་པའི་ཆེ་བ་བསྟན་པ་ནི།

འདིའི་གནད་དོན་ཡིན་ལུགས་ཞེས་པ་ནི༔

4. བཞི་པ་རེ་དོགས་ཀྱི་རྟེན་ཕུག་བཛིབ་པ་ལ་གསུམ། རེ་ཡུལ་སངས་རྒྱས་ཞིང་ཁམས་དང་བཅས་པ་ལ་བདེན་ཞེན་གྱི་རྟེན་ཕུག་བཛིབ་པ།

b. Die Gründe, warum die Untersuchung notwendig ist

»Wenn du zu keinem solchen definitiven Verständnis hinsichtlich heilsamer Handlungen gelangt bist, …« [S. 101]

1.2.3.2.2. Götter und Dämonen untersuchen, die sich in diesem Leben als nützlich oder schädlich manifestieren

Dieser Themenbereich hat zwei Punkte: die eigentliche Art und Weise der Untersuchung und eine Beweisführung, dass Wahrnehmungen, die auf Täuschung basieren, fehlerhafte Eindrücke flüchtiger Erfahrungen sind.

a. Die eigentliche Art und Weise der Untersuchung

»Wenn du außerdem das, was ›hilfreiche und beschützende Götter‹ genannt wird, …« [S. 103]

b. Eine Beweisführung, dass Wahrnehmungen, die auf Täuschung basieren, fehlerhafte Eindrücke flüchtiger Erfahrungen sind

»Unter dem Einfluss von Verwirrung betrachten Menschen die oberen und unteren Teile ihres Körpers …« [S. 105]

1.2.3.3. Die Bedeutung einer solchen Erkenntnis aufzeigen

»Der Schlüsselpunkt hier – das Verstehen dieser Seinsweise – stellt die Methode dar, …« [S. 105]

1.2.4. die falsche Höhle von Hoffnung und Furcht einstürzen lassen

Diese Untergruppe hat drei Kategorien: die falsche Höhle einstürzen lassen, Buddhaschaft und ihre dazugehö-

རྟོགས་ཡུལ་འཁོར་བའི་གནས་རིས་བདེ་སྡུག་དང་བཅས་པ་ལ་བདེན་ཞེན་གྱི་རྫུན་ཕུག་བཅིབ་པ། དེ་ལྟར་རྟོགས་པའི་བསྡུགས་པ་མིང་གི་ཚེ་བ་བརྗོད་པའོ། །

1. དང་པོ་རི་ཡུལ་སངས་རྒྱས་ཞིང་ཁམས་དང་བཅས་པ་ལ་བདེན་ཞེན་གྱི་རྫུན་ཕུག་བཅིབ་པ་ལ་གསུམ། སངས་རྒྱས་ཞིང་དང་བཅས་པ་ལ་མཐར་འཛིན་ཞེན་པ་དགག་པ། དེ་ལ་སྒོ་ལྔ་ཡུལ་ལྔ་དང་བཅས་པར་བརྟག་སྟེ་བདེན་པའི་སྒྲོ་འདོགས་བཟློག་པ། ངེས་པ་དོན་གྱི་སངས་རྒྱས་ངོས་བཟུང་བའོ། །

   a. དང་པོ་སངས་རྒྱས་ཞིང་དང་བཅས་པ་ལ་མཐར་འཛིན་གྱི་ཞེན་པ་དགག་པ་ནི།

      ཡང་འོད་གསལ་དག་པའི་སྣང་ངོར་དཔལ་ཆེན་ཕྱག་ན་རྡོ་རྗེའི༔

   b. གཉིས་པ་དེ་ལ་སྒོ་ལྔ་ཡུལ་ལྔ་དང་བཅས་པར་བརྟག་སྟེ་བདེན་པའི་སྒྲོ་འདོགས་བཟློག་པ་ནི།

      དེ་བཞིན་གཤེགས་པ་ཐེར་ཟུག་དང་བདེན་གྲུབ་ཏུ་ལྟ་བ༔

renden reinen Bereiche als Objekte der Hoffnung mit wahrer Existenz auszustatten; die falsche Höhle einstürzen lassen, Samsara und seine dazugehörenden Freuden und Leiden als Objekte der Furcht mit wahrer Existenz auszustatten; und mit aussagekräftigen Begriffen das Lobenswerte einer solchen Erkenntnis beschreiben.

1.2.4.1. Die falsche Höhle einstürzen lassen, Buddhaschaft und ihre dazugehörenden reinen Bereiche als Objekte der Hoffnung mit wahrer Existenz auszustatten

Diese Kategorie hat drei Themenbereiche: das Festhalten am Ersinnen von Buddhaschaft und ihrer dazugehörenden reinen Bereiche als etwas Absolutem verneinen; zu diesem Zweck die fünf Sinne und ihre dazugehörenden Objekte untersuchen und die Übertreibung, ihnen eine wahre Existenz zuzuschreiben, zurückweisen; und Buddhaschaft im letztendlichen und endgültigen Sinne identifizieren.

a. Das Festhalten am Ersinnen von Buddhaschaft und ihrer dazugehörenden reinen Bereiche als etwas Absolutem verneinen

Bei anderer Gelegenheit traf ich in einer reinen Vision (dag snang) völliger Klarheit ('od gsal) den großartigen und glorreichen Vajrapani … [S. 111]

b. Zu diesem Zweck die fünf Sinne und ihre dazugehörenden Objekte untersuchen und die Übertreibung, ihnen eine wahre Existenz zuzuschreiben, zurückweisen

»Wie immer wir dies nun bezeichnen mögen – die Sichtweise, dass ein Tathagata etwas Beständiges ist, dessen wirkliche Existenz aufgefunden werden kann, …« [S. 113]

c. གསུམ་པ་ངེས་པ་དོན་གྱི་སངས་རྒྱས་ངོས་བཟུང་བ་ནི།

ངེས་པའི་དོན་དུ་རང་གི་གཞི་ཀུན་ཏུ་བཟང་པོ་ནི༔

2. གཉིས་པ་དོགས་ཡུལ་འཁོར་བའི་གནས་རིས་བདེ་སྡུག་དང་
བཅས་པ་ལ་བདེན་ཞེན་གྱི་རྫུན་ཕུག་བརྡིབ་པ་ནི།

ཡང་འཁོར་བའི་གནས་རིགས་གཞན་ཡོད་ཅིང་གྲུབ་སྙེ༔

3. གསུམ་པ་དེ་ལྟར་རྟོགས་པའི་བསྔགས་པ་མིང་གི་ཆེ་བ་
བརྗོད་པ་ནི།

དེ་ལྟར་འཁྲུལ་སྣང་གཏན་ལ་ཕབ་ནས་བདེན་མེད་སྟོང་པ༔

2. གཉིས་པ་གཞི་དབྱིངས་རང་བྱུང་གི་ཡེ་ཤེས་གཅིག་པུར་འགག་
བསྡམས་པ་ལ། འགག་བསྡམ་ཚུལ་དངོས། དེ་ལས་གྲོལ་
འཁྲུལ་གཉིས་སུ་སྣང་ཚུལ། གནད་ཀྱི་དོན་བསྡུ་བའོ། །

1. དང་པོ་འགག་བསྡམ་ཚུལ་དངོས་ནི།

དེ་ལྟར་བདག་གིས་ཡུན་རིང་པོར་གཏན་ལ་ཕབ་ནས༔

c. **Buddhaschaft im letztendlichen und endgültigen Sinne identifizieren.**
»Letztendlich ist es der gänzlich positive Grund deines eigenen Seins – Kuntuzangpo –…« [S. 117]

1.2.4.2. Die falsche Höhle einstürzen lassen, Samsara und seine dazugehörenden Freuden und Leiden als Objekte der Furcht mit wahrer Existenz auszustatten
»Ferner ist es unlogisch zu denken, dass andere, separate Seinszustände in Samsara existieren oder jemals existiert haben, …« [S. 119]

1.2.4.3. Mit aussagekräftigen Begriffen das Lobenswerte einer solchen Erkenntnis beschreiben.
»Wenn du so zu einem definitiven Verständnis hinsichtlich der aus Verwirrung entstehenden Sinneserfahrungen gelangst, indem du erkennst, dass es ihnen an wahrer Existenz mangelt, sie leer sind …« [S. 121]

2. Die Bedeutung des Seinsgrundes als grundlegender Raum als die eine, selbstentstandene zeitlose Weisheit erkennen
Diese Untergruppe hat drei Abschnitte: die eigentliche Art und Weise des Erkennens dieser Bedeutung; wie die zwei Modi von Freiheit und Täuschung sich aus diesem Seinsgrund heraus manifestieren; und eine Zusammenfassung der Schlüsselpunkte dieser Untergruppe.

2.1. Die eigentliche Art und Weise des Erkennens dieser Bedeutung
Nach langer Zeit gelangte ich auf diese Weise zu einem definitiven Verständnis … [S. 125]

2. གཉིས་པ་དེ་ལས་གྲོལ་འཁྲུལ་གཉིས་སུ་སྣང་ཚུལ་ལ་གཉིས། མདོར་བསྟན་པ་དང་། རྒྱས་པར་བཤད་པའོ།

1. དང་པོ་མདོར་བསྟན་པ་ནི།

   དེ་ནས་ཡང་ལོ་ཁྲིམ་བདུན་གྱི་རྗེས་སུ་རྨི་ལམ་དག་པའི་སྣང་ངོར༔

2. གཉིས་པ་རྒྱས་པར་བཤད་པ་ལ་གཉིས། གྲོལ་བ་སྨྱུང་འདས་ཕྱོགས་ཀྱི་ཡོན་ཏན་རང་ཆས་སུ་ཡོད་ཚུལ། འཁྲུལ་སྣང་འཁོར་བའི་རོལ་པ་གློ་བུར་དུ་མཆེད་ཚུལ་ལོ། །

   1. དང་པོ་གྲོལ་བ་སྨྱུང་འདས་ཕྱོགས་ཀྱི་ཡོན་ཏན་རང་ཆས་སུ་ཡོད་ཚུལ་ལ་བཞི། གཞི་ལ་སྐུ་བཞི་ཡེ་ཤེས་ལྔ་རང་ཆས་སུ་རྫོགས་ཚུལ། ལམ་ལ་སྐུ་བཞི་ཡེ་ཤེས་ལྔ་རང་བབས་སུ་འཆར་ཚུལ། དེ་ལྟའི་ཡིན་ལུགས་མ་རྟོགས་པའི་ཤེས་པ་བཟོ་མེད་ལམ་བྱེད་གོལ་སར་བཤད་པ། རྟོགས་མ་རྟོགས་ཀྱི་རྣམ་དབྱེ་ཤེས་ཕྱིར་ཤེས་རབ་དང་སེམས་སེམས་བྱུང་ངོས་བཟུང་བའོ། །

2.2. Wie die zwei Modi von Freiheit und Täuschung sich aus diesem Seinsgrund heraus manifestieren

Dieser Abschnitt hat zwei Untergruppen: eine kurze Darstellung und eine ausführliche Erklärung.

2.2.1. Eine kurze Darstellung

Sieben Jahre später traf ich, während einer reinen Vision … [S. 131]

2.2.2. Eine ausführliche Erklärung

Diese Untergruppe hat zwei Kategorien: wie die erleuchteten Qualitäten der Freiheit, der Seite von Nirvana, als innewohnende Attribute vorhanden sind; und wie sich der spielerische Ausdruck getäuschter Wahrnehmungen in Samsara als flüchtig hinzukommend entfaltet.

2.2.2.1. Wie die erleuchteten Qualitäten der Freiheit, der Seite von Nirvana, als innewohnende Attribute vorhanden sind

Diese Kategorie hat vier Themenbereiche: was den Seinsgrund betrifft, wie die vier Kayas und die fünf Aspekte zeitloser Weisheit als innewohnende Attribute in ihm vollkommen sind; was den Pfad betrifft, wie die vier Kayas und die fünf Aspekte zeitloser Weisheit natürlicherweise auf ihm erscheinen; den Punkt erklären, an dem man in die Irre geht, wenn man den Pfad mit einem passiven Bewusstseinszustand beschreitet, der solch eine Seinsweise nicht verwirklicht; und höchstes Erkennen als Gegensatz zum gewöhnlichen Geist und den geistigen Ereignissen identifizieren, um den Vorgang der Unterscheidung zwischen Verwirklichung und ihrem Nichtvorhandensein zu verstehen.

a. དང་པོ་གཞི་ལ་སྐུ་བཞི་ཡེ་ཤེས་ལྔ་རང་ཆས་སུ་རྫོགས་ཚུལ་ནི

   གཞི་གདོད་མའི་མགོན་པོ་ཀུན་ཏུ་བཟང་པོ་ཉིད་ནི༔

b. གཉིས་པ་ལམ་ལ་སྐུ་བཞི་ཡེ་ཤེས་ལྔ་རང་བབས་སུ་འཆར་ཚུལ་ནི།

   དེ་ལྟར་རང་བྱུང་གི་སངས་རྒྱས་སུ་གྲོལ་བའི་ལམ་རིག་པ་ཡང་༔

c. གསུམ་པ་དེ་ལྟའི་ཡིན་ལུགས་མ་རྟོགས་པའི་ཤེས་པ་བཟོ་མེད་ལམ་བྱེད་གོལ་སར་བཤད་པ་ནི།

   འདིའི་ཡིན་ལུགས་ཇི་ལྟ་བ་བཞིན་དུ་མི་ཤེས་ཤིང་༔

d. བཞི་པ་རྟོགས་མ་རྟོགས་ཀྱི་རྣམ་དབྱེ་ཤེས་ཕྱིར་ཤེས་རབ་དང་སེམས་སེམས་བྱུང་ངོས་བཟུང་བ་ནི།

   འཁོར་འདས་ཀྱིས་བསྡུས་པའི་ཆོས་ཐམས་ཅད༔

2. གཉིས་པ་འཁྲུལ་སྣང་འཁོར་བའི་རོལ་པ་གློ་བུར་དུ་མཆེད་ཚུལ་ལ་གསུམ།   ཕྱི་འབྱུང་བ་ལྔའི་སྣང་བ་མཆེད་ཚུལ། ནང་ཚོགས་བརྒྱད་ཡུལ་སྣང་དང་བཅས་པ་མཆེད་ཚུལ།

a. **Was den Seinsgrund betrifft, wie die vier Kayas und die fünf Aspekte zeitloser Weisheit innewohnende Attribute in ihm vollkommen sind**
»Der Seinsgrund selbst, der uranfängliche Führer Kuntuzangpo, …« [S. 133]

b. **Was den Pfad betrifft, wie die vier Kayas und die fünf Aspekte zeitloser Weisheit natürlicherweise auf ihm erscheinen**
»Auf diese Weise macht der in die selbst entstehende (rang byung) Buddhaschaft befreiende Pfad Gewahrsein offensichtlich – …« [S. 133]

c. **Den Punkt erklären, an dem man in die Irre geht, wenn man den Pfad mit einem passiven Bewusstseinszustand beschreitet, der solch eine Seinsweise nicht verwirklicht**
»Viele verstehen diese Seinsweise nicht so, wie sie ist …« [S. 137]

d. **Höchstes Erkennen als Gegensatz zum gewöhnlichen Geist und den geistigen Ereignissen identifizieren, um den Vorgang der Unterscheidung zwischen Verwirklichung und ihrem Nichtvorhandensein zu verstehen**
»Der Begriff ›höchstes Erkennen, das die Natur der Dinge erkennt, so wie sie ist‹, bezieht sich auf das Erkennen …« [S. 137]

2.2.2.2. Wie sich der spielerische Ausdruck getäuschter Wahrnehmungen in Samsara als flüchtig hinzukommend entfaltet

Diese Kategorie hat drei Themenbereiche: wie sich außen die Erscheinung der fünf Elemente entfalten; wie sich innen die acht Bewusstseinsarten und die

དེའི་དོན་གྱི་གནད་བསྡུ་བའོ། །

a. དང་པོ་ཕྱི་འབྱུང་བ་ལྔའི་སྣང་བ་མཆེད་ཚུལ་ནི།

གཞི་ལ་རང་དབང་བསྒྱུར་བ་དག་པ་གཞིའི་སངས་རྒྱས༔

b. གཉིས་པ་ནང་ཚོགས་བརྒྱད་ཡུལ་སྣང་དང་བཅས་པ་
མཆེད་ཚུལ་ནི།

འཁྲུལ་པའི་གཞི་ལྔ་དེ་དག་གི་རྩལ་དུ་ཤར་བ༔

c. གསུམ་པ་དེའི་དོན་གྱི་གནད་བསྡུ་བ་ནི།

འགའ་ཞིག་གིས་སྣང་བ་སེམས་སུ་འདོད་ཅིང༔

3. གསུམ་པ་གནད་ཀྱི་དོན་བསྡུ་བ་ནི།

དེ་ལྟར་སྣང་སྲིད་འཁོར་འདས༔

3. གསུམ་པ་འཁོར་འདས་ཕྱལ་བ་བར་མེད་རྒྱ་ཆད་ཕྱོགས་ལྷུང་དང་བྲལ་བར་ཆིངས་སུ་བཅིང་བ་ལ་གཉིས། སྣང་ཕྱོགས་ནས་སྣང་ཙམ་སྒྱུ་མ་ལྟ་བུར་ཕྱལ་བར་བསྟན་པ། སྟོང་ཕྱོགས་ནས་རང་བཞིན་བདེན་མེད་དུ་ཕྱལ་བར་བསྟན་པའོ། །

daraus folgenden manifestierten Objekte entfalten; und eine Zusammenfassung der Schlüsselpunkte dieser Themenbereiche.

a. **Wie sich außen die Erscheinungen der fünf Elemente entfalteten**
»Wenn das wahre Gesicht des Grundaspektes von Buddhaschaft – ein Zustand von Reinheit und Meisterschaft des Seinsgrundes – von Nicht-Gewahrsein (ma rig pa) verschleiert ist, …« [S. 139]

b. **Wie sich innen die acht Bewusstseinsarten und die daraus folgenden manifestierten Objekte entfalten**
»Das Folgende ist eine Erörterung des sich Erhebens der dynamischen Energie dieser fünffachen Grundlage der Verwirrung. …« [S. 143]

c. **Eine Zusammenfassung der Schlüsselpunkte dieser Themenbereiche**
»Einige Leute meinen, Sinneserscheinungen seien Geist …« [S. 147]

2.3. Eine Zusammenfassung der Schlüsselpunkte dieser Untergruppe
»Zusammenfassend ist die Welt aller Erscheinungen und Möglichkeiten, ob Samsara oder Nirvana …« [S. 149]

3. Samsara und Nirvana in einem Prinzip der Offenheit umfassen, das ununterbrochen und frei von Einschränkungen oder Extremen ist
Diese Untergruppe hat zwei Abschnitte: aus der Perspektive der Sinneserscheinungen, Offenheit als bloße Erscheinung, vergleichbar mit Illusionen, aufzeigen; und aus der Perspektive der Leerheit, Offenheit als das Fehlen einer unabhängigen Natur aufzeigen.

1. དང་པོ་སྣང་ཕྱོགས་ནས་སྣང་ཙམ་སྒྱུ་མ་ལྟ་བུར་ཕྱལ་བར་བསྟན་པ་ནི།

   ཡང་དུས་རེ་ཞིག་གི་ཚེ་རིག་འཛིན་ཆེན་པོ་ཧཱུྃ་ཆེན་ཀཱ་རའི༔

2. གཉིས་པ་སྟོང་ཕྱོགས་ནས་རང་བཞིན་བདེན་མེད་དུ་ཕྱལ་བར་བསྟན་པ་ལ་གཉིས། ཆོས་ཉིད་གཅིག་གིས་ཆིངས་པའི་ཚུལ་གྱིས་མདོར་བསྟན་པ། ཇི་ལྟར་ཕྱལ་བའི་རྣམ་གྲངས་གསལ་བར་བསྟན་པས་རྒྱས་པར་བཤད་པའོ། །

   1. དང་པོ་ཆོས་ཉིད་གཅིག་གིས་ཆིངས་པའི་ཚུལ་གྱིས་མདོར་བསྟན་པ་ནི།

      མཚོ་ལ་གཟའ་སྐར་ཇི་ལྟར་མང་ཡང༔

   2. གཉིས་པ་ཇི་ལྟར་ཕྱལ་བའི་རྣམ་གྲངས་གསལ་བར་བསྟན་པས་རྒྱས་པར་བཤད་པ་ལ་གསུམ། ཕན་གནོད་མཚན་མ་ལས་འདས་པའི་ངོ་བོར་ཕྱལ་བར་བསྟན་པ། མཐའ་བརྒྱད་སྤྲོས་བྲལ་གྱི་རང་བཞིན་དུ་ཕྱལ་བར་བསྟན་པ། རྣམ་ཐར་སྒོ་གསུམ་གྱི་བདག་ཉིད་དུ་ཕྱལ་བར་བསྟན་པའོ། །

      a. དང་པོ་ཕན་གནོད་མཚན་མ་ལས་འདས་པའི་ངོ་བོར་ཕྱལ་བར་བསྟན་པ་ནི།

         སེམས་ཉིད་བདེ་གཤེགས་སྙིང་པོ་ཞེས་བྱ་བ་ནི༔

3.1. Aus der Perspektive der Sinneserscheinungen, Offenheit als bloße Erscheinung, vergleichbar mit Illusionen, aufzeigen

Als ich bei einer weiteren Gelegenheit nochmals in einer Vision den großen Rigdzin Humchenkara traf, … [S. 153]

3.2. Aus der Perspektive der Leerheit, Offenheit als das Fehlen einer unabhängigen Natur aufzeigen

Dieser Abschnitt hat zwei Untergruppen: kurz aufzeigen, wie alles von der einen Natur der Phänomene umspannt ist; und dies ausführlich erklären, indem man klar die zahlreichen Verästelungen von Offenheit aufzeigt.

3.2.1. Kurz aufzeigen, wie alles von der einen Natur der Phänomene umspannt ist

»Bedenke die Tatsache, dass wie viele Planeten und Sterne sich auch in einem See spiegeln mögen, …« [S. 155]

3.2.2. Dies ausführlich erklären, indem man klar die zahlreichen Verästelungen von Offenheit aufzeigt

Diese Untergruppe hat drei Kategorien: Offenheit als Essenz (*ngo bo*), jenseits der Charakteristika von Nutzen oder Schaden, aufzeigen; Offenheit als Natur (*rang bzhin*), frei von den Ausschmückungen der acht Begrenzungen, aufzeigen; Offenheit als Inbegriff der drei Tore der Befreiung aufzeigen.

a. Offenheit als Essenz (*ngo bo*), jenseits der Charakteristika von Nutzen oder Schaden, aufzeigen

»Die Natur des Geistes, die als ›Buddha-Natur‹ (bde gshegs snying po) …« [S. 155]

b. གཉིས་པ་མཐའ་བརྒྱད་སྤྲོས་བྲལ་གྱི་རང་བཞིན་དུ་ཕྱུལ་བར་བསྟན་པ་ནི།

གཞི་ཡི་ཆོས་སྐུ་བདེ་བར་གཤེགས་པའི་སྙིང་པོ༔

c. གསུམ་པ་རྣམ་ཐར་སྒོ་གསུམ་གྱི་བདག་ཉིད་དུ་ཕྱུལ་བར་བསྟན་བ་ནི།

ཡང་སྙིང་འོག་ཕྱོགས་མཚམས་བར་དང་དུས་ལས་འདས་པས༔

4. བཞི་པ་ཡེ་ནས་རྩོལ་མེད་རང་གསལ་ཡོན་ཏན་ལྷུན་གྲུབ་ཆེན་པོར་ལ་བཟླ་བ་ལ་གསུམ། ཐབས་ཤེས་དྲང་ངེས་ཀྱི་སྒོ་ནས་སྤྱིར་བསྟན་པ། ལྷུན་གྱིས་གྲུབ་པའི་ཡོན་ཏན་གྱི་རྣམ་གཞག་བྱེ་བྲག་ཏུ་བཤད་པ། དེ་ལྟར་རྟོགས་པའི་ཚུལ་ལ་ཡོན་ཏན་གྱི་ཁྱད་པར་རྫོགས་ཚུལ་ལོ། །

1. དང་པོ་ཐབས་ཤེས་དྲང་ངེས་ཀྱི་སྒོ་ནས་སྤྱིར་བསྟན་པ་ནི།

ཡང་འོད་གསལ་ཉམས་ཀྱི་སྣང་ངོར་འཛམ་དཔལ་སྨྲ་བའི་སེང་གེའི༔

2. གཉིས་པ་ལྷུན་གྱིས་གྲུབ་པའི་ཡོན་ཏན་གྱི་རྣམ་གཞག་བྱེ་བྲག་ཏུ་བཤད་པ་ལ་ལྔ། སྐུ་ལྔ་ལྷུན་གྱིས་གྲུབ་ཚུལ། རིགས་ལྔ་ལྷུན་གྱིས་གྲུབ་ཚུལ། ཞིང་ཁམས་ལྔ་ལྷུན་གྱིས་གྲུབ་ཚུལ།

b. Offenheit als Natur (*rang bzhin*), frei von den Ausschmückungen der acht Begrenzungen, aufzeigen

»Der Grundaspekt des Dharmakaya, die Buddha-Natur, ist frei von allem, was sich auf Entstehen bezieht – jeglichem Ort, Objekt oder Schöpfer …« [S. 157]

c. Offenheit als Inbegriff der drei Tore der Befreiung aufzeigen

»Ferner ist er insofern leer, als dass er jenseits von oben, unten, Haupt- oder Nebenrichtungen, dem Dazwischen oder der Zeit ist …« [S. 159]

4. Zu einer eindeutigen Erfahrung in einem überragenden Zustand der spontanen Präsenz kommen, in dem die erleuchteten Qualitäten uranfänglich mühelos und natürlich klar sind

Diese Untergruppe hat drei Abschnitte: allgemein durch vorläufige geschickte Mittel und letztendliches höchstes Erkennen aufzeigen; im Detail die Kategorien dieser spontan präsenten Qualitäten erklären; und zeigen, wie bestimmte Arten von Qualitäten in solch einer Verwirklichungsweise vollkommen sind.

4.1. Allgemein durch vorläufige geschickte Mittel und letztendliches höchstes Erkennen aufzeigen

Bei einer weiteren Gelegenheit, während einer meditativen Erfahrung äußerster Klarheit, traf ich Manjushri, den Löwen der Rede … [S. 165]

4.2. Im Detail die Kategorien dieser spontan präsenten Qualitäten erklären

Dieser Abschnitt hat fünf Unterabschnitte: wie die fünf Kayas spontan präsent sind; wie die fünf Familien spontan präsent sind; wie die fünf reinen Bereiche spontan präsent

སངས་རྒྱས་ལྷ་ལྷུན་གྱིས་གྲུབ་ཚུལ། མཁའ་འགྲོ་ལྷ་ལྷུན་གྱིས་གྲུབ་ཚུལ་ལོ། །

a. དང་པོ་སྐུ་ལྷ་ལྷུན་གྱིས་གྲུབ་ཚུལ་ནི།
འཁོར་བའི་སྒོར་བསྟུན་ནས་དོན་དམ་ཀུན་རྫོབ་དུ་བསྟན་པ༔

b. གཉིས་པ་རིགས་ལྷ་ལྷུན་གྱིས་གྲུབ་ཚུལ་ནི།
འགྲོ་བ་རྣམས་རིགས་ལ་མངོན་པར་ཞེན་པ་དེ་དང་བསྟུན་ཏེ༔

c. གསུམ་པ་ཞིང་ཁམས་ལྷ་ལྷུན་གྱིས་གྲུབ་ཚུལ་ནི།
མི་རྣམས་ཡུལ་ལ་མངོན་པར་ཞེན་པའི་ཡུལ་དང་བསྟུན༔

d. བཞི་པ་སངས་རྒྱས་ལྷ་ལྷུན་གྱིས་གྲུབ་ཚུལ་ནི།
གཞི་དབྱིངས་ཁྱབ་བརྡལ་གྱི་རང་མདངས་ཁྱབ་བྱེད་ཀྱི་ཤེས་རབ༔

e. ལྔ་པ་མཁའ་འགྲོལ་ལྷ་ལྷུན་གྱིས་གྲུབ་ཚུལ་ནི།
དོན་གྱི་རྡོ་རྗེ་སྟོང་པ་ཉིད་ཀྱི་མཁའ་ལ༔

3. གསུམ་པ་དེ་ལྟར་རྟོགས་པའི་ཚུལ་ལ་ཡོན་ཏན་གྱི་ཁྱད་པར་རྫོགས་ཚུལ་ལ་གསུམ། དོན་དམ་པའི་ཆོ་གའི་ཡན་ལག་རྫོགས་ཚུལ། ཐེག་པ་རང་གི་མིང་གི་ཆེ་བ་རྫོགས་ཚུལ། རིམ་དགུའི་ཐེག་པའི་ཡོན་ཏན་ཡར་ལྡན་གྱི་ཚུལ་དུ་རྫོགས་ཚུལ་ལོ། །

sind; wie die fünf Buddhas spontan präsent sind; und wie die fünf Dakinis spontan präsent sind.

a. Wie die fünf Kayas spontan präsent sind

»Das Folgende ist eine Beweisführung der letztendlichen Wirklichkeit auf der relativen Ebene, in Übereinstimmung mit der samsarischen Erfahrung …« [S. 167]

b. Wie die fünf Familien spontan präsent sind

»Das Folgende ist die Grundlage, auf der Gottheiten, bezogen auf die Familien, beschrieben werden, was der Identifikation der Wesen mit ihrer Familie entspricht …« [S. 173]

c. Wie die fünf reinen Bereiche spontan präsent sind

»Das Folgende ist eine Darlegung der reinen Bereiche als fünffach, was der Identifikation der Wesen mit ihrem Land entspricht: …« [S. 173]

d. Wie die fünf Buddhas spontan präsent sind

»Wenn der natürliche Glanz des durchdringenden und ausgedehnten Seinsgrundes als grundlegender Raum durch das große und durchdringende höchste Erkennen offensichtlich wird, …« [S. 175]

e. Wie die fünf Dakinis spontan präsent sind

»Letztendliche Vajra-Leerheit ist der Raum, …« [S. 177]

4.3. Zeigen, wie bestimmte Arten von Qualitäten in solch einer Verwirklichungsweise vollkommen sind

Dieser Abschnitt hat drei Untergruppen: wie die Bestandteile der Rituale aus der Perspektive der letztendlichen Realität vollkommen sind; wie die Vollkommenheit dieser Herangehensweise in denen ihr eigenen, erhabenen Begriffen ausgedrückt wird; und wie die Qualitäten der neun stufenweisen Fahrzeuge vollkommen sind, indem die höheren die niedrigeren einschließen.

1. དང་པོ་དོན་དམ་པའི་ཆོ་གའི་ཡན་ལག་རྫོགས་ཚུལ་ལ་གཉིས། ཇི་ལྟར་རྫོགས་ཚུལ་དངོས་དང་། ཀུན་རྫོབ་ཐབས་ཀྱི་སྒོའི་བསྐྱེད་རིམ་བསྟན་པའི་དགོས་པའོ། །

   a. དང་པོ་ཇི་ལྟར་རྫོགས་ཚུལ་དངོས་ནི།

      དེ་ལྟར་གཞིའི་ཆོས་སྐུ་བདེ་གཤེགས་སྙིང་པོ༔

   b. གཉིས་པ་ཀུན་རྫོབ་ཐབས་ཀྱི་སྒོའི་བསྐྱེད་རིམ་བསྟན་པའི་དགོས་པ་ནི།

      སླར་ཡང་བར་སྐབས་ཤིག་ཏུ་དཔལ་ཨོ་རྒྱན་མཚོ་སྐྱེས་རྡོ་རྗེའི༔

2. གཉིས་པ་ཐེག་པ་རང་གི་མིང་གི་ཆེ་བ་རྫོགས་ཚུལ་ནི།

   ཡང་རེ་ཞིག་གི་ཚེ་དབྱིངས་ཀྱི་རྡོ་རྗེ་མོ་ཨེ་ཀ་ཛ་ཏིའི༔

3. གསུམ་པ་རིམ་དགུའི་ཐེག་པའི་ཡོན་ཏན་ཡར་ལྡན་གྱི་ཚུལ་དུ་རྫོགས་ཚུལ་ནི།

   དེ་ལྟར་སྤྱིར་བཤད་ནས་བྱེ་བྲག་རིམ་དགུའི་ཐེག་པའི་ལམ་གྱི༔

II. རྩ་བའི་གཉིས་པ་བསྒོམ་པས་ཉམས་སུ་ལེན་ཚུལ་ལ་གཉིས། སྒོམ་པ་དམིགས་གཏད་དང་བྲལ་བའི་ཚུལ་སྤྱིར་བསྟན་པ། མཉམ་རྗེས་ཀྱི་རིམ་པ་བྱེ་བྲག་ཏུ་བཤད་པའོ། །

4.3.1. Wie die Bestandteile der Rituale aus der Perspektive der letztendlichen Realität vollkommen sind

Diese Untergruppe hat zwei Kategorien: die tatsächliche Art, in der diese Bestandteile vollkommen sind; und der Wert des Lehrens der Erzeugungsstufe als einen Zugang für geschickte Mittel auf relativer Ebene.

a. Die tatsächliche Art, in der diese Bestandteile vollkommen sind

»Der Seinsgrund-Dharmakaya, Buddha-Natur, …« [S. 179]

b. Der Wert des Lehrens der Erzeugungsstufe als einen Zugang für geschickte Mittel auf relativer Ebene

Bei einer weiteren Gelegenheit traf ich den glorreichen Orgyen Tsokye Dorje in einer Vision … [S. 189]

4.3.2. Wie die Vollkommenheit dieser Herangehensweise in denen ihr eigenen, erhabenen Begriffen ausgedrückt wird

Bei einer anderen Gelegenheit, als ich die Königin des grundlegenden Raumes, Ekajati … [S. 195]

4.3.3. Wie die Qualitäten der neun stufenweisen Fahrzeuge vollkommen sind, indem die höheren die niedrigeren einschließen

Ich werde ihre allgemeinen Erklärung weiter ausführen, indem ich die Art und Weise aufzeige, in der alle Qualitäten der Pfade der neun stufenweisen Fahrzeuge (theg pa rim pa dgu) … [S. 199]

II. Durch Meditation zur Anwendung bringen

Das zweite Hauptkapitel hat zwei Unterkapitel: allgemein aufzeigen, wie Meditation ohne irgendeinen fixen Bezugsrahmen ist; und im Detail die Stufen der formalen Meditation und postmeditativen Erfahrung erklären.

1. དང་པོ་སྒོམ་པ་དམིགས་གཏད་དང་བྲལ་བའི་ཚུལ་སྦྱིར་བསྟན་པ་ནི།
   སྔར་ཡང་རིག་འཛིན་གྱི་རྒྱལ་པོ་ཤྲཱི་སེང་ཧའི༎
2. གཉིས་པ་མཉམ་རྗེས་ཀྱི་རིམ་པ་བྱེ་བྲག་ཏུ་བཤད་པ་ནི།
   དེའི་ངང་ཚུལ་ཞེས་ཏེ་ལུས་ཀྱི་སྒོ་ནས་བཟང་ངན་བར་གསུམ༎

III. རྩ་བའི་གསུམ་པ་སྤྱོད་པས་བོགས་དབྱུང་བ་ལ་གསུམ། ལྟ་སྤྱོད་ཕྱོགས་རེར་མི་འཚོལ་བའི་ཚུལ་ལ་བསླབ་པ། ལམ་གྱི་གོལ་ས་གཅོད་པ། ཡང་དག་པའི་སྤྱོད་ཚུལ་གཞན་བསྟན་པའོ། །

1. དང་པོ་ལྟ་སྤྱོད་ཕྱོགས་རེར་མི་འཚོལ་བའི་ཚུལ་ལ་བསླབ་པ་ནི།
   སྤྱོད་པའི་གནད་ནི་ཐམས་ཅད་སྟོང་པ་ཉིད་ཡིན་པས༎
2. གཉིས་པ་ལམ་གྱི་གོལ་ས་གཅོད་པ་ལ་གཉིས། ཉམས་ཀྱི་གོལ་ས་ངོས་བཟུང་བ་དང་། སྟོང་གི་གོལ་ས་གཅོད་པའོ། །
   1. དང་པོ་ཉམས་ཀྱི་གོལ་ས་ངོས་བཟུང་བ་ནི།
      ཉམས་ཀྱི་སྣང་བ་ནི་སེམས་དང་ཞེས་རྒྱུད་སྤར་ལྟར་མ་ཡིན༎

1. **Allgemein aufzeigen, wie Meditation ohne irgendeinen fixen Bezugsrahmen ist**
   Als ich später in einer Vision Shri Simha, den König der Gewahrseinshalter traf, … [S. 207]
2. **Im Detail die Stufen der formalen Meditation und postmeditativen Erfahrung erklären**
   »Wenn du diese fundamentale Natur verstehst, gibst du die drei Aktivitäten des Körpers – gute, schlechte und neutrale – auf …« [S. 209]

III. Durch Verhalten vertiefen

Dieses dritte Hauptkapitel hat drei Unterkapitel: üben, so dass weder auf Kosten der Sichtweise noch auf Kosten des Verhaltens Fehleinschätzungen auftreten; Wegpunkte möglicher Abweichung vom Pfad abschneiden; und andere Arten authentischen Verhaltens aufzeigen.

1. **Üben, so dass weder auf Kosten der Sichtweise noch auf Kosten des Verhaltens Fehleinschätzungen auftreten**
   »Der Schlüsselpunkt des Verhaltens ist, den unheilsamen Handlungen von Körper und Rede zu entsagen, als ob sie Gift wären, …« [S. 211]
2. **Wegpunkte möglicher Abweichung vom Pfad abschneiden**
   Diese Untergruppe hat zwei Abschnitte: Wegpunkte möglicher Abweichung in Bezug auf flüchtige meditative Erfahrungen erkennen; und Wegpunkte möglicher Abweichung in Bezug auf Prüfungen abschneiden.
   - **2.1. Wegpunkte möglicher Abweichung in Bezug auf flüchtige meditative Erfahrungen erkennen**
     »Meditative Erfahrungen (nyams) entstehen, in denen dein gewöhnlicher Geist – das Kontinuum deines Bewusstseins – verschieden von dem ist, was er vorher war. …« [S. 213]

2. གཉིས་པ་སློང་གི་གོལ་ས་གཅོད་པ་ནི།

   གཞན་ཡང་ཕྱི་སློང་ལྷ་འདྲེའི་ཆོ་འཕྲུལ་ཐན་དང་ལྟས་ངན༎

3. གསུམ་པ་ཡང་དག་པའི་སྤྱོད་ཚུལ་གཞན་བསྟན་པ་ནི།

   ཡང་རེ་ཞིག་གི་ཚེ་རང་སྣང་དོན་གྱི་འོག་མིན༎

IV. རྩ་བའི་བཞི་པ་འབྲས་བུ་མངོན་དུ་གྱུར་ཚུལ་ལ་གཉིས། འབྲས་བུ་གཏན་གྲོལ་གྱི་རིམ་པ་དངོས། དེའི་གནད་མི་འཆུག་པའི་གཟེར་ཤན་འབྱེད་ཀྱི་མན་ངག་གོ །

1. དང་པོ་འབྲས་བུ་གཏན་གྲོལ་གྱི་རིམ་པ་དངོས་ནི།

   དང་པོ་བསླབ་པ་ལ་བརྟེན་ནས་ཤེས་པ༎

2. གཉིས་པ་དེའི་གནད་མི་འཆུག་པའི་གཟེར་ཤན་འབྱེད་ཀྱི་མན་ངག་ལ་བཞི། སེམས་དང་རིག་པའི་ཤན་འབྱེད། ཡིད་དང་ཤེས་རབ་ཀྱི་ཤན་འབྱེད། རྣམ་ཤེས་དང་ཡེ་ཤེས་ཀྱི་ཤན་འབྱེད། ཀུན་གཞི་དང་ཆོས་སྐུའི་ཤན་འབྱེད་དོ། །

2.2. Wegpunkte möglicher Abweichung in Bezug auf Prüfungen abschneiden

»Genauso begegnen dir vielleicht Prüfungen (slong). Äußere Prüfungen bestehen aus vielfältigen Trugbildern, die unsere Sinne beeinflussen, wie etwa negative Anzeichen und Omen, …« [S. 215]

3. Andere Arten authentischen Verhaltens aufzeigen

Bei einer anderen Gelegenheit traf ich in einer natürlich aufgetretenen Vision des letztendlich reinen Bereichs von Akanishtha (og min) … [S. 219]

IV. Wie die Frucht offenkundig wird

Dieses vierte Hauptkapitel hat zwei Untergruppen: die tatsächliche Stufe der fortdauernden Freiheit als Verwirklichung; und der Herzensrat, der klare Unterscheidungen schafft, indem er zielsicher die Schlüsselpunkte festnagelt.

1. Die tatsächliche Stufe der fortwährenden Freiheit als Verwirklichung

»Zuerst entwickelst du Verständnis (shes pa), indem du dich auf die Übungen (bslab pa) stützt …« [S. 221]

2. Der Herzensrat, der klare Unterscheidungen schafft, indem er zielsicher die Schlüsselpunkte festnagelt

Diese Untergruppe hat vier Abschnitte: eine klare Unterscheidung zwischen gewöhnlichem Geist und Gewahrsein treffen; eine klare Unterscheidung zwischen begrifflichem Geist und höchstem Erkennen treffen; eine klare Unterscheidung zwischen Bewusstsein und zeitloser Weisheit treffen; und eine klare Unterscheidung zwischen der Grundlage aller gewöhnlichen Erfahrung und dem Dharmakaya treffen.

1. དང་པོ་སེམས་དང་རིག་པའི་ཤན་འབྱེད་ནི།

   རིགས་ཀྱི་བུ་གཞི་མ་རིག་པ་རྒྱལ་རྣམ་པར་རྟོག་པ༔

2. གཉིས་པ་ཡིད་དང་ཤེས་རབ་ཀྱི་ཤན་འབྱེད་ནི།

   རྣམ་པར་རྟོག་པའི་ཆོ་འཕྲུལ་མཆེད་པའི་སྣང་བ༔

3. གསུམ་པ་རྣམ་ཤེས་དང་ཡེ་ཤེས་ཀྱི་ཤན་འབྱེད་ནི།

   འདོད་ཡོན་གྱི་སྣང་བ་མཆེད་པའི་སྣང་ཡུལ༔

4. བཞི་པ་ཀུན་གཞི་དང་ཆོས་སྐུའི་ཤན་འབྱེད་པ་ལ་གཉིས། ཤན་འབྱེད་དགོས་དང་། གནད་ཀྱི་དོན་བསྡུ་བའོ། །

   a. དང་པོ་ཤན་འབྱེད་དགོས་ནི།

      གཞི་མ་རིག་པའི་དབང་གིས་ལུང་མ་བསྟན་དུ་སོང་བ༔

   b. གཉིས་པ་གནད་ཀྱི་དོན་བསྡུ་བ་ནི།

      འདི་ལྟར་རོལ་པ་དང་། ཆིངས་པ་དང་། ཁྲིབ་པ་དང་༔

2.1. Eine klare Unterscheidung zwischen gewöhnlichem Geist und Gewahrsein treffen

»Ach Sohn des spirituellen Erbes, die dynamische Energie des Nicht-Gewahrseins (ma rig pa) des Seinsgrundes sind die dem Entstehen und Vergehen unterworfenen Gedanken …« [S. 223]

2.2. Eine klare Unterscheidung zwischen begrifflichem Geist und höchstem Erkennen treffen

»Der Begriff ›begrifflicher Geist‹ (yid) bezieht sich auf ein Bewusstsein, das alle Sinneserscheinungen, die durch die verwickelte Aktivität der Begriffsbildung wuchern …« [S. 225]

2.3. Eine klare Unterscheidung zwischen Bewusstsein und zeitloser Weisheit treffen

»Der Begriff ›Bewusstsein‹ (rnam par shes pa) bezieht sich auf den unaufhörlichen Zustand der erscheinenden Sinnesobjekte …« [S. 227]

2.4. Eine klare Unterscheidung zwischen der Grundlage aller gewöhnlichen Erfahrung und dem Dharmakaya treffen

Dieser Abschnitt hat zwei Unterabschnitte: die tatsächliche klare Unterscheidung; und eine Zusammenfassung der Schlüsselpunkte.

a. Die tatsächliche klare Unterscheidung

»Durch das Nicht-Gewahrsein des Seinsgrundes entsteht ein karmisch neutraler Zustand …« [S. 227]

b. Eine Zusammenfassung der Schlüsselpunkte

»Nachdem du zu einem Verständnis aller Aspekte der grundlegenden Natur gekommen bist – ihres spielerischen Ausdrucks, ihrer umfassenden Qualität, Durchdringung …« [S. 231]

རྫུ་བའི་གསུམ་པ་མཐར་ཕྱིན་མཇུག་གི་དོན་སྨོས་པ་ནི།
ཞེས་པ་འདི་ཡང་སྐྱེ་བ་དུ་མར་ལས་དང་སྨོན་ལམ༔

སོགས་ཀྱིས་ཡོངས་སུ་གྲབ་པའོ། །ཞེས་པ་འདི་ཡང་སློབ་དཔོན་ཐུབ་བསྟན་
རྒྱལ་མཚན་གྱིས་ཁྲིད་དཔོན་སྐབས་སུ་གོ་བདེའི་གསལ་བྱེད་དུ་བྲིས་ཤིག་པར་
བསྐུལ་བ་བཞིན་འཇིགས་བྲལ་ཡེ་ཤེས་རྡོ་རྗེས་སོ།། །།

TEIL DREI: AUF DEN SCHLUSS, DER DEN TEXT ZU ENDE BRINGT, BEZUG NEHMEN

Dieser Text wurde auf die wiederholte Bitte … [S. 231]

Dadurch wird der Text zu einem vollständigen Ende gebracht.

Dies wurde von Jigdral Yeshe Dorje [S.H. Dudjom Rinpoche] in Erwiderung einer Bitte des Meisters Thubten Gyaltsen als leicht zu verstehender Studienführer geschrieben, als er den Posten eines Leiters der Ausbildung innehatte.

Über den Autor

Dudjom Lingpa (1835-1904) war ein großer Nyingma-Meister des 19. Jhdts., der durch seine Schatztexte[17] und visionären Schriften 20 Schriftenbände füllte. Als anerkannte Emanation des Khye'u Chung Lotsawa, einem der 25 Herzensschüler von Padmasambhava, hatte er bereits seit seiner Kindheit immer wieder visionäre Begegnungen mit geistigen Lehrern in Gestalt von Bodhisattvas, Dakinis und früheren historischen Persönlichkeiten des Dharma wie Saraha oder Longchenpa.

Seine Schriftensammlung wird Dudjom Tersar genannt und umfasst vier Hauptzyklen, von denen drei Geistschätze (*gongter*) und einer ein Erdschatz (*sater*) sind. Diese sind:

- *Maha-Ati Yoga Zabchö Gongpa Rangdrol* – der Zyklus der tiefgründigen Lehren der Großen Vollkommenheit der selbstbefreiten Absicht;
- *Dagnang Yeshe Drawa* – der Zyklus der reinen Vision aus dem magischen Netz der uranfänglichen Weisheit;
- *Chönyi Namkha'i Longdzö* – der Zyklus aus der Weite des himmlischen Schatzhauses der Dharmata; und
- *Zabsang Khandro Nyingthig* – der Zyklus der tiefgründigen Lehre der Herzessenz der Dakinis.

[17] Tib.: *gter*, siehe Tulku Thondup: »Die verborgenen Schätze Tibets. Eine Erläuterung der Termatradition der Nyingmaschule des Buddhismus«, edition khordong im Wandel Verlag, Berlin, 2013

Die wohl bekanntesten Praktiken sind der Chöd-Zyklus der Thröma Nagmo und der Schatzzyklus des Namchag Putri – der Klinge aus Meteoriteisen (*Vajrakilaya*). Aber auch ein umfangreiches Dzogchen-Tantra – das Vajra-Herz-Tantra (*Nelug Rangjung*) – wurde von ihm offenbart und gelehrt. Seine Lehren umfassen ca. 20 Ermächtigungen, angefangen von den drei Aspekten des Gurus – dem friedvollen Lehrer, dem zornvollen Lehrer und dem äußerst zornvollen Lehrer – über die Einweihung in Manjushri und seinen zornvollen Aspekt als Yamantaka. Weiteres finden sich umfangreiche Ermächtigungen in Thröma Nagmo, Thugje Chenpo, Vajrakilaya, Dorje Drolö, Simhamukha, Tamdrin Yangthrö Nagpo, Lama Zhitro, Kagye (Acht Logos-Gottheiten) uvm., sowie kürzere Segensermächtigungen in Vajrapani, Tara, Vajra Varahi, Yeshe Tsogyal, Loden Chogse, den roten Manjushri, Amitayus, Amitabha, Chemchog Heruka usw. Zusätzlich gibt es mehrere Schriftenbände mit Schützerpraktiken und verschiedenen Ritualen dazu, wie z.B. dem Herstellen von Schutzamuletten, Heilpillen, dem Befreien von Tieren o.a.

Zeit seines Lebens konnte sich Dudjom Lingpa keinen dauerhaften materiellen Reichtum erwerben. Er wusste, dass mit dem Dharma kein materieller Wohlstand, dafür aber Befreiung möglich ist. Den »Atem der Dakinis« und die Frische seiner Schatztexte spürt man in der Unmittelbarkeit der Darlegung der Lehre. Man sagt, dass viele seiner Schüler dadurch hohe Verwirklichungen erlangten. Dreizehn verwirklichten aufgrund der Praxis des Thröma-Zyklus auch den Regenbogenkörper. Auch seine acht Söhne wurden als Inkarnationen berühmter Lehrer anerkannt.

Dudjom Lingpa hatte fünf Tulkus: Sönam Deutsen, Dzongter Künzang Nyima, Dudjom Rinpoche Jigdral Yeshe Dorje, Tulku Pednam und Tulku Natsog Rangdrol. Da Dudjom Lingpa eine äußerst zornvolle Erscheinung war, baten ihn gegen Ende seines

Lebens seine Schüler, dass er in Zukunft etwas sanfter erscheinen möge. Dies versprach er und verwirklichte dies in Gestalt von Dudjom Rinpoche Jigdral Yeshe Dorje, der als einer der größten Dzogchen-Meister und Tertöns des 20. Jhdts. gilt. Dieser hat viele der visionären Texte seiner früheren Inkarnation fertig bearbeitet und unter anderem die strukturelle Gliederung für diesen vorliegenden Lehrtext verfasst.

Möge es von Nutzen sein!

Ngak'chang Rangdrol Dorje (Enrico Kosmus)

Glossar

DAS IN DER ERSTEN [AMERIKANISCHEN] AUSGABE erschienene Glossar wurde erweitert und überarbeitet, um alternative Übersetzungen der Fachbegriffe der Großen Vollkommenheit einer Anzahl von Autoren und Übersetzern sowie die gegenwärtige vom Padma Translation Commitee verwendeten Begriffe einzubeziehen.

Während einige dieser Einträge eine breitere Anwendung im allgemeineren buddhistischen Gedankengut haben, so liegt der Schwerpunkt hier auf ihrer Verwendung in der Großen Vollkommenheit. Es wird häufig gesagt, dass die Große Vollkommenheit ihre eigene Sprache spricht und ihr eigenes, einzigartiges Vokabular und ihre eigene Bedeutung hat. Die Entwicklung und der Gebrauch von Übersetzungen der Großen Vollkommenheit ins Englische [und eben auch ins Deutsche] haben mehrere offensichtliche Merkmale. Zunächst einmal ist die andauernde Suche nach einer Standardisierung der englischen [und deutschen] Begriffe noch immer in einem sich weiterentwickelnden Stadium. Zweitens sind die Leser daher mit einer breiten Vielfalt an Übersetzungen von im Tibetischen ziemlich gut standardisierten Begriffen konfrontiert, bekommen aber selten Mittel zur Überbrückung dieser Vielfalt an die Hand. Drittens ist die Hinzunahme von alternativen Übersetzungen nützlich, da sie ein größeres Bedeutungsspektrum der Begriffe der Großen Vollkommenheit sichtbar werden lassen, das besser durch eine interpretierende als durch eine wortwörtliche Übersetzung wiedergegeben werden kann. Eine Warnung, die niemals vergessen werden sollte ist, dass kein Buch und sein wissenschaftliches Instrumentarium ein Ersatz für Studium, Kontemplation und Meditation im Rahmen einer Lehrer-Schüler-Beziehung sein kann.

Schlüssel zu den zitierten Quellen

BM: *Buddha-Geist*, übersetzt von Tulku Thondup

CDN: *Der Zyklus von Tag und Nacht*, von Namkha'i Norbu, übersetzt von John Reynolds

CS: *The Circle of the Sun*, von Tsele Natsok Rangdrol, übersetzt von Erik Pema Kunsang

DZ: *Dzogchen*, von Namkha'i Norbu, übersetzt von John Shane

DZP: *Dzogchen and Padmasambhava*, von Sogyal Rinpoche

FG: *Der Flug des Garuda*, von Lama Shabkar, übersetzt von Erik Pema Kunsang

FRC: *From Reductionism to Creativity*, von Herbert V. Guenther

GL: *The Golden Letters*, übersetzt von John Myrdhin Reynolds

HTV: *The Holy Teachings of Vimalakirti*, übersetzt von Robert Thurman

KB: *Kindly Bent to Ease Us*, von Longchenpa, übersetzt von Herbert V. Guenther

LM: *Lamp of Mahamudra*, von Tsele Natsok Rangdrol, übersetzt von Erik Pema Kunsang

LS: *Das Leben des Shabkar*, von Shabkar Tsogdruk Rangdrol, übersetzt von Matthieu Ricard et al.

MD: *Magischer Tanz*, von Thinley Norbu

ME: Meditation on Emptiness, von Jeffrey Hopkins

MK: *Mother of Knowledge,* von Nam-mkha'i snyingpo, übersetzt von Tarthang Tulku

MW: *Myriad Worlds,* von Jamgon Kongtrul, übersetzt vom International Translation Committee

NGP: *Natural Great Perfection* (*dt.: Der Buddha im Inneren*), von Nyoshul Khenpo, übersetzt von Surya Das

NJ: Thinley Norbu Rinpoches mündliche Belehrungen zum *Nangjang,* übersetzt von Sangye Khandro

NS: *The Nyingma School of Tibetan Buddhism,* Band II, von Gyurme Dorje und Matthew Kapstein

PC: *Perfect Conduct* (*Vollkommene Lebensführung*), von Ngari Panchen, übersetzt von Khenpo Gyurme Dorje und Sangye Khandro (dt. von Enrico Kosmus)

PE: *Primordial Experience,* von Manjushrimitra, übersetzt von Namkha'i Norbu und Kennard Lipman

RP: *Regenbogenbilder,* von Tulku Urgyen Rinpoche, übersetzt von Erik Pema Kunsang

RW: *The Rain of Wisdom,* übersetzt vom Nalanda Translation Com.

SGK: *The Small Golden Key,* von Thinley Norbu

SL: *Self-Liberation Through Seeing With Naked Awareness,* von Karma Lingpa, übersetzt von John Myrdhin Reynolds

VH: *Vajra-Heart,* von Tulku Urgyen, übersetzt von Erik Pema Kunsang

WPT: *Die Worte meines vollendeten Lehrers,* von Patrul Rinpoche, übersetzt von der Padmakara Translation Group

WS: *Weißes Segel,* von Thinley Norbu

Glossar

Abhirati (Skt.; Tib. *mngon par dga' ba*): wörtlich »Manifeste Freude«; der reine Bereich, der mit Buddha Akshobhya und der östlichen Richtung assoziiert wird

Abwesenheit von Erwartung (Tib. *smon po med pa*): [Abwesenheit von Absicht]. Eines der drei »Tore der Befreiung«; bezieht sich auf die Tatsache, dass in der letztendlichen Realität kein Kontext existiert, auf den sich irgendwelche Erwartungen hinsichtlich des Ziels der Erleuchtung stützen können [Abwesenheit von Bestrebung (NJ); Bestrebungslosigkeit (NS)]

Akanishtha (Skt. Akaniṣṭha; Tib: *'og min*): wörtlich »unter nichts«; der höchste reine Bereich, eine Umschreibung für den reinen Bereich von Ghanavyuha des Buddha Vairocana

Akshobhyavajra (Skt. Akṣobhyavajra; Tib. *mi bskyod rdo rje*): wörtlich »Unerschütterlicher Vajra«; unter den Buddhas der fünf Familien wird dieser Buddha mit der östlichen Richtung assoziiert; der Name bezeichnet den Seinsgrund, die mit sieben Vajra-(*rdo rje*)-Merkmalen geschmückt und in allen drei Zeiten unerschütterlich (*mi bskyod*) ist.

alles umfassende Vollendung von Samsara und Nirvana (Tib. *'khor 'das 'ub chub*): da alle Phänomene von Samsara und Nirvana (*'khor 'das*) im Umfangen (*'ub*) der Buddha-Natur zusammengefasst und darin völlig vollendet (*chub*) sind; der sechste von sieben Begriffen, die sich auf die Lehren der Großen Vollkommenheit beziehen, wie Dudjom Lingpa durch Ekajati erklärt wird

Amitabha (Skt. Amitābha; Tib. *snang ba mtha' yas*): wörtlich »Grenzenloses Licht«; unter den Buddhas der fünf Familien wird dieser Buddha mit dem Westen assoziiert; der Name bezeichnet den unbegrenzt erscheinenden Aspekt des Seinsgrundes

Amoghasiddhi (Skt.; Tib. *don yod grub pa*): wörtlich »Verwirklichung der Bedeutung«; unter den Buddhas der fünf Familien wird dieser Buddha mit dem Norden assoziiert; der Name bezeichnet die Tatsache, dass alles, was wahre Bedeutung hat, natürlich erscheint

Anuyoga (Skt.): die fünfte der sechs Stufen des Tantra in der Nyingma-Schule; ein Ansatz, bei dem alle Phänomene in ihrer überragenden Reinheit und Gleichheit als vollkommen erkannt werden

Art und Weise des Verweilens (Tib. *gnas lugs*): Art und Weise des Bleibens, Beständigseins; die wahre Natur der Phänomene

Aspekte zeitloser Weisheit (Tib. *ye shes lnga*): die fünf Weisheitsaspekte, siehe »zeitlose Weisheit als der grundlegende Raum der Phänomene«; »spiegelgleiche zeitlose Weisheit«; »zeitlose Weisheit der Gleichheit«; »unterscheidende zeitlose Weisheit«; und »zeitlose Weisheit der spontanen Vollendung«

Atem stehlender Dieb (Tib. *dbugs len*): die Personifizierung des fälschlichen Belegens des eigenen Körpers mit wahrer Existenz, da einem diese Fehlwahrnehmung den Atem des dauerhaften Glücks raubt

Atiyoga (Skt.): die sechste der sechs Stufen in der Nyingma-Schule, auch als der Ansatz der Großen Vollkommenheit bekannt (siehe »Großen Vollkommenheit«), in der die Bedeutungen der acht niedrigeren Ansätze (siehe »neun stufenweise Fahrzeuge«) zusammengefasst sind. Die Große Vollkommenheit ist die Natur der Wirklichkeit – der Seinsgrund und sein manifester Aspekt – spontan präsent und natürlich erscheinend [Yoga der innersten Essenz (MW)]

auf dem begrifflichen Geist basierendes Bewusstsein (Tib. *yid* [*kyi rnam*] *shes*): der unaufhörliche Zustand der sechs Arten der Sinnesobjekte, der diese Information zu einem kohärentem Bild der Erscheinungswelt zusammenfügt

Ausbreitung: siehe »Ausdehnung«

Ausdehnung (Tib. *brdal ba*): auch Ausbreitung, Übereinstimmung

Avalokiteshvara (Skt. Avalokiteśvara; Tib. *sbyan ras gzigs dbang phyug*, gesprochen Chenresig Wangchug): [im Tibetischen] wörtlich »Machtvoller Herr mit Augen, die überall hinblicken«; der Bodhisattva verkörpert das Mitgefühl aller Buddhas und Bodhisattvas; oft auch als der »Große Mitfühlende« (Skt. mahākāruṇika; Tib. *thugs rje chen po*, gesprochen Thugje Chenpo) bezeichnet

Bardo (Skt. antarābhava, Tib. *bar do*): wörtlich »Zwischenzustand«; in den Lehren des tibetischen Buddhismus werden vier oder manchmal auch sechs Bardo-Zustände aufgezählt; im Allgemeinen bezeichnet der Begriff den Bereich zwischen Tod und Geburt

Befreiung (Tib. *sgrol ba*): Freiheit; das Äquivalent von »Nirvana«

begrifflicher Geist (Tib. *yid*): Bewusstsein, das alle Sinneserscheinungen wahrnimmt – die fünf körperlichen Sinne und der Bereich geistiger Konstrukte

Bewusstsein (Skt. vijñāna; Tib. *rnam* [*par*] *shes* [*pa*]): der unaufhörliche Zustand der Manifestation von Sinnesobjekten [Bewusstsein (CS, NJ, PC); Wahrnehmung (KB); Modi des Gewahrseins oder der Wahrnehmung (PE)]

Bewusstsein, das sich aus der Grundlage aller gewöhnlichen Erfahrung erhebt (Skt. ālayavijñāna; Tib. *kun gzhi'i rnam shes*): rudimentäres Bewusstsein, das von der subtilen karmischen Energie aufgrund des Nichterkennens des Gewahrseins erweckt wird [Allgrund-Bewusstsein (CS); Speicherbewusstsein (GL); schichtgebundene Wahrnehmung (KB); fundamentales Bewusstsein (MW); Bewusstsein des überall vorhandenen Grundes (NJ, PC); Bewusstsein des Grundes von allem (NS)]

Bitte zu verweilen (Tib. *bzhugs gsol*): ein Bestandteil der Sadhana-Praxis; im natürlichen Zustand in all seiner Unmittelbarkeit, frei von Übergang oder Veränderung, zu verbleiben, ist die letztendliche Bitte zu verweilen

blutdürstiger Henker (Tib. *shi gshed*): die Personifizierung des fälschlichen Belegens des eigenen Körpers mit wahrer Existenz, da diese Fehlwahrnehmung die Verbindung vom Tod zur nächsten Wiedergeburt in Samsara bereitstellt

Bodhisattva (Skt.; Tib. *byang chub sems dpa'*): [im Tibetischen] wörtlich jemand »mit mutig auf die Erleuchtung gerichteten Geist«; jemand, der dem Mahayana-Pfad, welcher sowohl zur Erkenntnis der Nichtexistenz eines persönlichen Selbst wie auch eines Selbst der Phänomene führt, folgt oder ihn verwirklicht hat.

Buddha(-schaft) (Skt. buddha; Tib. *sangs rgyas*): auch eine der fünf Buddha-Familien, der den Seinsgrund bezeichnet, durch den die Verzerrungen der Gewohnheitsmuster im grundlegenden Raum gereinigt werden und der Zustand der zeitlosen Weisheiten und positiven Qualitäten sich entfaltet

Buddha-Natur (Skt. sugatagarbha; Tib. *bde gshegs snying po*): wörtlich »Potential zum Erreichen eines Zustandes der Glückseligkeit«; die Natur des Geistes als das Potential, das bei jedem Wesen das Erwachen zur Buddhaschaft ermöglicht

Dakini (Skt. ḍākinī; Tib. *mkha' 'gro ma*): [im Tibetischen] wörtlich »Himmelsgeherin«; Himmelstänzerin; die weibliche Verkörperung zeitloser Weisheit; im letztendlichen Sinne bezeichnet der Begriff Leerheit als den Raum, in dem sich alle Phänomene manifestieren

Dharma (Skt.; Tib. *chos*): allgemein formuliert jedes Phänomen oder Ereignis im eigenen Erleben; im Kontext des Dharmakaya beschreibt dieser Begriff das Faktum, dass alle Phänomene als ungekünstelte, natürliche Merkmale in der höchsten Leerheit des Seinsgrundes als dem grundlegenden Raum vorhanden sind [Konzepte und Bedeutungen (KB)]

Dharmakaya (Skt. dharmakāya; Tib. *chos kyi sku*): wörtlich »Körper der Wahrheit«; ein Bereich des erleuchteten Seins, die direkte Erkenntnis der wahren Natur der Phänomene [letztendlicher Körper (BM); Wirklichkeitsbereich des Erwachens (MW); Körper der Wirklichkeit (NS); ursprünglicher Kontakt mit dem gesamten

Feld der Ereignisse und Bedeutungen (PE); völlig reines formlose Form (WS)]

Dharmapala (Skt. dharmapāla; Tib. *chos skyong*): eine Schutzgottheit, die die buddhistischen Lehren und Praktizierenden vor Hindernissen schützt

Dorje (Tib. *rdo rje*): siehe »Vajra«

Dorje Drolö (Tib. *dor rje gro lod*): eine zornvolle Manifestation von Padmakara, besonders mit der Offenbarung der verborgenen Schatzlehren der Nyingma-Tradition verbunden

Düdül Dorje (Tib. *bdud 'dul rdo rje*): ein berühmter Lehrer und Enthüller von verborgenen Schatzlehren in der Nyingma-Schule, der von 1615 bis 1672 lebte; Dudjom Lingpa war eine spätere Inkarnation in der Abfolge von Wiedergeburten, zu der Düdül Dorje gehört

Durchtrennen der Festigkeit (Tib. *khregs chod*, gesprochen Threkchö): eine der zwei Phasen der Praxis und Lehren der Großen Vollkommenheit (siehe auch »Über den Gipfel hinausgehen«); »Buddhaschaft ohne Meditation« ist ein Handbuch der Lehren des Threkchö [durchtrennen (BM, NGP, NJ, PC, VH); Druchbruch, alle Anhaftung durchschneiden (DZP); barrierefrei (FRC); Hindurchsehen (NGP)]

Durchtrennen der Maras (Tib. *bdud kyi gcod yul*): eine Schule des tibetischen Buddhismus, allgemein als »Chöd« (*gcod*, wörtlich: »durchtrennen«) bezeichnet, von der tibetischen Lehrerin Machig Labdrön (*ma cig lab sgron*) im 12. Jhdt. als eine Erweiterung der Zhije-Lehren (siehe »Schule des Befriedens«) gegründet

dynamische Energie (Tib. *rtsal*): die dynamische Energie des Seinsgrundes, verantwortlich für alle Qualitäten des erleuchteten Zustandes; wenn sie aufgrund des Nichterkennens des Gewahrseins falsch wahrgenommen wird, dann ruft sie alle Aspekte des gewöhnlichen Erlebens hervor [Macht, Geschick (BM); Kreativität (FRC, MW, PE, SL); Ausdruck (NJ, PC); Potenz, die äußerliche Manifestation von Energie (SL)]

Dzogchen: siehe »Großen Vollkommenheit«

eigene Erscheinungen des Gewahrseins (Tib. *rang snang*): natürlich manifestierend; die dem Geist eigenen Projektionen

Einladung (Tib. *spyan 'dren*): ein Bestandteil der Sadhana-Praxis; der Perspektivenwechsel von den Phänomenen Samsaras zum spielerischen Ausdruck der einen Natur der Phänomene, der die grundlegende Natur völlig offenbar werden lässt, ist die letztendliche Stufe der Einladung

Einssein (Tib. *gcig pu*): wörtlich »Einsheit«; einer der vier Schlüsselpunkte des Samaya der Großen Vollkommenheit; wahrnehmen, dass alles in Samsara und Nirvana eine einzige, natürlich erscheinende zeitlose Weisheit ist [eins, einzigartig (GL); einzig (MD)

Einzigartiger Tropfen (Tib. *thig le nyag gcig*): einzigartig in der Bedeutung, dass in Bodhicitta Samsara und Nirvana von einem Geschmack sind; der vierte der sieben Begriffe, der sich auf die Lehren der Großen Vollkommenheit bezieht, wie sie Dudjom Lingpa von Ekajati erklärt wurden [einziger Kreis (CS)]

Ekajati (Skt. Ekajaṭī; Tib. *e ka dza ti* oder *sngags srung ma*, gesprochen Ngagsungma): zornvolle weibliche Schutzgottheit; die Hauptbeschützerin der Lehren der Großen Vollkommenheit

emotional behaftetes Bewusstsein (Tib. *nyon yid*): die Wahrnehmung eines »Ich«, das bewirkt, dass der Geist auf Grundlage von Emotionalität reagiert [emotionell gefärbte Ich-Handlung (KB); befleckter Geist (MW); auf Leidenschaft basierte geistige Ereignisse (NJ); Bewusstsein des Intellekts, ausgestattet mit störenden Emotionen (NS)]

Ergreifen einer Identität (Tib. *bdag 'dzin*): Konzept oder Wahrnehmung von Identität [Festhalten an einem Ich; A.d.Ü.]

erleuchteter Geist (Tib. *thugs*): die unmittelbare Erfahrung des grundlegenden Raumes als ursprüngliche Reinheit, frei von begrifflichen Begrenzungen

Erleuchtungsgeist (Skt. bodhicitta; Tib. *byang chub* [*kyi*] *sems*): wörtlich »erwachter Geist«; bezeichnet das »Beseitigen« (*byang*) aller Fehlern und Beeinträchtigungen; der vollendete Zustand (*chub*) aller Qualitäten der Kayas, der zeitlosen Weisheit, des Pfades und des Ziels; und »Geist« (*sems*) als die Grundlage für das Erscheinen von allem in gleicher Reinheit [Herz der erleuchteten Essenz (DZP); Vertrauen/Absicht hinsichtlich Klarheit und Vollendung des gesamten kognitiven Bereichs (FRC); inneres Potential für leuchtendes Gewahrsein und vollendeter Scharfsinn (KB); Geist der Erleuchtung (NGP); (ursprünglicher) Zustand der Reinheit und völligen Präsenz (PE); ursprünglicher Zustand des Individuums (SL)]

Erwecken des Erleuchtungsgeistes (Tib. *sems bskyed*): den Erleuchtungsgeist oder Bodhicitta erwecken; festzustellen, dass Samsara und Nirvana die Trugbilder eines einzigen Gewahrseins sind, ist die heiligste Weise, den Erleuchtungsgeist zu erwecken (siehe »Erleuchtungsgeist«)

Essenz (des Seins) (Tib. *ngo bo*): Leerheit als der Dharmakaya-Aspekt der wahren Natur des Geistes [Essenz (BM, DZP, GL, PC, VH); (offene) Faktizität (des Seins) (KB, FRC); Natur (MW); auf was es hinaus läuft, im Grunde, tatsächlich (PE)]

Essenz selbst (Tib. *ngo bo nyid*): Essenzheit; beschreibt den Seinsgrund als die Essenz von allem in Samsara und Nirvana

Fahrzeug (Skt. yana; Tib. *theg pa*): ein spiritueller Ansatz, der die Prinzipien der spirituellen Entwicklung in ein anwendungstaugliches System integriert

Familie (Tib. *rigs*): [auch: Buddha-Familie]; ein Schema, um Gottheiten in Begriffen zu beschreiben, die der Fixierung von Wesen auf ihre Gattung entspricht; fünf solcher Familien werden üblicherweise aufgezählt (siehe »Buddha«, »Vajra«, »Ratna«, »Padma«, »Karma«)

Fehlen von Merkmalen (Tib. *mtshan ma med pa*): eines der drei »Tore der Befreiung«; bezieht sich auf den Umstand, dass die Buddha-Natur frei von Beschreibung, Vergleich oder Darlegung ist [Fehlen von Charakteristika (NJ, PC); Attributslosigkeit (NS); Zeichenlosigkeit (HTV)]

Gandharva (Skt.; Tib. *dri za*): wörtlich jemand »der sich von Geruch ernährt«; eine Klasse von Göttern im Begierdebereich

geheim (Geheimhaltung) (Tib. *gsang ba*): es gibt zwei Aspekte: »Verborgenheit« (Tib. *sbas pa'i gsang ba*), was heißt, dass die Vajrayana-Lehren sehr geheim gehalten und nur unter bestimmten Bedingungen geteilt werden, und »Selbst-Geheimnis« (Tib. *gab pa'i gsang ba*) was heißt, dass solche Lehren nicht ohne Vorbereitung und persönliche Anweisung verstanden werden können

Geheimes Mantra des Vajrayana (Tib. *gsang sngags rdo rje theg pa*): der erste von sieben Begriffen, der sich auf die Lehren der Großen Vollkommenheit bezieht, wie sie Dudjom Lingpa von Ekajati erklärt wurden

Geist des letztendlichen Erwachens (Tib. *don dam byang chub kyi sems*): der zweite von sieben Begriffen, die sich auf die Lehren der Großen Vollkommenheit beziehen, wie sie Dudjom Lingpa von Ekajati erklärt wurden (siehe »Erleuchtungsgeist«)

Geist (Tib. *sems*): Geist im gewöhnlichen Sinne, charakterisiert durch das Nichterkennen des Gewahrseins, mit Gedanken, die dem Entstehen und Vergehen als dynamische Energie dieser Nichterkenntnis unterworfen sind [kognitiver Akt (CS); Denken (FRC); Geist (GL, KB, NJ, PC, PE); Gedanken, Gedankenprozess (GL); Ideenreichtum, operationale Kognition (KB); der begrenzte, dualistische rationale Geist, der diskursive, begriffliche Geist (NGP); Erfahren, Potential des Erlebens (PE)]

Geistesstrom (Tib. *rgyud*): der Fluss oder »Faden« des bewussten Gewahrseins von Moment zu Moment, der fälschlicherweise als ein eigenständiges Selbst oder eine Ich-Identität aufgefasst wird

Geist-Kategorie (Tib. *sems sde*): die erste der drei Kategorien [oder Klassen] der Lehren des Atiyoga, der Großen Vollkommenheit

geschickte Mittel (Skt. upāya; Tib. *thabs*): ein Aspekt der spirituellen Entwicklung, der der Ebene der relativen Wirklichkeit entspricht, verbunden mit dem Erlangen von Verdienst

Gewahrseins (Skt. vidyā; Tib. *rig pa*): (das Erkennen des) Gewahrseins, woraufhin der Seinsgrund offenbar wird, zusammen mit der wahren Natur des Geistes, die als dynamische Energie dieses Gewahrseins vorhanden ist; sein Grund-Aspekt ist Gewahrsein der grundlegenden Natur des Seinsgrundes; der Pfad-Aspekt ist die fortwährende Erfahrung des unbefleckten, klaren Gewahrseins [Gewahrseins (CS); kognitive Reizung, Ganzheit in ekstatischer Intensität, kognitive Verstärkung (FRC); unmittelbares Gewahrsein, Zustand der Kontemplation (GL); reines Gewahrsein (KB, NJ, PC); reine Erkenntnis, nicht-gegenständliche Erkenntnis (KB); angeborene Weisheit oder Wachheit, reine Präsenz, ursprüngliches Sein (NGP); Gewahrsein (NS, WPT); Gewahrseinsblitz, Aufblitzen dessen, was dem Gewahrsein seine (erhellende) Eigenschaft verleiht (PE)]

Gewohnheitsmuster (Skt. vāsanā, Tib *bag chag*): durch körperliche, verbale oder geistige Handlungen begründete Muster, die von Leben zu Leben weitergetragen werden [Gewohnheitstendenzen (CS); unbewusste Neigungen (GL); tiefsitzende Neigungen, sedimentiert (KB); Instinkt (MW); gewohnheitsmäßige Neigungen (NJ); karmische Spuren (SL)]

Ghanavyuha (Skt. Ghanavyūha; Tib. *stug po bkod pa*): wörtlich »Dichte Anordnung«; der reine Bereich, der [im Fünf-Buddha-Mandala] mit Buddha Vairocana und dem Zentrum assoziiert wird

Gott/Gottheit (Tib. *lha*): im Sinne eines Wesens, das in den relativ höchsten Bereichen Samsaras wiedergeboren wird; in anderem Kontext bezieht sich der Begriff auf eine Meditationsgottheit, die eine spezielle Qualität zeitloser Weisheit verkörpert

Große Vollkommenheit (Tib. *rdzogs* [*pa*] *chen* [*po*], gesprochen Dzogchen): die Herangehensweise der Großen Vollkommenheit in der buddhistischen Praxis; die Modi von Samsara, Nirvana und dem spirituellen Pfad sind in dieser Herangehensweise »vollkommen« (*rdzogs*) und sie selbst »groß« (*chen*), weil sie als der allgemeine Grund aller spirituellen Herangehensweisen fungiert; der dritte von sieben sich auf die Lehren der Großen Vollkommenheit beziehenden Begriffe, wie er Dudjom Lingpa von Ekajati erklärt wurde [bereits durch sich selbst vollkommener Zustand (DZP); absolute Vollständigkeit (KB); völlige Vollkommenheit (PE)]

Grund (Tib. *gzhi*): die grundlegende ungekünstelte Natur des Seins; die Lehren der Großen Vollkommenheit besagen, dass dieser Grund schon mit allen Qualitäten des erleuchteten Seins geschmückt, vollkommen und vollständig ist, ohne dass man danach suchen oder es absichtlich erzeugen müsste; der Vorgang des spirituellen Pfades macht den Grund als Frucht augenscheinlich, anstatt ihn irgendwie grundlegend zu ändern [Basis (BM); Sein (FRC); grundlegende Basis (NJ, PC); Boden, Grundlage (SL)]

Grundlage aller gewöhnlichen Erfahrung (Skt. ālaya; Tib. *kun gzhi*): ein karmisch neutraler Zustand, der sich aus dem Nichterkennen des Gewahrseins ergibt und der als die Grundlage (*gzhi*) von allem (*kun*) in Samsara fungiert [Allgrund (CS); Schicht aller Dingen (KB); Basis von allem (NJ); fundamentale Struktur alles

Erlebens (PE); Basis von Samsara und Nirvana, die nicht unverschleiert ist (WS)]

grundlegende Natur (Tib. *ngang tshul*): grundlegender Zustand

Herabbringen des Segens (Tib. *byin 'bebs*): ein Bestandteil der Sadhana-Praxis; den höchsten Segen der Erkenntnis der zeitlosen Weisheit in die Finsternis der Nichterkenntnis hineinzugießen, stellt die tatsächliche Stufe des Herabbringens des Segens dar

Herzensrat (Tib. *man ngag*): Kernunterweisung; [Anweisung (CS); erfahrungsmäßige Anweisung (DZP); Kernunterweisungen (LS, WPT); mündliche Kernanweisungen (NJ); geheime mündliche Kernunterweisungen (SL); Kern der Lehren (WS)]

Herzessenz (Skt. garbha; Tib. *snying po*): insbesondere das Gewahrsein, das als die destillierte Essenz aller Phänomene verweilt [das Herz von (BM); evolutionäre Dynamik, Vertrauen in sich selbst, das gesamte Systemenergie (FRC); Embryo (GL); Kern (NS); Energiepuls, Kern (PE); Herz / Essenz (VH)]

höchstes Erkennen (Skt. prajñā; Tib. *shes rab*): höchstes Erkennen als der Aspekt spiritueller Entwicklung, der mit der Ebene der letztendlichen Wirklichkeit korrespondiert; ihre Anfangsphase oder ihr Grund-Aspekt ist das Verstehen der grundlegenden Natur von Samsara und Nirvana als höchste Leerheit; ihr Pfad-Aspekt ist das fortwährende Erleben dieses Verstehens, das einen direkt in den unaufhörlichen Zustand der Entspannung und des offenen Gewahrseins führt [Weisheit (BM, DZP, MW, WPT); unterscheidendes Gewahrsein (in Kontext der drei Übungen) (DZP); kritisch-analytischer Scharfsinn (FRC); Wissen (LM); verständnisvolle Unterscheidung (MW); Gnosis, transzendierende Weisheit (NGP); Wissen (NJ, PC); unterscheidende Weisheit (SL); Wissen oder Intelligenz; insbesondere das Wissen, dass die Ichlosigkeit erkennt (VH); unterscheidende Weisheit (WPT)]

höchstes Erkennen, das realisiert, dass die Dinge keine Identität haben (Tib. *bdag med rtogs pa'i shes rab*): höchstes Erkennen, das die Erkenntnis der letztendlichen Nichtexistenz sowohl von persönlicher Identität als auch von der Identität der Phänomene begründet

Humchenkara (Tib. *hum chen Ka ra*): einer der acht großen Rigdzins des buddhistischen Indiens, der Padmakara unterrichtete; Humchenkara war verantwortlich für die Übertragung der Linie der Gottheit Yangdag Heruka

Identität (Tib. *bdag*): Selbstnatur, Identität [häufig auch als »Selbst« oder inhärentes »Ich« bezeichnet; A.d.Ü.]

Identität der Phänomene (Tib. *chos kyi bdag*): Selbst [oder Ich] der Phänomene

Illusion (Tib. *sgyu ma*): eine magische Illusion; eine traditionelle Metapher für die illusionsgleiche Natur der Phänomene

jenseits von Denken (Tib. *blo 'das*): ein von Shri Simha verwendeter Begriff, um darauf hinzuweisen, dass wenn jemand in seiner eigenen grundlegenden Natur ruht, es dann keine Künstlichkeiten des gewöhnlichen Geistes gibt

jugendlicher Vasenkörper (Tib. *gzhon nu bum sku*): die grundlegende Natur des Gewahrseins ist »jugendlich« (*gzhon nu*), da sie frei von Geburt, Tod und Verfall ist; sie ist genauso wie eine »Vase« (*bum*), da es keine Beschädigung ihrer umfassenden spontanen Präsenz gibt; und sie wird als »Körper« oder »Kaya« (*ku*) bezeichnet, weil es eine Ansammlung aller Qualitäten der Buddhaschaft fördert; der siebte von sieben Begriffen, der sich auf die Lehren der Großen Vollkommenheit bezieht, wie sie Dudjom Lingpa von Ekajati erklärt wurden

Karma (Skt.; Tib. *las*): Handlung, Aktivität; eine der fünf Buddha-Familien, die die spontane Erfüllung aller Aktivitäten im Seinsgrund bezeichnet [evolutionäre Handlung (MW); Handlungen und ihre Auswirkungen (WPT)]

Kategorie der direkten Übertragung (Tib. *man ngag sde*): Kategorie des Herzensrats (siehe »Herzensrat«), die dritte der drei Kategorien [oder Klassen] der Lehren im Atiyoga bzw. der Großen Vollkommenheit

Kaya (Skt. kāya; Tib. *sku*): wörtlich »Körper«; eine Dimension des erleuchteten Seins, die als Grundlage für die erleuchteten Qualitäten und Aspekte zeitloser Weisheit fungiert [Gestalt (FRC); grundlegende Schicht (KB); Aspekt/Form der unvergleichlichen Qualitäten der Buddhas (WS)]

Khandro: siehe »Dakini«

Klar-Licht-Vajra-Herzessenz (Tib. *'od gsal rdo rje snying po*): der fünfte von sieben Begriffen, der sich auf die Große Vollkommenheit bezieht, wie er Dudjom Lingpa von Ekajati erklärt wurde [Lehre der diamantenen Essenz des Klar-Lichts (GL); klar-lichte Vajra-Essenz (NJ, PC)]

Kognitive Verschleierung (Tib. *shes sgrib*): Trübungen betreffend der wahren Natur der Phänomene

Konzeptualisierung (Tib. *rnam* [*par*] *rtog* [*pa*]): Begriffsbildung [Konzepte bilden]

Kriyatantra (Skt. kriyātantra; Tib. *bya ba'i rgyud*): die erste der sechs Tantra-Klassen in der Nyingma-Schule; eine Herangehensweise, die die asketischen Praktiken und die rituelle Reinheit benutzt

Kuntuzangpo (Skt. Samantabhadra; Tib. *kun tu bzang po*): wörtlich »gänzlich positiv«; der Dharmakaya-Buddha, der die ursprüngliche Natur des Geistes verkörpert; in der endgültigen Bedeutung ist der gänzlich positive Grund des eigenen Seins die Bedeutung von Buddhaschaft

Lebenskraft abschneidender Mörder (Tib. *srog gcod*): wörtlich »Schnitter der Lebenskraft«; eine Personifikation der fälschlichen Zuschreibung wahrer Existenz an den Körper, denn man ist getrieben, für den Körper nach Glück zu suchen, und durchtrennt durch die Fixiertheit auf Anhaftung und Ablehnung die Lebensader der Befreiung

Leerheit (Skt. śūnyatā; Tib. *stong pa nyid*): das Fehlen jeglicher unabhängigen Natur; eines der drei »Tore der Befreiung«; bezieht sich auf den Mangel an wahrer Existenz von jeglichem Äußeren oder Inneren und das Fehlen von Differenzierung aufgrund dualistischer Wahrnehmung [Leere (HTV); Natur der Leerheit (NJ, PC)]

letztendliche Wirklichkeit (Tib. *don dam*): die endgültige Art und Weise des Seins als »bedeutsam« (*don*), was »heilig« (*dam*) ist, weil es das Herausragendste dessen ist, was erkannt werden muss

Lichtsphäre (Skt. bindu; Tib. *thig le*): Sphäre (des Seins); impliziert »jenseits aller Winkel und Ecken von Konzepten« [Kugel, Kreis (CS); schöpferische Essenz (DZP); Essenz (WPT)]

Lobpreis (Tib. *bstod pa*): Akt des Preisens, ein Bestandteil der Sadhana-Praxis; ein Gefühl des Erstaunens und der Überzeugung, wenn man die Art wahrnimmt, in der Samsara und Nirvana als Große Vollkommenheit weilen, ist der letztendliche Lobpreis

Longchenpa Drime Ödzer (Tib. *klong chen pa dri med 'o zer*): der größte Gelehrte der Nyingma-Schule (1308-1364)

Mahayoga (Skt. mahāyoga; Tib. *ma hA yo ga*): die vierte der sechs Stufen des Tantra in der Nyingma-Schule; die Herangehensweise, bei der alle Phänomene als Untrennbarkeit der beiden Ebenen der Wahrheit gesehen werden, rein von allem Anfang an im höchsten Dharmakaya

Maheshvara (Skt. Maheśvara; Tib. *dbang phyug chen po*): Beiname für Shiva, der (besonders in der Nyingma-Schule des tibetischen Buddhismus) als ein Beschützer der buddhistischen Lehren angesehen wird

Mandala (Skt. maṇḍala; Tib. *dkyil 'khor*): im Tibetischen wörtlich »Zentrum und Umfassung«; die symbolische Anordnung, die einen reinen Bereich mit darin verweilenden Gottheiten darstellt, welche die Gesamtheit des erleuchteten Seinszustandes ausdrückt [unermessliche Existenz und Weisheitsenergie (WS)]

Manjushri, Löwe der Rede (Skt. Mañjuśrī Vādisiṃha; Tib. *'jam dpal smra ba'i seng ge*): ein Bodhisattva, der Weisheit und höchstes Erkennen alle Buddhas und Bodhisattvas verkörpert

Mantra (Skt.; Tib. *sngags*): eine laut wiederholte Formel, gewöhnlich in Sanskrit, deren Funktion es ist, den Geist vor fehlerhaften Sichtweisen zu schützen

Mara (Skt. māra; Tib. *bdud*): Kräfte, die einen an Samsara binden und das Streben nach Heilsamem behindern; vier werden normalerweise aufgezählt – die störenden Emotionen, die körperlichgeistigen Aggregate, Sterblichkeit und die Faszination an positiven meditativen Erfahrungen, die das Fortschreiten am Pfad der Erleuchtung beeinträchtigen

Meditation (Tib. *sgom pa*): während der Begriff sich auf alle möglichen systematischen Methoden des Entwickelns von einsgerichteter Aufmerksamkeit und Einsicht beziehen kann, bedeutet er im Rahmen der Großen Vollkommenheit das beständige Beibehalten des Gewahrseins des ursprünglichen Seinsgrundes

meditative Ausgeglichenheit (Tib. *mnyam* [*par*] *bzhag* [*pa*]): ein von Shri Simha verwendeter Begriff, um das Ruhen in der eigenen fundamentale Natur ohne Künstlichkeiten zu beschreiben

Meditative Erfahrung (Tib. *nyams* [*kyi snang ba*]): (flüchtige) meditative Erfahrung [Erfahrungen (CS); mystische Erfahrung (GL); offensichtliche Erfahrungen (NJ); Erfahrungszeichen der Entwicklung der Praxis (PE)]

meditative Versenkung (Skt. samādhi; Tib. *ting nge 'dzin*): Meditation, in der der Geist ganz natürlich ruht [Kontemplation (BM, MW, PE, SL); meditative Konzentration (DZP, VH); meditative Stabilisierung (ME, NJ, PC)]

Mitgefühl (Tib. *snying rje* oder *thugs rje*): Empfänglichkeit (des Wesens); die Einheit von Leerheit als der Essenz des Geistes und der Klarheit als ihrer Natur [Mitgefühl (BM, DZP, NJ, PC, VH, WPT); Energie (DZP, MW, SL); Resonanz (des Wesens) (FRC); Empfänglichkeit (KB); Fähigkeit (RP)]

Natur (des Seins) (Skt. svabhāva; Tib. *rang bzhin*): die Klarheit des Geistes, die für die Realisation und Manifestation des Sambhogakaya verantwortlich ist [Natur (BM, DZP, GL, PT, SL, VH); Tatsächlichkeit (des Seins) (FRC, KB); natürlich (NJ, PC); natürlicher Ausdruck (NS, WPT); Tatsächlichkeit, Essenz (PE)]

Natur des Geistes (Tib. *sems nyid*): die Natur des Geistes im Gegensatz zu den Bestandteilen des Geistes wie Gedanken, Wahrnehmungen, Emotionen usw. [Geist selbst; Geist (BM); reines Erleben, Erleben-als-solches (FRC); Geist-an-sich (KB, LS); Geistessenz (LM); Natur des Geistes (NJ, PC)]

natürlicher Zustand (Tib. *rang sa*): eigener Kontext

neun stufenweise Fahrzeuge (Tib. *theg par im pa dgu*): die neun entwicklungsmäßigen spirituellen Ansätze (siehe »Fahrzeug»), wie sie in den Lehren der Nyingma-Schule ausgeführt werden; die drei Pfade der Shravakas, Pratyekabuddha und Bodhisattva und die sechs Ebenen des Tantra – Kriyatantra, Upatantra, Yogatantra, Mahayoga, Anuyoga und Atiyoga; die acht niedrigeren Ansätze werden im neunten Fahrzeug des Atiyoga, der Großen Vollkommenheit zusammengefasst

Nicht-Existenz (Tib. *med pa*): einer der vier Schlüsselpunkte des Samaya der Großen Vollkommenheit; die definitive Einsicht, dass die wahre Natur aller Phänomene nicht beschreibbare Leerheit ist, ohne wahre Existenz oder unabhängige Natur

Nicht-Gewahrsein (Skt. avidyā; Tib. *ma rig pa*): Nichterkennen des Gewahrseins; Mangel an Gewahrsein des Seinsgrundes als die Essenz von Leerheit [Unerleuchtetheit (BM); von niedrigschwelliger (kognitiver) Intensität (FRC); Mangel an reinem Gewahrsein (KB); Nichtgewahrsein, Unwissenheit (MW); Nichterkennen (NJ)]

nichts zu tun haben (Tib. *byar med*): wörtlich »nichts, das getan werden müsste«; ein Begriff, der von Shri Simha verwendet wird, um darauf hinzuweisen, dass wenn jemand in seiner grundlegenden Natur ruht, dieser alle Aktivitäten aufgegeben hat

Nirmanakaya (Skt. nirmāṇakāya; Tib. *sprul [pa'i] sku*): wörtlich »Ausstrahlungskörper«; die vergängliche körperliche Manifestation des erleuchteten Wesens als Antwort auf die Bedürfnisse gewöhnlicher Wesen [manifester Körper (BM); manifeste Dimension des Erwachens (MW); inkarnierter Körper (NGP); ungehinderte wundersame Ausstrahlungsform (WS)]

Nirvana (Skt. nirvāṇa; Tib. *myang 'das*): [im Tibetischen] wörtlich »jenseits von Sorge«; der erwachte Zustand der Buddhaschaft

Nyingma (Tib. *rnying ma*): die älteste Schule des tibetischen Buddhismus; sie datiert auf das 8. Jhdt., als Padmakara Tibet besuchte

Objekt (Tib. *yul*): (Sinnes)-Objekt; Feld für Verdinglichung; Feld; objekthafte Umgebung [begrifflicher Bereich (FRC); Objekt (NJ, PC)]

Objekt und Subjekt (Tib. *gzung 'dzin*): der dualistische Rahmen von Objekt und Subjekt; dualistische [trennende] Wahrnehmung

Offenheit (Tib. *phyal ba*): einer der vier Schlüsselpunkte des Samaya der Großen Vollkommenheit; die Erfahrung von Samsara und Nirvana als frei von vorgefassten Extremen [allgegenwärtig (GL); fortwährend (KB); frei (MD); Offenheit (PT); Alldurchdringen (RP)]

Opfergabe (Tib. *mchod pa*): ein Bestandteil der Sadhana-Praxis; der spielerische Ausdruck der Phänomene im Rahmen ihrer wahren Natur ist die höchste Opfergabe

Orgyen Tsogkye Dorje (Tib. *o rgyan mtsho skyes rdo rje*): wörtlich »seegeborener Vajra aus Oddiyana«; der Beiname eines Aspekts von Padmakara

Padma (Skt.; Tib. *pad ma*): Lotus; eine der fünf Buddha-Familien, bezeichnet den von Fehlern reinen Seinsgrund

Padmakara (Skt. Padmākara; Tib. *padma ka ra* oder *padma 'byung gnas*): der Meister der indischen buddhistischen Tradition, der hauptsächlich dafür verantwortlich war, die Vajrayana-Lehren im 8. Jhdt. nach Tibet zu bringen; auch als Padmasambhava oder Guru Rinpoche bezeichnet

Palast (Tib. *gzhal yas khang*): unermesslicher Palast (einer Gottheit); bezieht sich auf den Umstand, dass die Qualitäten des Seinsgrundes nicht messbar sind und Samsara und Nirvana vollständig ausfüllen

Pfad (Tib. *lam*): der Vorgang, der vom unerleuchteten Zustand eines gewöhnlichen Wesens zum erleuchteten Zustand eines Buddha führt

Pratyekabuddha (Skt.; Tib. *rang rgyal* oder *rang sangs rgyas*): wörtlich »selbstgemachter Buddha«; einer, der dem Hinayana-Pfad folgt oder diesen verwirklicht hat, welcher zur Erkenntnis der Nichtexistenz der persönlichen Identität und zur teilweisen Verwirklichung führt, dass Phänomene wechselseitig bedingt sind und keine eigenständige Natur haben

Prüfung (Tib. *slong*): Prüfungen, die aufgrund äußerer Kräfte als Halluzinationen, auf einer inneren Ebene als Krankheiten und körperliche Schmerzen oder auf einer geheimen Ebene als emotionale und geistige Instabilität entstehen

Ratna (Skt. ratna; Tib. *rin chen*): Juwel; auch eine der fünf Buddha-Familien, bezeichnet den Seinsgrund als die Quelle aller Kayas und Weisheitsaspekte

Ratnasambhava (Skt.; Tib. *rin chen 'byung ldan*): wörtlich »Quelle der Kostbarkeit«; unter den Buddhas der fünf Familien wird dieser Buddha mit dem Süden assoziiert; der Name bezeichnet den Seinsgrund als Quelle aller Elemente des Pfades und seiner Frucht und mit einer Fülle an positiven Eigenschaften geschmückt

Raum-Kategorie (Tib. *klong sde*): die zweite der drei Kategorien [oder Klassen] der Lehren im Atiyoga bzw. der Großen Vollkommenheit

reine Vision (Tib. *dag snang*): [reine Wahrnehmung (DZP, PC WPT); reines Dasein (KB); heilige Schau (RW); reine Phänomene (WS)]

reiner Bereich (Tib. *zhing khams*): bezeichnet das »Feld« (*zhing*) des grundlegenden Raumes als die grundlegende Natur des Seins (*khams*), aus der sich nichts herausbewegt

relative Wirklichkeit (Tib. *kun rdzog*): die Ebene, auf der alle (*kun*) Phänomene sich auf eine »falsche« (*rdzob*) Art und Weise manifestieren, als ob sie wahrhaft existieren würden [oberflächliche Realität (MW)]

Rigdzin: siehe »Vidyadhara«

Rudra (Skt. rūdra; Tib. *ru dra*): schädlicher Einfluss aufgrund von Unwissenheit und Negativität, als dämonische Figur personifiziert

ruhiges Verweilen (Skt. śamatha; Tib. *zhi gnas*)

Sadhana (Skt. sādhana; Tib. *sgrub pa*): formale Techniken, die die spirituelle Entwicklung und Verwirklichung fördern

Samaya (Skt.; Tib. *dam tshig*): die Prinzipien, zu denen sich ein Praktizierender in der Vajrayana-Praxis verpflichtet

Sambhogakaya (Skt. saṃbhogakāya; Tib. *longs spyod rdzogs pa'i sku*): wörtlich »Körper des vollkommenen Erfreuens«; die Manifestation der reinen Form des erleuchteten Seins, die nur von Wesen mit einer fortgeschrittenen Verwirklichung wahrgenommen werden kann [Freudendimension des Erwachens (MW); Körper der vollkommenen Wonne (NS); ursprünglicher Kontakt mit dem völligen Reichtum und all seinen Befriedigungen (PE); unermessliche Qualitäten der makellosen, unvorstellbaren, begierdelosen Begeisterungsform (WS)]

Samsara (Skt. saṃsāra; Tib. *khor wa*): zyklische Existenz; der unerleuchtete Zustand eines gewöhnlichen Wesens

Saraha (Skt.; Tib. *sa ra ha*): ein großer Meister des Vajrayana und Siddha des indischen Buddhismus; Dudjom Lingpa war eine Ausstrahlung von Saraha

Schule des Befriedens (Tib. *zhi byed*): eine Schule des tibetischen Buddhismus, basierend auf den Lehren des indischen Meisters, der den Tibetern als Padampa Sangye (*pha dam pa sangs rgyas*) bekannt ist, der nach Tibet reiste und dort im späten 11. und frühen 12. Jhdt. lehrte; der Fokus ist das Befrieden von Leiden durch die Verwirklichung der Leerheit und die hauptsächlichen schriftlichen Quellen sind die Sutras der Vollkommenen Weisheit (Prajnaparamita)

Schutzkreis (Tib. *srung 'khor*): ein Bestandteil der Sadhana-Praxis; die Erkenntnis durch das höchste Wissen, dass die Dinge keine Identität haben, bildet den wirklichen Schutzkreis

Seinsgrund: siehe »Grund«

Shravaka (Skt. śrāvaka; Tib. *nyan thos*): wörtlich »jemand der hört oder zuhört«; ein Praktizierender des Hinayana-Pfades, der die Nichtexistenz der persönlichen Identität realisiert, aber noch immer daran festhält, dass Phänomene eine unabhängige Natur habe; der Shravaka-Pfad führt zur Verwirklichung eines Arhats, jemanden, der den »Feind (der quälenden Emotionen) bezwungen hat« und der nicht länger Karma ansammelt oder Leiden als dessen Ergebnis erfährt

Shri Simha (Skt. Śrī Siṃha; Tib. *shrI sing ha*): der Meister der Linie der Großen Vollkommenheit, der die Lehren der Kategorie der Direkten Übertragung in die vier Zyklen der äußeren, inneren, geheimen und allergeheimst-unübertrefflichen Lehren unterteilte

Shrimat (Skt. Śrīmat; Tib. *dpal dang sdan pa*): wörtlich »ausgestattet mit Pracht«; der reine Bereich, der mit Buddha »Ratnasambhava« und der südlichen Richtung assoziiert wird

Sichtweise (Tib. *lta ba*): bezieht sich auf die Weltsicht oder das philosophische Fundament eines bestimmten spirituellen Ansatzes; in der Herangehensweise der Großen Vollkommenheit ist die Sichtweise das Verständnis der höchsten Gemeinsamkeit von Samsara und Nirvana – der grundlegenden Raum, in dem die drei Modi von Samsara, Nirvana und dem spirituellen Pfad vollkommen und vollständig sind

Siddha (Skt.; Tib. *grub thob*): einer, der »Siddhi« oder spirituelle Verwirklichung erlangt hat; ein Begriff für einen verwirklichten Heiligen des Vajrayana-Pfades

Siddhi (Skt.; Tib. *dngos grub*): durch spirituelle Praxis erlangte Verwirklichung; es werden zwei Arten unterschieden: relativ verbreitete Kräfte und Verwirklichungen, wie Klarsicht und Telepathie, und die höchste Siddhi der Erleuchtung selbst

Sinneserscheinung (Tib. *snang ba*): Wahrnehmungen, Manifestation [Erscheinungen (CS, NJ, PC); Ausdruck (CS); in-die-Gegenwart-kommen (FRC); Hiersein, (Selbst)-Darstellung; reflektierend-thematisch (KB); wie Dinge erscheinen, Präsenz (PE); Wahrnehmungen (WPT)]

spiegelgleiche zeitlose Weisheit (Tib. *me long [lta bu'i] ye shes*): einer der fünf Aspekte zeitloser Weisheit (siehe auch »Aspekte zeitloser Weisheit«); bezieht sich auf den Umstand, dass Leerheit nicht eine untätige Leere ist, sondern makellos klar und frei von befleckenden Faktoren, genauso wie ein polierter Spiegel, in dem alles erscheinen kann [spiegel-(gleiche) uranfängliche Weisheit (BM); spiegelgleiches Gewahrsein (MK); spiegelgleiche Weisheit (RW, WPT); Spiegelweisheit (SGK)]

spielerischer Ausdruck (Tib. *rol pa*): Spiel (BM, FRC, NJ, PC); Manifestation (GL); Spielfertigkeit (KB); Begeisterung (PE)

spontane Präsenz (Tib. *lhun grub*): eine der vier Schlüsselpunkte des Samaya der Großen Vollkommenheit; bezieht sich auf das Faktum, dass Phänomene sich natürlich manifestieren, und dass die Qualitäten der Buddhaschaft zeitlos vollkommen sind, ohne dass sie kultiviert werden müssten [spontane Vollkommenheit (RP); spontan selbstvollkommnet (SL)]

Stadt der Gandharvas (Tib. *dri za'i grong khyer*): eine Fata Morgana, die unter gewissen atmosphärischen Bedingungen bei Sonnenuntergang auftritt, wenn der Himmel mit flüchtigen Formen von Palästen und großen Plätzen angefüllt zu sein scheint

subtile karmische Energie (Tib. *las kyi rlung*): bezieht sich auf die Konzeptualisierung, die Sinneserfahrungen mit Wirklichkeit ausstattet

Sukarmapurna (Skt. Sukarmapūrṇa; Tib. *las rab rdzogs pa*): wörtlich »völlig vollkommene Aktivität«; der reine Bereich, der mit Buddha »Amoghasiddhi« und der nördlichen Richtung assoziiert wird

Sukhavati (Skt. Sukhāvatī; Tib. *bde ba can*): wörtlich, »glückseliger Bereich«; der reine Bereich, der mit Buddha »Amitabha« und der westlichen Richtung assoziiert wird

Svabhavikakaya (Skt. svabhāvikakāya; Tib. *ngo bo nyid kyi sku*): wörtlich »Körper der Essenz selbst«; der vierte Kaya, die untrennbare Gesamtheit der drei Kayas [grundlegende Schicht der reinen Faktizität (KB); essentielle Dimension des Erwachens (MW); Verkörperung der essentiellen Natur (NJ)]

Tathagata (Skt. tathāgata; Tib. *de bzhin gshegs pa*): wörtlich »einer der zur Soheit gegangen ist«; ein Beiname für einen Buddha, oftmals für Shakyamuni Buddha

Threkchö: siehe »Durchtrennen der Festigkeit«

tiefgründige Einsicht (Skt. vipaśyanā; Tib. *lhag mthong*)

Tor der Befreiung (Tib. *thar pa'i sgo*): siehe »Fehlen von Merkmalen«; »Leerheit«; »Abwesenheit von Erwartung«

Tropfen: siehe »Lichtsphäre«

Tulku: siehe »Nirmanakaya«

Über den Gipfel hinausgehen (Tib *thod rgal*, gesprochen Thögal): eine der zwei Phasen der Praxis und der Lehren der Großen Vollkommenheit (siehe auch »Durchtrennen der Festigkeit«) [direkter Ansatz (BM, DZP); direktes Überqueren (CS, DZP); Hinüberspringen (DZP); letzter Sprung (FRC); Transzendenz (NGP); Überqueren (NJ, PC)]

Übereinstimmung: siehe »Ausdehnung«

unterscheidende zeitlose Weisheit (Tib. [*so*] *sor rtogs* [*pa'i*] *ye shes*): einer der fünf Aspekte zeitloser Weisheit (siehe auch »Aspekte zeitloser Weisheit«); der unaufhörliche Zustand des Ausdrucks der Klarheit des Geistes, der jedes Ding als individuell versteht [unterscheidende ursprüngliche Weisheit (BM); allumfassendes untersuchendes Gewahrsein (MK); angeborene Weisheit der Unterscheidung (MW); unterscheidendes Weisheitsgewahrsein (RW); unterscheidende Weisheit (SGK, WPT)]

unterscheidendes höchstes Erkennen (Tib. *so sor rtogs pa'i she rab*): Unterscheidungsqualität des höchsten Wissens; durch analytische Untersuchung erlangtes Wissen, das zur endgültigen Einsicht führt, dass alle Phänomene Leerheit sind

unwandelbarer Vajrakaya (Tib. mi *'gyur rdo rje'i sku*): der fünfte Kaya, wie er Dudjom Lingpa von Manjushri erklärt wurde [Körper der unzerstörbaren Wirklichkeit (NS)]

Upayatantra (Skt. upāyatantra; Tib. *u p ya'i rgyud*): die zweite der sechs Stufen des Tantra in der Nyingma-Schule; der Ansatz des Erlangens der Verwirklichung speziell durch die Mantra-Wiederholung und meditative Versenkung

ursprüngliche Reinheit (Tib. *ka dag*): [uranfängliche Reinheit (BM, DZP, MW NGP, NS, SL, VH, WPT); rein von Beginn an (DZ, DZP); durchlässig (FRC); absolut rein (KB)]

Vairocana (Skt.; Tib. *rnam par snang mdzad*): wörtlich »deutliche Manifestation«; unter den Buddhas der fünf Familien wird dieser

Buddha mit dem Zentrum assoziiert; der Name bezeichnet, dass die positiven Qualitäten der Natur des Geistes völlig offensichtlich werden

Vajra (Skt. vajra; Tib. *rdo rje*): ein Begriff, der sich auf sieben Merkmale des Raumes bezieht – unverletzbar, unzerstörbar, echt, nicht zu verfälschen, stabil, ungehindert und unbesiegbar; eine der fünf Buddha-Familien, die den mit diesen Attributen geschmückten Seinsgrund bezeichnet

Vajradhara (Skt.; Tib. *rdo rje 'chang*): wörtlich »Halter des Vajras«; der Dharmakaya-Buddha, der die letztendliche Natur des Geistes verkörpert; die Form, in der sich Buddha Shakyamuni manifestierte, als er Tantra lehrte

Vajrapani (Skt. Vajrapāṇi; Tib. *phyag na rdo rje*): wörtlich »Vajra in der Hand«; der Bodhisattva, der die spirituelle Kraft aller Buddhas und Bodhisattvas verkörpert

Vajrayana (Skt. vajrayāna; Tib. *rdo rje theg pa*): wörtlich »Vajra-Fahrzeug«; der Pfad der buddhistischen Praxis, der auf den in den Tantras dargelegten Prinzipien basiert

Verbannen von Hindernissen (Tib. *bgegs bsgrad*): ein Bestandteil der Sadhana-Praxis; unterscheidendes höchstes Erkennen verbannt den dualistischen Geist in die Leerheit, in der nichts als Objekt existiert

Verdinglichen (Tib. *'dzin pa*): Ergreifen; die subjektive Seite der Erfahrung; die Wahrnehmung eines Subjekts [Subjekt, das was wahrnimmt (GL); verdinglichte Konzepte (PT)]

Verehrung (Tib. *phyag 'tshal*): der Akt des Darbringens von Verehrung, ein Bestandteil der Sadhana-Praxis; großes Erstaunen über das Begegnen mit dem eigenen, wahren Antlitz – dem uranfänglichen, grundlegenden Aspekt des Dharmakaya – zu erleben, ist Verehrung durch die Begegnung mit der Sichtweise darzubringen

Verhalten (Tib. *spyod pa*): wie die eigene Sichtweise und Meditation in die Aktivitäten des täglichen Lebens getragen werden und diese beeinflussen [Benehmen, Tat (GL)]

Verschleierung (Tib. *sgrib pa*): eine Sichttrübung, deren grundlegendste Ebene ein Mangel an Gewahrsein in Bezug auf den Seinsgrund als der Essenz der Leerheit ist

verzehrender Dämon (Tib. *za 'dre*): eine Personifikation der fälschlichen Zuschreibung wahrer Existenz an seinen Körper, indem für den Körper gemachte Anstrengungen die Frucht der Allwissenheit, die aus spiritueller Errungenschaft resultiert, verzehren oder untergraben

Vidyadhara (Skt. vidyādhara; Tib. *rig 'dzin*): jemand, der die Erkenntnis des Gewahrseins »hält«

völlige Klarheit (Skt. prabhāsvara; Tib. *'od gsal*): Klar-Licht; bezeichnet die grundlegende Natur des Gewahrseins, Buddha-Natur, als makellos und lichthaft, frei von verunreinigenden Faktoren [Klarheit, lichthafte Versunkenheit (BM); Klar-Licht (GL, MW, SL, WPT); schieres Leuchten, strahlende Quelle der Erfahrung (KB); Lichthaftigkeit (LS, SGK, VH)]

wahres Erlangen von Unabhängigkeit (Tib. *rang dbang sgyur ba*): Meisterschaft (erlangen); wahre Unabhängigkeit erlangen (im Sinne der Beherrschung der eigenen Situation)

wahre Natur der Phänomene (Skt. dharmatā; Tib. *chos nyid*): [letztendliche Natur (BM); die Natur der Phänomene und des Geistes (FG); Bedeutsamkeit (KB); letztendlicher Inhalt von dem was ist (PE); ungekünstelte Wesensnatur (WS)]

Wahrnehmung von Objekten (Tib. *gzung ba*): die Manifestation von Sinneserscheinungen als visuelle Formen [Objekte (GL)]

Yana: siehe »Fahrzeug«

Yeshe: siehe »zeitlose Weisheit«

Yogatantra (Skt.; Tib. *rnal 'byor gyi rgyud*): die dritte der sechs Tantra-Klassen in der Nyingma-Schule; der Ansatz des ruhigen Verweilens und der tiefgründigen Einsicht, um den grundlegenden Raum frei von Merkmalen wahrzunehmen

zeitlose Weisheit (Skt. jñāna; Tib. *ye shes*): Wissen (*shes*), das von Beginn (*ye*) so ist, weil es schon immer die wahre ungetrennte Natur des Geistes gewesen ist [uranfängliche Weisheit (BM, NJ, PC); Weisheit (DZP, RW); existenzielles Gewahrsein (FRC); angeborene Erkenntnis (KB); immerzu frisches Gewahrsein (PE); hauptsächliche Weisheit (SL, WPT); Wachsamkeit (VH)]

zeitlose Weisheit als der grundlegende Raum der Phänomene (Tib. *chos dbyings ye shes*): einer der fünf Aspekte zeitloser Weisheit (siehe auch »Aspekte zeitloser Weisheit«); die Erkenntnis, dass

Samsara und Nirvana im grundlegenden Raum der wahren Natur der Phänomene von einem Geschmack sind [ursprüngliche Weisheit der letztendlichen Sphäre (BM); Weisheit der absoluten Weite (LS); Gewahrsein der Weite des Dharma (MK); ursprüngliche Weisheit des Dharmadhatu (Sphäre der Wahrheit) (NJ, PC); ursprünglich-makellose Erkenntnis der Weite der Wirklichkeit (NS); Weisheit des Dharmadhatu (SGK); Weisheit des absoluten Raumes (WPT)]

zeitlose Weisheit der Gleichheit (Tib. *mnyam nyid ye shes*): einer der fünf Aspekte zeitloser Weisheit (siehe auch »Aspekte zeitloser Weisheit«); das Gewahrsein von Samsara und Nirvana als der spielerische Ausdruck gleichwertiger Reinheit in der höchsten Leerheit [uranfängliche Weisheit der Ausgeglichenheit (BM); Weisheit der Gleichheit (LS); Gewahrsein grundlegender Gleichheit (MK); ursprüngliche Weisheit der Natur der Gleichwertigkeit (NJ); angeborenes Erkennen der Gleichheit (NS); alles gleichmachende Weisheit (SGK); Weisheit der Gleichwertigkeit (WPT)]

zeitlose Weisheit der spontanen Vollendung (Tib. *bya [ba] grub [pa'i] ye shes*): einer der fünf Aspekte zeitloser Weisheit (siehe auch »Aspekte zeitloser Weisheit«); Weisheit als die natürliche Verwirklichung der Aktivitäten in der Reinheit und Freiheit aller Phänomene [ursprüngliche Weisheit der Vollendung der Handlungen (BM); alles vollendendes Gewahrsein (MK); makellose Weisheit des Vollendens der Ziele (MW); Weisheit, die alle Handlungen vollendet (RW); alles vollendende Weisheit (SGK, WPT)]

zeitlose Weisheit, die die Dinge in ihrer Vielfältigkeit sieht (Tib. *ji snyed pa gzigs pa'i ye shes*): zeitlose Weisheit der Vielfalt der Dinge

zeitlose Weisheit, die die Dinge kennt, so wie sie sind (Tib. *ji lta ba mkhyen pa'i ye shes*): zeitlose Weisheit, die die wahre Natur der Dinge kennt

Zuflucht nehmen (Tib. *skyab 'gro*): ein Bestandteil der Sadhana-Praxis; wahre Eigenständigkeit in dem Wissen zu erlangen, dass das Gewahrsein alle spirituellen Prinzipien vereint, ist die letztendliche Zuflucht

zum definitiven Verständnis gelangen (Tib. *gtan la dbab pa*): einen wohlüberlegten (philosophischen) Standpunkt einnehmen[18]

zum Entschluss gelangen (Tib. *thag bcad pa*): eine Gewissheit hervorbringen, die auch schon durch Verwirklichung gestützt wird[19]

Zurchung Sherab Dragpa (Tib. *zur chung shes rab grags pa*): ein berühmter Lehrer der Nyingma-Schule des tibetischen Buddhismus, der von 1014 bis 1074 lebte

---

18 Glossareintrag der Übersetzer

19 Glossareintrag der Übersetzer

Literaturliste

DORJE, GYURME AND MATTHEW KAPSTEIN: »The Nyingma School of Tibetan Buddhism.« Vol. II; Boston, Wisdom Publications 1991

GUENTHER, HERBERT V.: »From Reductionism to Creativity: Dzogchen and the New Sciences of Mind.« Boston, Shambhala 1989

HOPKINS, JEFFREY: »Meditation on Emptiness.« London, Wisdom Publications 1983

KONGTRUL, JAMGÖN (LODRÖ THAYE): »Myriad Worlds: Buddhist Cosmology in Abidharma, Kalachakra and Dzogchen.« Trans. by the International Translation Committee; Ithaca (NY), Snow Lion Publications 1995

LAMA SHABKAR: »The Flight of the Garuda.« Trans. by Erik Pema Kunsang; Kathmandu, Rangjung Yeshe Publications, 1986 (eine andere dt. Übersetzung findet sich in »Der Flug des Garuda« von Keith Dowman, edition khordong im Wandel Verlag, Berlin 2015)

LINGPA, KARMA: »Self-Liberation Through Seeing With Naked Awarness.« Trans. by John Myrdhin Reynolds, Barrytown (NY), Station Hill 1989

LONGCHENPA: »Kindly Bent to Ease Us.« Trans. by Herbert V. Guenther; Emeryville (CA), Dharma Publishing 1976

MANJUSHRIMITRA: »Primordial Experience: An Introduction to rDzogs-chen Meditation.« Trans. by Namkha'i Norbu and Kennard Lipman, Boston, Shambhala 1987

NALANDA TRANSLATION COMMITTEE: »The Rain of Wisdom... The Vajra Songs of the Kagyu Gurus.« Boulder (CO), Shambhala 1980

NAM-MKHA'I SNYING-PO: »Mother of Knowledge: The Enlightenment of Ye-she mTsho-rgyal.« Trans. by Tarthang Tulku, Berkeley (CA); Dharma Publishing 1983

NGARI PANCHEN PEMA WANGYI GYALPO: »Perfect Conduct. Ascertaining the Three Vows.« Trans. by Khenpo Gyurme Samdrub and Sangye Khandro; Boston, Wisdom Publications 1996

NORBU, NAMKHA'I: »The Cycle of Day and Night.« Trans. by John Myrdhin Reynolds; Barrytown (NY), Station Hill, 1987 (dt.: »Der Zyklus von Tag und Nacht.« Diederichs)

NORBU, THINLEY: »Oral Teaching on Nang-jang.« Trans. by Sangye Khandro; Pema Odsal Ling, Watsonville (CA) 1996

NORBU, THINLEY: »Magic Dance.« Boston, Shambhala 1995 (dt. »Magischer Tanz.« Windpferd)

NORBU, THINLEY: »The Small Golden Key to the Treasure of the Various Essential Necessities of General and Extraordinary

Buddhist Dharma.« Trans. by Elisabeth Anderson; New York, Yeshe Nyingpo 1977

NORBU, THINLEY: »White Sail.« Boston, Shambhala 1992 (dt. »Weißes Segel.« Windpferd)

NYOSHUL KHENPO: »Natural Great Perfection.« Trans. by Surya Das; Ithaca (NY), Snow Lion Publication 1995 (dt. »Der Buddha im Inneren.« Arbor Verlag)

PATRUL RINPOCHE: »The Words of My Perfect Teacher.« Trans. by the Padmakara Translation Group; San Francisco, Harper-Collins 1994 (dt. »Die Worte meines vollendeten Lehrers«, Arbor Verlag)

RANGDROL, SHABKAR TSOGDRUK: »The Life of Shabkar. The Autobiography of a Tibetan Yogin.« Trans. by Matthieu Ricard et al.; Albany, State University of New York Press 1994 (dt. »Das Leben des Shabkar«, Manjugosha Verlag)

RANGDROL, TSELE NATSOK: »The Circle of the Sun.« Trans. by Erik Pema Kunsang; Kathmandu, Rangjung Yeshe Publications 1990

RANGDROL, TSELE NATSOK: »The Lamp of Mahamudra.« Trans. by Erik Pema Kunsang; Boston, Shambhala 1989

REYNOLDS, JOHN MYRDHIN: »The Golden Letters. The Three Statements of Garab Dorje, the First Teacher of Dzogchen, Together with a Commentary by Dza Patrul Rinpoche Entitled ›The

Special Teaching of the Wise and Glorious King.« Ithaca (NY); Snow Lion Publications 1996

SOGYAL RINPOCHE: »Dzogchen and Padmasambhava.« Berkeley (CA); Rigpa Fellowship 1989

THURMAN, ROBERT (trans.): »The Holy Teachings of Vimalakirti: A Mahayana Scripture.« University Park, Pennsylvania State University Press 1976

TULKU THONDUP: »Buddha Mind. An Anthology of Longchen Rabjam's Writings on Dzogpa Chenpo.« Ithaca (NY); Snow Lion Publications 1989 (dt. »Buddha-Natur«, Opus)

TULKU URGYEN RINPOCHE: »Rainbow Painting.« Trans. by Erik Pema Kunsang; Kathmandu, Rangjung Yeshe Publications 1995 (dt. »Regenbogenbilder«, Arbor Verlag)

TULKU URGYEN RINPOCHE: »Vajra Heart« Trans. by Erik Pema Kunsang; Kathmandu, Rangjung Yeshe Publications 1988

Aussprache tibetischer Begriffe

Die Aussprache tibetischer Begriffe variiert je nach ÜbersetzerIn und je nachdem aus welcher Region der jeweilige Lehrer kommt, wodurch eben die Aussprache oftmals von einem lokalen Dialekt eingefärbt ist. In dieser Übersetzung habe ich mich entschieden, möglichst nahe an der Wylie-Umschrift zu bleiben und dabei auf eine allzu starke Eindeutschung der Umschrift zu verzichten. Manches davon lässt sich jedoch im Tibetischen sicherlich eindeutiger darstellen. Für die meisten LeserInnen wird die folgende Aufstellung genügen, wer sich jedoch intensiver in die tibetische Aussprache dieses Textes vertiefen will, dem / der sein angeraten, Tibetisch zu erlernen und das Original zu studieren. Als wertvolle Hilfestellung möchte ich hier auf das unten angeführte Buch von Christiane Sommerschuh (Einführung in die tibetische Schriftsprache) hinweisen. Die folgende Aufstellung und Auflistung soll eine kleine Hilfestellung für die Aussprache tibetischer Begriffe in der deutschen Sprache bieten.

Ngak'chang Rangdrol Dorje (Enrico Kosmus),

Tibetisch	Wylie	deutsche Aussprache
ཨ	a	
ཨི	i	
ཨུ	u	
ཨེ	e	
ཨོ	o	
ཨཿ	ah	dem »a« folgt ein kaum hörbarer Hauchlaut
འ	'a	stimmloser vokal (hier mit einem »a« versehen, kann aber auch bei allen anderen Vokalen verwendet werden
ཀ	ka	
ཁ	kha	durch das »h« wird dieser Buchstabe etwas gehauchter ausgesprochen
ག	ga	
ང	nga	ein nasales »na« oder auch ein »ñ«
ཙ	tsa	
ཚ	tsha	durch das »h« wird dieser Buchstabe etwas gehauchter ausgesprochen
ཛ	dza	wird als »dsa« ausgesprochen
ཉ	nya	wird als »nja« ausgesprochen
ཏ	ta	
ཐ	tha	durch das »h« wird dieser Buchstabe etwas gehauchter ausgesprochen
ད	da	
ན	na	

Tibetisch	Wylie	deutsche Aussprache
པ	pa	
ཕ	pha	durch das »h« wird dieser Buchstabe etwas gehauchter ausgesprochen
བ	ba	grundsätzlich ein »b«; wird aber oft auch als »w« ausgesprochen
མ	ma	
ཡ	ya	wird als »ja« ausgesprochen
ར	ra	
ལ	la	
ཝ	wa	
ཤ	sha	wird als stimmloses »scha« ausgesprochen
ས	sa	wird als stimmloses »sa« ausgesprochen
ཧ	ha	
ཞ	zha	stimmhaftes »scha«
ཟ	za	stimmhaft, weiches »sa«
ཇ	ja	stimmhaft weiches »dscha«
ཆ	cha	stimmhaft ausgesprochenes »tscha«
ཅ	cha (ca)	»tscha«
ཕྱ	cha	»tscha«
པྱ	cha	»tscha«
བྱ	ja	weiches »dscha«
གྱ	gya	wird als »gja« ausgesprochen

Quellen:

Frasch, Albrecht: »Lehrbuch der tibetischen Umgangs- und Schriftsprache nach Khenpo Tshultrim Gymatso Rinpoche«, Tashi Verlag 1999

Sommerschuh, Christine: »Einführung in die tibetische Schriftsprache. Lehrbuch für den Unterricht und das vertiefende Selbststudium«, BoD, 2008

Khordong Commentary Series:

I MARTIN J. BOORD. *A Bolt Of Lightning From The Blue, The vast commentary on Vajrakīla that clearly defines the essential points.* edition khordong, Berlin, 2002. reprint: Wandel Verlag, Berlin, 2010

II JAMES LOW. *Being Right Here, Commentary on The Mirror of Clear Meaning by Nuden Dorje.* Snow Lion, New York & Colorado, 2004

II.dt – *Hier und Jetzt Sein. Ein Kommentar zu »Don Sal Melong« – »Der Spiegel der klaren Bedeutung«, ein Dzogchen-Schatztext von Nuden Dorje.* Überarbeitete Neuauflage. edition khordong, Wandel, Berlin, 2018

II.pl – *Być tu i teraz.* wydawnictwo A, Kraków, 2005

II.it – *Esserci, Un commento a »Lo specchio del chiaro significato.«* Ubaldini Editore, Roma, 2005

II.fr – *Le Miroir au Sens Limpide. Tresor du Dzogchen.* Éditions Almora, 2009

II.es – *Aquí y ahora.* Ediciones Dharma, España, 2011

II.pt – *Estar Cá Presente Um Texto Do Tesouro Dzogchen De Nuden Dorje Intitulado O Espelho Do Signi cado Claro.* partly and digital only. 2017

III JAMES LOW. *Being Guru Rinpoche, Commentary on Nuden Dorje's Terma: The Vidyadhara Guru Sadhana.* Trafford, Canada, 2006

III.pl – *Być Guru Rinpocze.* Wydawnictwo Norbu, 2006

III.dt – *Eins mit Guru Rinpoche.* edition khordong, Berlin, 2007. reprint: edition khordong, Wandel Verlag, Berlin, 2012

III.fr – *Dans le Mandala de Padmasambhava.* Editions Khordong.France, Lyon, 2008

III.es – *SER GURU RIMPOCHÉ.* Ediciones Dharma, España, 2013

IV TULKU TSULTRIM ZANGPO (TULKU TSURLO). *The Five Nails – A Commentary on the Northern Treasures Accumulation Praxis.* edition khordong, Wandel Verlag, Berlin, 2011

IV.dt – *Die Fünf Nägel – Ein Kommentar zu den Vorbereitenden Übungen der Nördlichen Schätze*, edition khordong, Wandel, Berlin, 2011

V RIG-'DZIN RDO-RJE (MARTIN J. BOORD). *A Roll of Thunder from the Void, Vajrakīla Texts of the Northern Treasures Tradition, Volume Two.* edition khordong, Wandel Verlag, Berlin, 2010

VI CHIMED RIGDZIN RINPOCHE, JAMES LOW. *Radiant Aspiration, The Butterlamp Prayer: Lamp of Aspiration.* Simply Being, London, 2011

VI.dt – *Lichter der Weisheit, Das Butterlampen-Wunschgebet von Chhimed Rigdzin Rinpoche. Mit einem Kommentar von James Low.* edition khordong, Wandel Verlag, Berlin, 2014

VI.pl – *Ą Świetliste Dążenie.* kuntuzangpo.net, 2013

VI.es – *La Aspiración Radiante.* Ediciones Dharma, España, 2017

VII.tib TULKU TSULTRIM ZANGPO (TULKU TSURLO). *Boundless Vision. A Byangter Manual on Dzogchen Training. An Outline Commentary on the Boundless Vision of Universal Goodness (Kun bZang dGongs Pa Zang Thal).* Tibetischer Text. edition khordong, Wandel, Berlin, 2012

VIII RIG-'DZIN RDO-RJE (MARTIN J. BOORD). *Illuminating Sunshine, Buddhist funeral rituals of Avalokiteśvara.* edition khordong, Wandel, 2012

IX.dt JAMES LOW. *Zuhause im Spiel der Wirklichkeit. Ein Kommentar zum Dzogchen Schatztext »Unmittelbares Aufzeigen der Buddhaschaft jenseits aller Klassifizierung« von Nuden Dorje.* edition khordong, Wandel, 2012

X RIG-'DZIN RDO-RJE (MARTIN J. BOORD). *Gathering the Elements, An overview of the Vajrakīla tradition. Vajrakīla Texts of the Northern Treasures Tradition, Volume One.* edition khordong, Wandel, 2013

XI RIGZIN PEMA TINLEY / KHENPO CHOWANG. *The Path of Secret Mantra: Teachings of the Northern Treasures Five Nails. Pema Tinley's guide to vajrayāna practice.* edition khordong, Wandel, Berlin, 2014

XII RIG-'DZIN RDO-RJE (MARTIN J. BOORD). *A Blaze of Fire in the Dark, Homa rituals for the fulfilment of vows and the performance of deeds of great benefit. Texts of the Northern Treasures Tradition, Volume Three.* edition khordong, Wandel, Berlin 2015

XIII – *A Cloudburst of Blessings, The water initiation and other rites of empowerment for the practice of the Northern Treasures Vajrakīla, Vajrakīla Texts of the Northern Treasures Tradition, Volume Four.* edition khordong, Wandel Verlag, Berlin, 2017

XIV James Low. *Finding Freedom. Texts from the Theravadin, Mahayana and Dzogchen Buddhist traditions.* Introduced and translated by James Low with the guidance of Chimed Rigdzin Rinpoche. edition khordong, Wandel Verlag, Berlin, 2019

XV Rig-'dzin rdo-rje (Martin J. Boord). *An Overwhelming Hurricane, Overturning samsara and eradicating all evil, Texts from the cycles of the Black Razor, Fierce Mantra & Greater than Great, Vajrakīla Texts of the Northern Treasures Tradition, Volume Five.* edition khordong, Wandel Verlag, Berlin, 2020

Weitere Titel

Die Geheimen Dakini-Lehren, Padmasambhavas mündliche Unterweisungen der Prinzessin Tsogyal, Ein Juwel der Tibetischen Weisheitsliteratur. Überarbeitete Neuausgabe : Klassiker Wiederaufgelegt, Bd. 1. edition khordong, Wandel Verlag, Berlin, 2011

Tulku Thondup. *Die verborgenen Schätze Tibets, Eine Erklärung der Termatradition der Nyingmaschule des Buddhismus.* Überarbeitete Neuausgabe: Klassiker Wiederaufgelegt, Bd. 2. Wandel Verlag, Berlin, 2013

The Seven Chapters of Prayer, as taught by Padma Sambhava of Urgyen, known in Tibetan as Le'u bDun Ma. Translated by Chhimed Rigdzin Rinpoche & James Low. With an introduction by James Low. Practice texts. edition khordong, Berlin, 2008. reprint: Wandel, Berlin, 2010

Das Gebet in sieben Kapiteln gelehrt von Padmasambhava (Le'u bDun Ma), editiert von Chhimed Rigdzin Rinpoche. Übersetzt aus dem tibetischen von Chhimed Rigdzin Rinpoche & James Low. Mit einer Einführung von James Low. Praxistext. edition khordong, Berlin, 2008. Überarbeitete Neuauflage: Wandel Verlag, Berlin, 2020

Die Fünf Nägel, Die vorbereitenden Übungen der Nördlichen Schätze. Überarbeiteter und ergänzter Praxistext. edition khordong, Wandel, Berlin, 2013

James Low. *Aus dem Handgepäck eines Tibetischen Yogi – Grundlegende Texte der Dzogchen-Tradition.* Überarbeitete Neuausgabe: Klassiker Wiederaufgelegt, Bd. 3. edition khordong, Wandel V., Berlin, 2013

Keith Dowman. *Der Flug des Garuda, Fünf Dzogchen-Texte aus dem tibetischen Buddhismus.* Erweiterte & überarbeitete Neuausgabe: Klassiker Wiederaufgelegt, Bd. 4. edition khordong, Wandel, Berlin, 2015

Dudjom Rinpoche. *Die Klausur auf dem Berge, Dzogchen-Lehren und Kommentare.* Erweiterte & überarbeitete Neuausgabe : Klassiker Wiederaufgelegt, Bd. 5. edition khordong, Wandel Verlag, Berlin, 2016

James Low. *Gesammelte Schriften von Chimed Rigdzin Rinpoche (C.R. Lama), Zusammengestellt und herausgegeben von James Low.* edition khordong, Wandel Verlag, Berlin, 2016

Dudjom Lingpa. *Buddhaschaft ohne Meditation, Eine visionäre Beschreibung, bekannt als »Verfeinerung der eigenen Wahrnehmung« (Nang-jang).* edition khordong, Wandel Verlag, Berlin, 2016

Chögyam Trungpa. *Das Herz des Buddha. Buddhistische Lebenspraxis im modernen Alltagsleben.* Durchgesehene Neuausgabe : Klassiker Wiederaufgelegt, Bd. 7. edition khordong, Wandel Verlag, Berlin, 2019

Jigme Lingpa. *Chöd Khandro Gadgyang. Sound of Dakini Laughter. The Methode for Cutting the Ego.* Praxistext. edition khordong, Wandel, 2020

Padmasambhava & Jamgön Mipham. *Die Girlande der Sichtweisen. Ein Leitfaden zu Sicht, Meditation und Resultat der Neun Fahrzeuge.* edition khordong, Wandel Verlag, Berlin, 2020

Tulku Thondup. *Heilung Grenzenlos: Meditative Übungen, die den Geist erleuchten und den Körper heilen.* Durchgesehene Neuausgabe: Klassiker Wiederaufgelegt, Bd. 8. edition khordong, Wandel Verlag, Berlin, 2021

James Low. *Freiheit Erlangen. Buddhistische Texte des Theravada, Mahayana und Dzogchen.* Eingeleitet und übersetzt aus dem Tibetischen von James Low. edition khordong, Wandel Verlag, Berlin, 2022

Jigme Lingpa. *Chöd Khandro Gadgyang. Das freudvolle Lachen der Dakinis. Die Methode zum Abschneiden des Ego.* Praxistext. edition khordong, Wandel Verlag, Berlin, 2022

In Vorbereitung

Jamgön Mipham. *Strahlende Essenz – Ein Leitfaden für das Guhyagarbha-Tantra* (AT)

Abhaya Datta Sri, Mondub Sherab. *Meister des Tantra. Leben & Legenden der 84 Mahasiddhas.* (AT) Übersetzt von Keith Dowman, Illustriert von Robert Beer

Jigme Lingpa. *Yeshe Lama.* Dzogchen Anleitungsbuch. (AT)

Rig-'dzin rdo-rje (Martin J. Boord). *A Fortress of Solid Rock. Summoning the Protectors. Collected texts of invocation from the Northern Treasures Tradition.*

Tulku Tsultrim Zangpo (Tulku Tsurlo). *The Boundless Vision Of Universal Goodness. The manual of immediate clarity. An instructional book on the boundless vision of Dzogpa Chenpo (Gonpa Zangthal).* (AT)

The Five Nails, the accumulation praxis of the Northern Treasures. Practice text. Überarbeitet und ergänzt.

Die Sadhana von Chenresig, der alle Wesen befreit, Drowa Kundrol, die äußere Praxis des Drubkor Namsum, Terma von Rigdzin Godem (*'Gro Ba Kun Grol*). Praxistext. Deutsch und Englisch

Weitere Texte sind in Vorbereitung.
Bitte besucht uns auf:
www.wandel-verlag.de

Sowie »liked« uns auf:
www.facebook.com / wandel.verlag /

Sarva Maṅgalam

Wir unterstützen NatureFund beim Pflanzen von Bäumen (105WN):

BPC-105WN

Klassiker Wiederaufgelegt (Reihe):

Padmasambhavas mündliche Unterweisungen der Prinzessin Tsogyal
Die Geheimen Dakini-Lehren
Ein Juwel der tibetischen Weisheitsliteratur.

Tulku Thondup:
Die verborgenen Schätze Tibets
Eine Erläuterung der Termatradition der Nyingmaschule.

James Low:
Aus dem Handgepäck eines tibetischen Yogi
Grundlegende Texte der Dzogchen Tradition.

Keith Dowman:
Der Flug des Garuda
Fünf Dzogchen-Texte aus dem tibetischen Buddhismus.

Dudjom Rinpoche:
Die Klausur auf dem Berge
Ri Chö – Das Berg-Dharma. Dzogchen-Lehren und Kommentare.

James Low:
Hier und Jetzt Sein
Ein Dzogchen-Schatztext von Nuden Dorje mit dem Titel »Der Spiegel der klaren Bedeutung«.

Chögyam Trungpa:
Das Herz des Buddha
Buddhistische Lebenspraxis im modernen Alltagsleben

Tulku Thondup:
Heilung Grenzenlos
Meditative Übungen, die den Geist erleuchten und den Körper heilen.

ISBN 978-3-942380-24-9